ZHONGGUO
JIAOYU FAZHI
PINGLUN

劳凯声 主编

【年刊】CSSCI来源集刊

中国教育法制评论

第8辑

教育科学出版社
·北京·

目 录

学校权利与规制

学生权益保障

教师聘任合同研究

教育立法研究

案件聚焦

制度专题研究

Contents

Rights and Regulations of Schools

Legal Protection of Students' Rights

Researches in the Contract of Faculty Appointment

Researches in Educational Legislation

Case Focusing

Researches in Special Topic

□湛中乐

论对公立大学招生争议的司法审查①

【摘　要】 近年来，高等教育纠纷愈演愈烈，所涉及的领域由学校管理领域延伸至招生领域，争议主体也由学校与在籍学生扩展至学校与考生。公立高等学校作为接受国家财政投入的事业单位，在作为民事主体进行民事活动之外，还代表国家行使着一定的行政管理权，在行使这些权力时具备行政主体资格。鉴于公立高等学校的双重法律地位，对于公立高等学校招录学生行为的性质，不仅理论上存在民事行为和行政行为之争，司法实践中也存在时间和空间上的差异。从高校招生行为的权力的来源、高校招生过程的特点和招生过程中考生与高校的关系来看，公立高等学校的招生行为是公立高等学校基于法律授予的自主权所从事的公共行政活动。为维持正常的办学秩序，对公立高等学校在法定幅度内的“办学自主权”予以宽容和尊重是必要的，但这种自主权会影响到公民

① 本文是作者为2010年3月北京大学法学院宪法与行政法研究中心、人大与议会研究中心共同召开的“大学招生与宪法平等——中国问题与世界经验”国际学术研讨会（2010年3月6—7日）而提交的学术论文。在本论文的写作过程中，硕士研究生高俊杰同学帮助收集资料，也参与了对有关问题的讨论，特别致谢。但文中观点由作者自己负责。联系方式：zzl@pku.edu.cn；zzlpkulaw@163.com。

的受教育权和其他重大权益。因此，必须将公立高等学校的招生行为纳入司法审查的范围，其中，作为公立高等学校招生基本依据的内部招生规则则属于法院审查的重点之一。

【关键词】公立高等学校，办学自主权，招生行为，司法审查

引　言

伴随着2000年王青松诉北京科技大学侵犯其作为学生的合法权利案①、2001年何建宇状告淮海工学院非法录取案②、2001年黄渊虎要求被告武汉大学履行法定职责案③、2003年闵笛诉苏州大学侵犯了原告作

---

① 该案的基本案情如下：原告王青松参加了1998年北京科技大学理化系的硕士研究生招生考试，在考场上发现“物理化学”课程的试卷中有一道10分的试题，由于题设条件不足无法确切求解，而影响自己与录取的复试线相差1分。学校在理化专业招生不满的情况下，降低分数线对他进行复试，并于1998年6月24日下达了录取通知书。7月6日却又收到“北京科技大学研究生院接受自筹经费硕士学位研究生合同书（一式两份）”。原告向学校反映了试题有误的情况，但学校并未改变态度。9月8日，原告被迫在申明有异议的情况下在合同书上签字。原告上了研究生之后，仍然认为学校录取不公，收取培养费没有依据，曾多次向北京科技大学和国家教育部进行申诉未果的情况下，向北京市海淀区法院提起诉讼。案例来源：佚名．一硕士研究生状告学校［EB/OL］．（2000-03-03）［2010-07-25］．http：//www.xhedu.net/sites/main/template/001.aspx？id=11512.

② 该案的基本案情如下：2001年，何建宇填报志愿时表示不服从其他专业的安排，但淮海工学院在招生时将其安排在志愿以外的专业。何建宇到校后，提起民事诉讼，告学校非法录取。案例来源：王申．考生状告学校非法录取［N］．北京青年报，2001-06-26（9）.

③ 该案的基本案情如下：1995年，武汉大学同意黄渊虎报考博士研究生，进行了资格审查，发给了准考证。黄渊虎的初试、复试成绩均为第一名，但未被录取。1998年被告同意原告和1998级博士生一起上课，并参加了学位课程考试，但被告不解决博士研究生学籍。原告的户口和粮油关系被被告扣压了10年未得到落实。因此，黄渊虎请求法院责令被告发给原告博士研究生录取通知书，让原告补办报到注册手续取得博士研究生学籍，并落实原告的户口和粮油关系。参见：湖北省武汉市武昌区人民法院行政判决书（2001）武区行初字第11号。

为考生平等受教育的权利并要求行政赔偿案①以及2006年林群英诉厦门大学，请求法院撤销被告作出的2005年国际经济法方向博士生录取名单并判令被告按公布确定的录取规则录取原告②等案件的出现，与公立高等学校有关的行政诉讼从学校日常的管理领域延伸至招生领域，纠纷的主体双方也由学校与在籍学生扩展至学校与非在籍学生即考生。

受教育权作为公民的一项基本权利，已得到世界大多数国家的法律认可，在过去142个国家的宪法中，规定了公民受教育权的占51.4%③。《世界人权宣言》第二十六条规定："人人都有受教育的权利，教育应当免费，至少在初级和基本阶段应如此……高等教育应根据成绩而对一切人平等开放。教育的目的在于充分发展人的个性并加强对

---

① 2003年2月15日，闵笛参加苏州大学单独组织的"艺术设计学"专业考试，并通过了专业合格线。闵笛4月6日参加江苏省美术类专业统考专业分293分；6月8日参加高考、特征分为406分；6月29日把苏州大学作为第一志愿填报，各专业为"艺术设计"、"美术学"、"艺术设计学"，并于7月1日把报考苏大的回执及各种材料以特快专递邮寄给苏大招生办。7月14日，闵笛父亲闵金达从苏大熟人处得知女儿被苏大点名招生（收几万元到十几万元不等）开后门挤掉了。在上访无果的情形下，2003年11月5日，闵笛向苏州市中级人民法院提起行政诉讼，告苏州大学违反招生法定程序，造成原告落榜的严重后果，要求苏州大学在媒体上向原告公开道歉，并赔偿由此带来的巨大经济损失及精神损害。

② 2005年3月，原告林群英报名参加被告厦门大学2005年国际法学专业博士生入学考试，报考导师为厦门大学法学院廖益新教授。原告的初试单科成绩和总分成绩均超过被告划定的复试分数线。同年5月，原告参加了厦门大学法学院组织的复试，在报考廖益新教授的学生中总成绩排名第三，在报考国际法专业国际经济法研究方向的19位参加复试的考生中最终成绩排名为最后一名，在进入复试的25位国际法专业考生中的最终成绩排名也是最后一名。2005年5月24日，厦门大学法学院网站公布了拟录取名单，廖益新教授名下录取的人分别为黄××、付××和丁××，原告未在名单之内。2005年6月20日，被告在其网页上对公布的"2005年厦门大学博士研究生国际法学专业拟录取名单"作出调整，将考生丁××的导师调整为其原报考时所填报的导师曾华群教授，并注明"最终录取结果以教育部审核通过为准"。原告认为被告在上述招生过程中存在违法行为，遂向思明区人民法院提起行政诉讼。参见：福建省厦门市思明区人民法院（2006）思行初字第80号和福建省厦门市中级人民法院（2006）厦行终字第29号。我国高校博士生招生录取工作开始进入社会公众的视野和司法审查领域，标志性的事件是2004年在网上炒得沸沸扬扬的"朱甘事件"，尽管该案没有进入司法诉讼领域，但是由于名校名师效应，再加上朱苏力教授、甘德怀在媒体上各表己见、各揭所短的争辩，引起了民众广泛的猜测和争论。这种猜测和争论直指北京大学法学院博士招生过程中的程序与实体公正问题，打破了我国博士生招考历来的神秘和宁静。

③ 亨利·范·马尔赛文，格尔·德·唐. 1987. 成文宪法的比较研究［M］. 陈云生，译. 北京：华夏出版社：159－160. 因为资料所限，作者并未对现在所有国家的宪法相关条文进行检索，特此说明。

人权和基本自由的尊重。”我国签署的《联合国经济、社会及文化权利国际公约》第十三条规定：“一、本公约缔约各国承认，人人有受教育的权利。它们同意，教育应鼓励人的个性和尊严的充分发展，加强对人权和基本自由的尊重，并应使所有的人能有效地参加自由社会……二、本公约缔约各国认为，为了充分实现这一权利起见：……（丙）高等教育应根据成绩，以一切适当方法，对一切人平等开放……”① 我国1982年宪法第五十四条也将公民的受教育权纳入基本权利范畴，该条规定：“中华人民共和国公民有受教育的权利和义务”。公民受教育权的地位被提升到了前所未有的高度。

招生是公民受教育权实现的首要环节，近年来由公立高等学校的招生行为引发的争议日渐增多，而司法实践中对此类案件的处理存在着时间和空间上的差异，表现出一种反复和犹疑的态度②。因此，笔者深感有必要对公立高等学校的招生行为与司法审查之间的关系进行科学分析。笔者认为，这一问题可以拆分为以下三个子问题：第一，公立高等学校可否成为行政诉讼被告以及在何种情形下可以成为行政诉讼被告；第二，公立高等学校的招生行为是否属于行政行为；第三，公立高等学校的招生行为是否可诉以及法院在受理后能在多大范围内对其进行审查？本文将遵循以上逻辑展开。

---

① 《联合国儿童权利公约》第二十八条第一款规定：“缔约国确认儿童有受教育的权利，为在机会均等的基础上逐步实现此项权利，缔约国尤应……（C）根据能力以一切适当方式使所有人均有受高等教育的机会……”

② 法院的这种态度在齐玉苓案中表现得较为明显。最高人民法院《关于以侵犯姓名权的手段侵犯宪法保护的公民受教育的基本权利是否应承担民事责任的批复》法释［2001］15号的决定全文如下：“山东省高级人民法院：你院1999鲁民终字第258号《关于齐玉苓与陈晓琪、陈克政、山东省济宁市商业学校、山东省滕州市第八中学、山东省滕州市教育委员会姓名权纠纷一案的请示》收悉。经研究，我们认为，根据本案事实，陈晓琪等以侵犯姓名权的手段，侵犯了齐玉苓依据宪法规定所享有的受教育的基本权利，并造成了具体的损害后果，应承担相应的民事责任。”而2008年12月8日最高人民法院审判委员会第1457次会议通过的《最高人民法院关于废止2007年底以前发布的有关司法解释（第七批）的决定》法释［2008］15号第26条以“已停止使用”为由废止了该批复。

一、公立高等学校的行政诉讼被告地位

公立高等学校是否具备行政主体资格？自田永诉北京科技大学至今的十年里，学者们在这个问题上的争论从来就没有休止过。笔者的基本观点是：公立高等学校作为接受国家财政投入的事业单位，在作为民事主体进行民事活动之外，还代表国家行使着一定的行政管理权，在行使这些权力时具备行政主体资格。这一问题可以从理论依据、规范依据和司法实践依据三个角度分别加以说明。

（一）理论依据：特别权力关系理论的退场和公务法人理论的盛行

1. 特别权力关系理论的退场

特别权力关系理论可追溯到19世纪君主立宪时代的德国。根据当时的宪政国家法和行政法理论，所谓特别权力关系是指国家和公民之间的一种紧密关系，其中主要是指教育关系、监狱管理关系和其他设施关系，以及公务员关系和兵役关系（哈特穆特·毛雷尔，2000）[114]。同时，宪政国家法和行政法理论认为，服务于公共或国家利益的当事人的本身利益，被看成是一种国家的内部利益关系；而19世纪德国的法律功能主要是处理国家与人民的关系，以保障人民的自由与权利，至于国家的内部关系则不受法律调整（于安，1999）。特别权力关系正被看成是不受法律调控的国家内部关系，其后果是不适用基本权利和法律保留（哈特穆特·毛雷尔，2000）[114]。相应的，教育关系作为特别权力关系的一种，也被完全排除在司法审查之外。德国的这一做法后传入日本和我国台湾地区，学生和学校的关系在那里也被视为基于法律上的直接规定或当事人的自主同意与国家的行政主体产生的特别的权力服从关系，并不进入司法救济。

作为“特别权力关系”理论的创始国，德国又率先展开了对该理论的批判。“二战”以后，德国基于对人类灾难的反思，人的尊严和基本权利得到前所未有的尊重。“昔日对于居于特别权力关系之下的公民，例如军人、公务员、公立学校的学生、监狱受刑人之基本权利，并不特别加以保障，已是落伍的看法。”因此，法律保留原则的适用被加以改进，不允许以内部规章的方式来限制人权。与此同时，“司法国”的理论在德国公法学界兴起，该理论要求一切的行政权都必须臣服于司法权之下，属于特别权力关系领域下的所有行政处置也不例外（陈新民，2002）。在此背景下制定的1949年《德国基本法》的许多规定就与特别权力关系理论相冲撞，例如：基本法第十九条规定：“一、根据基本法，某一基本权利可以受法律限制或依法予以限制，就此而言，这种法律必须普遍适用而不仅适用于个别情况。此外，这种法律必须列出基本权利，指出有关条款。二、基本权利的基本内容在任何情况下都不得受侵害。……四、任何人的权利如遭到公共机关的侵犯，可向法院提出诉讼。”接下来的1960年德国《行政法院法》第四十条规定：“一切非宪法性质的公法上争议，如根据联邦法律，该争议没有明确分配给其他法院处理时，应当适用行政法律程序”。这意味着无论在特别权力关系之内还是之外，非依法律授权，不得对公民的基本权利予以限制。在司法实践领域，1972年3月14日，德国联邦宪法法院一个有关刑罚执行的判决，为特别权力理论的废止带来了决定性的突破。该判决认定：“在监狱服刑的囚犯同样享有宪法所规定的基本权利，因此对其通讯自由的限制也应当由法律或者根据法律进行，而不能仅仅以监狱内部的管理规则作为这种限制的依据。基本权利可以适用于刑罚执行，只能通过或者根据正式法律加以限制”（哈特穆特·毛雷尔，2000）[115]。因此，作为正当根据的“特别权力关系”被抛弃了，司法审查得以进入教育领域。

受德国的影响，日本法对“特别权力关系”理论的态度“二战”后也发生了巨大的转变。如日本著名公法学家南博方认为特别权力关系“这一观念没有继续存在的意义了”，但作为与一般公法关系不同的“特别公法关系”应当是存在的。在“特别公法关系”中，当事人基本权利受到一定的限制是必要的，关键是掌握“程度”（南博方，1988）。日本司法实务界态度也是明显的，日本最高法院曾使用过“特别权力关系”一词，但最近停止了使用（胡建淼，2005）。我国台湾地区的“行政法”对“特别权力关系”理论的态度同样转向“检讨”（法治斌，2002），其中较为突出的体现是我国台湾地区通过“司法院大法官”的判例使特别权力关系纳入了司法审查和救济的渠道，同时司法解释涉足学校与学生的关系领域，并将学校对学生的身份方面的处分（如退学）

推进法律救济轨道①。

2. 公务法人理论的盛行

同为大陆法系的代表国，尽管法国与德国在地理位置上毗邻，但是德国的特别权力理论并没有对法国造成影响。这是因为，法国在行政法领域实行判例法，其司法法院以外的行政法院（Juridiction administrative）可以包揽对一切行政事务的审理，无论内外行政事务，还是一般与特别的行政事务，从而使得德国的特别权力关系理论在法国没有生存的土壤（古斯塔夫·佩泽尔，2002）。由于公务法人概念的存在，学校和学生之间的纠纷应当如何解决在法国从来不是一个具有争议的话题。

根据王名扬先生的介绍，在法国，公务法人是以公务为基础的分权形式，对中央集权是一种限制。当“某一公务的实施需要一定的独立性时，法律把它从国家和地方的一般公务中分离出来，组成一个独立的实体，而这个独立的实体也就脱离了国家和地方团体的行政机关，以自己的名义享受权利和负担义务，被称为公务法人”。因此，“公务法人是在地域法人以外，以专门公务为目的的公法人”（王名扬，2007）。首先，公务法人“负责满足某个特定要求，它们是专门为一个明确的目标服务的公共机构，如学校。这些公共机构或从属于国家（国家级机构），或从属于省（省级机构），或从属于市镇（市镇级机构）”（古斯塔夫·佩泽尔，2002）[100]。其次，尽管公务法人从属于国家级机构、省级机构、市镇级机构，但其在行使法律授予的行政权时具有法律上独立地位，国家或者地方团体对公务法人只享有法律规定的监督权。再次，公务法人与其利用者之间存在丰富而特殊的法律关系，既包括私法关系即普通的民事关系，也包括公法关系即行政法律关系，而后者集中体现了公务法人与其他法人的区别（马怀德，2000）[4]。

在法国，学校通常有国立学校和私立学校之分，而国立学校属于公务法人的一种。国立学校与学生之间的关系既包括平等民事主体之间的关系，也包括基于公权力的行使而产生的公法关系。如果国立高等学校以公务实施者的身份出现，那么，与学生之间的关系就属公法上的关

① 参见：翁岳生. 2002. 行政法（2000）（上、下册）［M］. 北京：中国法制出版社：271－277；杨海坤，章志远. 2004. 中国行政法基本理论研究［M］. 北京：北京大学出版社：171－172.

系，即行政法律关系。我国的公立高等学校与法国的国立学校的功能及特征都有相似之处，公务法人理论对解决我国公立高等学校的定性及学生的救济问题颇有借鉴意义。有学者指出："将学校等事业单位定位于公务法人，并区分公务法人与其利用者之间的不同种类的法律关系，提供全面的司法救济，决不只是称谓的改变，而是在我国现有行政体制及救济制度下，更新行政主体学说，改革现行管理和监督体制，提供全面司法保护的一次有益探索。"（马怀德，2000）[5-6]

（二）规范依据：《教育法》、《高等教育法》和《行政诉讼法》的梳理

1986 年，《中华人民共和国民法通则》将法人分为企业法人和非企业法人两类，非企业法人又包括机关法人、事业单位法人和社会团体法人。1992 年 8 月，国家教委印发的《关于国家教委直属高等学校内部管理体制改革的若干意见》首次提出"国家教委直属高校是国家教委直接管理的教育实体，具有法人地位"，国家教委直属高校的法人地位由此确立；同年 9 月，国家教委印发的《关于加快教育改革和发展的若干意见》再次强调"在政府与学校的关系上，通过立法逐步确定高等学校的法人地位"；1993 年，《中国教育改革和发展纲要》正式提出"要使高等学校真正成为面向社会自主办学的法人实体"的主张；1995 年颁布的《中华人民共和国教育法》（以下简称《教育法》）第三十一条首次在法律上明确规定了包括高校在内的学校的法人资格，该条规定："学校及其他教育机构具备法人条件的，自批准设立或者注册登记之日起取得法人资格"；1998 年颁布的《中华人民共和国高等教育法》（以下简称《高等教育法》）第三十条则再次强调了高等学校的法人资格，即"高等学校自批准设立之日起取得法人资格。高等学校的校长为高等学校的法定代表人。高等学校在民事活动中依法享有民事权利，承担民事责任"。

法人依成立的目的和设立的依据不同有公法人和私法人之分，前者是指以社会公益为目的，由国家或者公共团体依公法设立的行使或者分担国家权力或者政府职能的法人；后者是指以私人利益为目的，由私人依私法设立的法人（魏振瀛，2007）。作为法人，高等学校像其他民事主体一样，享有普通的民事权利，也承担一般的民事责任，如采购办公

用品、建筑校舍、出租场地等，与其他企业、机关、社团法人并无区别（马怀德，2000）[2]；与此同时，高等学校尤其是公立高等学校，“应当符合国家高等教育发展规划，符合国家利益和社会公共利益，不得以营利为目的”（《高等教育法》第二十四条）。因此，公立高等学校在性质上属于公法人，依据《教育法》和《高等教育法》的授权行使教育领域的行政权。《教育法》第十五条第一款规定：“国务院教育行政部门主管全国教育工作，统筹规划、协调管理全国的教育事业。”第二十八条规定：“学校及其他教育机构行使下列权利：（一）按照章程自主管理；（二）组织实施教育教学活动；（三）招收学生或者其他受教育者；（四）对受教育者进行学籍管理，实施奖励或者处分；（五）对受教育者颁发相应的毕业证书；（六）聘任教师及其他职工，实施奖励或者处分；（七）管理、使用本单位的设施和经费；（八）拒绝任何组织和个人对教育教学活动的非法干涉；（九）法律、法规规定的其他权利。”《高等教育法》第三十三条至第三十八条更是全面细致的规定了高等学校的自主权，具体包括：（1）制定招生方案，自主调节系科招生比例（第三十二条）；（2）设置和调整学科、专业（第三十三条）；（3）制订教学计划、选编教材、组织实施教学活动（第三十四条）；（4）开展科学研究、技术开发和社会服务（第三十五条）；（5）开展与境外高等学校之间的科学技术文化交流与合作（第三十六条）；（6）确定教学、科学研究、行政职能部门等内部组织机构的设置和人员配备（第三十七条）；（7）管理和使用举办者提供的财产、国家财政性资助、受捐赠财产（第三十八条）。根据这些条款，公立高等学校是法律法规授权的主体，依法履行法定职责，享有组织实施教育教学活动，对学生享有特殊的管理权限，如纪律处分、颁布学历学位证书、制定校纪校规等。

《中华人民共和国行政诉讼法》（以下简称《行政诉讼法》）第二十五条第四款规定：“由法律、法规授权的组织所做的具体行政行为，该组织是被告。”因此，结合上述规定可以推断出，公立高等学校完全具备行政诉讼被告的地位。

（三）实践依据：田永诉北京科技大学案的开创性意义

1998 年田永诉北京科技大学案打开了教育行政案件的“潘多拉魔盒”，改变了公立高等学校处于法治真空地带的局面。该案中，北京市海淀区法院指出：在我国目前条件下，某些事业单位、社会团体，虽然不具有行政机关的资格，但是法律赋予它行使一定的行政管理职权。这些单位、团体与管理相对人之间不存在平等的民事关系，而是特殊的行政管理关系。它们之间因管理行为而发生的争议，不是民事诉讼，而是行政诉讼。尽管《中华人民共和国行政诉讼法》第二十五条所指的被告是行政机关，但是为了维护管理相对人的合法权益，监督事业单位、社会团体依法行使国家赋予的行政管理职权，将其列为行政诉讼的被告，适用行政诉讼法来解决它们与管理相对人之间的行政争议，有利于化解社会矛盾，维护社会稳定①。从此，高等学校作为行政法上的特别法人地位在司法实践上得到了回应，高校内部管理领域发生的纠纷案件越来越多，如1999年刘燕文诉北京大学、北京大学学位评定委员会博士学位行政诉讼案，2000年杨金德诉上海对外经贸大学案，2001年黄渊虎诉武汉大学履行法定职责案等案件推动我国司法实践在高校行政诉讼领域渐行渐远②。

因此，总的来看，当公立高等学校行使法律法规赋予的行政管理职权并以管理者的身份出现时，公立高等学校就因法律法规的授权而具有行政主体法律地位，其与相对人（主要是学生和教师）之间不是平等的民事关系，而是特殊的行政管理关系。此时，公立高等学校以自己的名义行使法律、法规所授职权，并独立就行使所受职能的行为承担法律责任。当公立高等学校在非行使行政职能的场合，则不享有行政权，不具有行政主体的地位。相应地，公立高等学校行使法律、法规、规章授予的行政权所做出的行为属于行政行为，属于行政诉讼的受案范围；反之就是民事行为，可以通过民事诉讼来解决有关纠纷（吴鹏，2007）。

二、公立高等学校招生行为的性质之争

上文言及，公立高等学校在行使《教育法》和《高等教育法》授

---

① 参见：《田永诉北京科技大学拒绝颁发毕业证、学位证行政诉讼案》，《最高人民法院公报》1999年第4期。

② 此外较有影响的案件还有杭淼诉南京理工大学取消研究生入学资格案，张旺诉东南大学不依法履行法定职责请求行政赔偿案和涂冬华诉湖南医学高等专科学校行政处理决定案。参见：祝铭山. 2004. 资源类行政诉讼——典型案例与法律适用［M］. 北京：中国法制出版社.

予的教育管理职权时，是行政主体，具备行政诉讼被告的资格。当公立高等学校在非行使行政职能的场合，则不享有行政权，不具有行政主体的地位，是单纯的民事主体①。围绕着公立高等学校法律地位的非单一性，不仅理论界对于公立高等学校招录学生行为的性质认定有两种截然对立的观点，而且司法实践中也存在着不一致。

（一）理论之争

民事行为论者认为，学校与学生之间是平等的，报名和录取过程的双向选择性喻示着他们有一种隐含的合同关系。比较有代表性的观点有："招生实际是特殊的要约和承诺的过程，学校发放录取构成要约，考生报到构成承诺"（吴高程，2004）；"学校根据国家法律的规定，制定招生条件、招收学生，对学生进行管理，应视为一种合同关系。学校录取符合条件、同时愿意接受校纪校规约束的学生入学。而学生一旦被学校录取，便构成了学校依据校纪校规对其进行管理的关系，这是一种平等的双向选择关系，是一种平等的主体之间的法律关系"②；"办学属民事活动范畴，招生与报考均为学校和学生的民事法律行为……从高校、学生关系形成的过程来看，从招生、报考、录取、注册，这是一个形成合意的过程，亦即订立合同的过程。这一过程充分体现了高校与学生的意思自治性"（白呈明，2003）；"在招生录取过程中，学校和学生是两个独立的民事主体，其法律地位应是平等的。招生录取活动，完全可看作是学校和学生订立以教育和教学为内容的合同的活动"（张弛，2005）。

行政行为论者则将招生定性为一种公共行政活动，"入学关系属于行政关系"（申素平，2007）。代表性观点有："在录取过程中，高等学

---

① 如果对公立高等学校的法律地位进行细致划分，就会发现公立高等学校实际上具有三种法律地位，即作为行政主体的法律、法规授权的组织；接受各有关行政主体监督、管理的行政相对方；与不具有隶属关系的国家机关、企事业单位、集体经济组织、社会团体、个人之间的处于平等地位的民事主体。详见：湛中乐，李凤英. 2001. 论高等学校的法律地位［M］// 北京大学宪法与行政法研究中心. 行政法论丛（第4卷）. 北京：法律出版社；湛中乐. 2009. 再论我国公立高等学校之法律地位［M］//劳凯声. 中国教育法制评论（7）. 北京：教育科学出版社.

② 参见：饶亚东. 2000. 从审判角度谈受教育权的保护与法官责任［M］//北京大学宪法与行政法研究中心.《行政法论丛》（第3卷）. 北京：法律出版社：484－500. 但是文中所引并非饶亚东本人的观点。

校是以一个行政主体的身份出现的，行使的是公共权力，高校与学生之间的关系具有不对等性，不是横向平等的教育民事关系，而是具有纵向隶属型特征的教育行政关系”（郭志成，2002）；“从教育行政部门与公立高等学校在招生中的作用这一角度观之，当前的招生模式可以归纳为三大类：分工合作的模式、高度自主的模式和市场化运作模式。公立高等学校在当前分工合作模式和高度自主模式下的招生都有教育行政部门的强力介入，政府也历来将考试、招生作为一项行政工作，其性质较为显然，无论如何不能诠释为‘受适度限制的契约自由’。毕竟，契约自由受限制的理念绝不能包含政府权力直接参与契约签订过程之意”（沈岿，2002）[76]。还有学者在基本同意这种观点的同时，又保持谨慎的态度，认为：“招生既是公共行政权又是针对学生行使的，然而高等学校行使招生权的过程中所针对的‘学生’还不是在籍学生，因而双方之间发生的关系虽具有行政法律关系的性质，却与高等学校和已经取得学籍的学生之间的法律关系差异较大，尽管两者之间存在紧密的关联性，但不应混同”（石斎旭，等，2007）。

（二）实践之异

对于公立高等学校招录学生行为的性质认定，司法实践中的差异不仅因地域而异，而且在时间上也存在反复。这里仅以在我国影响较大的闵笛诉苏州大学案和林群英诉厦门大学案加以说明。

在2003年闵笛诉苏州大学案中，被告苏州大学答辩称，招收学生或其他受教育者是教育法赋予高等学校的民事权利，不是行政权力。因此，被告不予录取原告的行为无行政违法性可言，不属行政可诉行为。原告由于对高等学校性质和高校招生工作性质的误解所引发的错误诉讼，以苏州大学不履行法定职责为由将其列为行政诉讼案件被告没有任何事实依据和法律依据，请求法院依法驳回原告的诉讼请求。苏州中院认为，普通高校是事业法人。根据教育法规定，学校招收录取考生的行为是自主管理行为，不属于行政管理权范畴。闵笛报考苏州大学，其进入学校受教育的权利还没有形成，苏州大学是否录取闵笛属学校自主权的范畴。因此，录取行为不是行政行为，不属于行政诉讼的受案范围，裁定驳回原告的诉讼请求。闵笛上诉后，江苏省高院维持了苏州中院的裁定①。

时隔两年，在2006年林群英诉厦门大学博士生招录案中，一审法院则明确肯定："博士生招生权，性质上属于教育行政职权，由国家教育行政部门、招生管理部门和招生单位按各自职责范围行使。……具体而言，国家教育行政部门编制招生计划、制定全国攻读博士学位研究生招生简章、对招生单位执行招生计划进行审核。而报名、资格审查、发放准考证、考试命题、组织考试（包括面试）、试卷评阅以及录取都由各招生单位负责。……本案中，被告厦门大学作为公立高等学校，其所享有的博士生招生权属于法律授权的组织行使行政管理职权的一种行政权力。被告有权在考试阶段对不合格考生直接作出不予录取行为，有权在有关部门审核后录取考试合格的考生。被告的博士生招生行为，属于可诉的行政行为，人民法院应当进行合法性审查"②。

早在2001年黄渊虎要求被告武汉大学履行法定职责发给其博士研究生录取通知书一案中，湖北省武汉市武昌区人民法院并没有以被诉行为不属于行政可诉性为由裁定驳回黄渊虎的诉讼请求③。何以法院在该问题上表现出一种反复的态度？是因为闵笛案属于本科生招生行为，而黄渊虎案和林夏英案属于博士生招生行为？究竟招生行为是何性质？

三、公立高等学校招生行为的性质认定

由于公立高等学校兼具行政主体和民事主体双重法律地位，其在现实生活中的办学活动常常横跨"公法"与"私法"两重领域（龚怡祖，等，2007）。观察近代意义上的公法、私法之西方起源，私法建立在"契约自由"、"财产权神圣"的理念基础之上，公法则与"有限政府"理念相勾连，私法为实现个人权利而放任平等主体基于意思自治的交往自由，公法为保障个人权利而对政府进行约束（沈岿，2002）[76]。私法的任务是规范平等主体之间法律行为的实施，调整私人之间潜在的或者

① 参见：江苏省苏州市中级人民法院行政裁定书（2004）苏中行初字第004号；江苏省高级人民法院行政裁定书（2005）苏行终字第005号。

② 参见：福建省厦门市思明区人民法院（2005）思行初字第80号（行政判决书）。

③ 参见：湖北省武汉市武昌区人民法院行政判决书（2001）武区行初字第11号。

是现实的利益冲突；而公法尤其是其中最为重要的宪法和行政法却是以作为主权者的国家、国家权力中的行政权力为调整对象，其目的是确定国家权力运作的基础与界限（杨寅，2003）。就招生考试领域而言，高校与考生之间的法律关系属于私法还是公法调整的标准在于，高校与考生之间的法律地位是否平等，是否存在公权力的行使。笔者拟从高校招生行为的权力的来源、高校招生过程的特点和招生过程中考生与高校的关系三个方面进行阐释。

（一）公立高等学校的招生行为是法律授予高校的自主权

我国不存在法国的公务法人制度，因此公立高等学校的自主权不属于从国家和地方的一般公务中分离出来的独立性事务，而是在国家教育主权的基础上，由政府下放给高校并由高校在法律法规范围内独立行使的行政权。从高校自主权的内容看，各级各类高校从招生到学生毕业都纳入国家计划……是典型的行政行为（蒋后强，2006）。具体而言，招生行为的权力来源于《教育法》和《高等教育法》的授予。《教育法》第十五条第一款规定：“国务院教育行政部门主管全国教育工作，统筹规划、协调管理全国的教育事业。”第二十条规定：“国家实行国家教育考试制度。国家教育考试由国务院教育行政部门确定种类，并由国家批准的实施教育考试的机构承办。”第二十八条第三项规定：“学校及其他教育机构行使招收学生或者其他受教育者的权利。”同时，《高等教育法）第三十九条第三款规定：“高级中等教育毕业或者具有同等学力的，经考试合格，由实施相应学历教育的高等学校录取，取得专科生或者本科生入学资格。本科毕业或者具有同等学力的，经考试合格，由实施相应学历教育的高等学校或者经批准承担研究生教育任务的科学研究机构录取，取得硕士研究生入学资格。硕士研究生或者具有同等学力的，经考试合格，由实施相应学历教育的高等学校或者经批准承担研究生教育任务的科学研究机构录取，取得博士研究生入学资格。允许特定学科和专业的本科毕业生直接取得博士研究生入学资格，具体办法由国务院教育行政部门规定。”第三十二条规定：“高等学校根据社会需求、办学条件和国家核定的办学规模，制定招生方案，自主调节系科招生比例。”根据上述法律规定，招生录取权是一种法律授予高等学校的行政权。另外，公立高等学校的招生是由国家拨经费、定计划和指标的行为，应当严格遵从教育法和高等教育法的规定，受法律、法规和规章等规范性文件的约束。公立高校招生行为的权力来源表明其具有明显的行政权力特征。

（二）公立高等学校的招生行为是公共行政活动

在我国，公立高等学校的招生可以分为本（专）科生招生、成人教育招生、硕士研究生招生以及博士生招生。本（专）科生招生、成人教育招生、硕士研究生招生因为要经过全国统一考试，所以基本上由教育行政部门和具体的高校分工合作。具体而言，教育行政部门制定招生来源计划、组织报名、身体检查、考试及录取规则，学校只在决定录取与否以及所录取的专业的方面有一定的自主权。但是学校的录取行为不仅要遵循教育行政部门制定的规则，还必须将拟录取的考生名单报经生源所在省（自治区、直辖市）招生办核准。因此，对于本（专）科生招生、成人教育招生和硕士研究生招生而言，公立高等学校的招生行为基本上由教育行政部门控制，公立高等学校处于依附地位，其招生行为有着较强公共行政色彩。

相对于上述领域的招生，公立高等学校在博士研究生招生方面则享有相对较大的自主权。教育部 1982 年 7 月 17 日发布并实施的《关于招收攻读博士学位研究生的暂行规定》教高二字［1982］032 号文件第八条规定："录取博士生，一定要严格掌握标准，坚持质量第一，根据德智体全面衡量，择优录取，确保质量，宁缺毋滥的原则，由指导教师提出初步录取意见，经系（所）、校（院）学位评定委员会审核通过，校（院）长批准，确定录取名单。录取名单报省、市、自治区高教（教育）厅（局）高等学校招生委员会，各主管部委和教育部备案。各省、市、自治区高教（教育）厅（局）、高等学校招生委员会和各主管部委有监督检查的责任和权力。"从中可以看出，博士生招生过程是教育部、省级招生办公室和高等院校共同参与的，其中公立高等学校在负责具体组织实施博士生招生，省级招生办公室负责监督，教育部确定招生规模和宏观控制。因此，博士生招生行为也是一种有着较强公共行政色彩的活动。

（三）考生与公立高等学校处于不平等（或不对等）地位

“高校招生自主权呈扩大趋势，高校被赋予相当的录取学生的权力，高校在法律规定的范围和颁布的招生章程内拥有招生自主权，可见高校在招生考试过程中与考生之间的法律地位并不是平等的”（杨威，等，2008）。首先，招生权具有显著的单方意志性，这主要体现在考生要服从招生机关组织高考的有关纪律，并严格遵从其所制定的报考、应试、填报志愿以及报到程序的规定；在具体的录取阶段，高校和招生部门也是单方决定是否予以录取，考生只能得到是否被录取的答复而并无与其平等协商和选择的余地，也没有参与录取或变更决定的机会。尽管现在开始改革，实践中也有极为个别的学生因为被我国内地和我国香港等地的大学同时录取，然后由学生来主动选择的情况。但绝大多数情况并非如此。而且自从发生有学生出现此种情况后，教育部则又有针对性地出台了某些限制性的政策。在这方面，中国大陆地区和境外国家与地区的做法有很大区别。其次，招生权具有显著的强制性，这是因为，如果考生不服从招生机关组织高考的有关纪律将受到相应的通报批评、停考、试卷作废、成绩取消等惩处和承受不予录取的结果。这在过去实行计划经济时代更为明显。再次，招生行为的效力先定性也十分显著，对于考试成绩的确定和不予录取的行为，考生不但不能否定其效力，甚至几乎不能提出异议，如对于考试成绩查分的请求，一般都要受到限制，即便被允许查询，也只能查卷面总分，不能查单题分，并且在有关机关查证属实之前，不会受到更改，录取决定亦是如此。这些均表明，招生权属于行政权，招生行为是高等学校依据《教育法》和《高等教育法》的授权行使公权力的行为，是典型的行政行为。

公立高等学校招生行为是《教育法》和《高等教育法》授予高校的自主权，高校招生过程充满了公共行政色彩，以及考生与高等学校在法律关系中的不对等性决定了招生考试领域并非私法调整的领域，而属于公法调整的领域。易言之，招生行为属于行政行为。

四、法院对公立大学招生争议的司法审查及其范围

“一切有权力的人都容易滥用权力，这是万古不易的一条经验，有权力的人们使用权力一直到遇有界限的地方才休止”（孟德斯鸠，1995）。从目的来说，公立高等学校办学自主权是国家教育权的具体实施，其目的是保障学生受教育权的实现。这既是公立高等学校对公民基本权利的落实，也是公立高等学校办学自主权的最高法律依据。为维持正常的办学秩序，对公立高等学校在法定幅度内的“办学自主权”予以宽容和尊重是必要的，但公立高等学校的“办学自主权”并不是无限度的，这种自主权的行使涉及教育者、受教育者或者他人的重大权益时应当有有效的监督和救济途径①。

公立高等学校的招生自主权作为推动我国高等教育多元化的一种手段，在其不断扩大的过程中出现的各种权力异化和权力腐败给公民的受教育权和其他权利造成的侵害也在增多。司法审查向来被认为是为公民权利提供救济的最后一道防线，法院通过撤销违法的行政行为、变更显失公正的行政处罚行为、责令行政机关履行保护行政相对人合法权益的法定职责以及责令行政机关对其违法的行政行为给行政相对人造成的损害进行行政赔偿，既可以有效地控制行政权的滥用，又可以为行政相对人提供充分的救济。尽管《行政诉讼法》在权利保护范围上使用的是“人身权”和“财产权”的概念，但从立法本意上讲，《行政诉讼法》并没有排除“人身权”和“财产权”以外的其他经济和社会权利。受教育权作为我国宪法规定的公民的一项基本权利，《行政诉讼法》当然应予保护。而且依据《行政复议法》第六条第九项，公民申请行政机关履行保护其受教育权的法定职责，行政机关没有依法履行的，可以申请行政复议，从而突破了《行政诉讼法》和原《行政复议条例》规定的“人身权”和“财产权”的范围。因此，为做到对公立高等学校的招生自主权的有力监督，充分保护学生的受教育权，必须将公立高等学

① 广东省广州市中级人民法院行政判决书（2006）穗中法行终字第442号。

校的招生行为纳入司法审查的范围。① 毕竟，“我们不能把治理效率本身视为一个终极的目的，而应当把实现保护人权的适当措施视为开明进步的行政司法的一个基本条件”（博登海默，2004）。

尽管法院在对行政行为进行司法审查时必须注意不同的情况，适用不同的审查标准。然而，司法审查中最基本的问题是确定事实和解释及适用法律，因为任何行政行为都建筑在行政机关对该行为的法律结论和事实裁定的基础之上（王名扬，2007）[677]。对于公立高等学校的招生行为而言，法院也应主要针对事实问题和法律问题进行审查。然而，问题的难点是，法院对公立高等学校的招生行为应采取怎样的审查标准以及在强弱程度上如何，才能既保证法院对公立高等学校的“办学自主权”给予必要的宽容和尊重，又能有效地监督这种自主权的行使，从而保障公民享有平等的受教育权。笔者认为，公立高等学校的具体招生录取工作尽管因对象是本科生和研究生而有所不同，但是基本上都包括以下几个方面：

第一，公布招生简章；

第二，组织报名，包括考生报名、对考生进行资格审查、发放准考证等；

第三，组织考试，包括命题、批阅试卷、公布成绩等；

第四，录取，包括成绩复查、调剂、公布拟录取学生的名单、接受有异议的考生的复议以及向拟录取考生发放录取通知书等；

第五，报到以及注册学籍。

其中，法律问题和事实问题相互勾连，无明显的界分，并不形成非此即彼的关系。但是有些事项，诸如命题、批阅试卷等明显属于事实范围的事项，因学校既富有经验又具有专业性，所以，在对招录行为进行

---

① 目前，行政诉讼法正值修改之际，将受教育权纳入行政诉讼的受案范围，不仅已得到学者的一致认同，而且得到了“立法者”或“最高司法机关”的肯定。作者最近收到了最高人民法院的通知，将参加最高人民法院在南京召开的有关教育行政诉讼案件研讨会，专门讨论有关即将出台的司法解释的有关内容。这也充分说明涉及受教育权的行政诉讼案件确实已经引起了最高司法机关的高度重视。作者预测不久，有关教育行政诉讼案件的司法解释将会出台，这样将使得以“受教育权法律保护”为核心的教育行政诉讼案件的有关受理与裁判规则更加具体和明确。尽快结束目前全国教育行政诉讼案件的受理、审判方面的“无序”状态（这里是指各地司法机关的处理极不一致，在是否受理，或者如何裁判等若干方面缺乏普遍性的标准、条件与程序）。

司法审查的过程中，法院对上述事实问题应基本持尊重态度。就法律问题而言，根据《最高人民法院关于印发〈关于审理行政案件适用法律规范问题的座谈会纪要〉的通知》（法［2004］96号），人民法院经审查认为被诉的具体行政行为依据的具体应用解释和其他规范性文件是合法、有效并合理、适当的，在认定被诉具体行政行为合法性时应承认其效力。公立高等学校招生录取工作的主要依据是自己制定的内部规则，而招生简章在这些内部规则中又居于主要地位，因此，对公立高等学校招生简章的审查将是对招录行为的司法审查中法律审查的核心问题。围绕着招生简章，有以下几个基本问题需要予以关注：第一，招生简章本身的合法性问题，即招生简章的内容要公正、透明，不存在任何歧视性的事项；第二，对于综合性大学而言，学校的招生简章与学校各院系本身制定的具体招生细则、惯例之间的关系应如何处理；第三，招生简章公布以后，如果学校擅自更改招生简章中已经公布的录取规则，对于考生的利益又应当如何予以保护。本文将结合具体案例对上述三个问题分别予以阐述。

（一）对招生简章的合法性审查

公立高等学校的招生简章主要涉及高等学校的招生指标、录取标准，是公立高等学校的招生录取意志的载体，直接影响着考生志愿的填报。可见，公立高等学校的招生简章对公民的受教育权影响重大。《高等教育法》第三十二条规定：“高等学校根据社会需求、办学条件和国家核定的办学规模，制定招生方案，自主调节系科招生比例。”因此，公立高等学校招生简章的制定应遵循的一项基本原则，就是招生方案的制定和系科之间招生比例的调整必须与社会需求和办学条件的实际情况以及国家核定的办学规模相适应。不仅如此，公立高等学校每年的招生数还必须经过国家有关部门的批准，不能随意增减。除了《教育法》和《高等教育法》，国家教育行政部门还会根据每年的具体情况制定当年招生的具体规则，公立高等学校的招生简章也不得与教育行政部门的有关政策、文件相抵触，滥用招生自主权。例如，《2005年普通高等学校招生工作规定》第五十条规定：“对肢体残疾、生活能够自理、能够完成所报专业学习，且高考成绩达到要求的考生，高等学校不得仅因其残疾而不予录取。”据此，公立高等学校不得以其招生简章限制残疾学生的入学资格。

在法律、法规和有关的政策、文件有规定的情况下，公立高等学校所制定的招生简章不得有冲突性的规定。在法律、法规和有关的政策、文件没有规定的情况下，公立高等学校所制定的招生简章非经教育部批准，不得涉及属于法律保留范围内的事项。在德国，教育领域里需要由法律调整的重要问题包括教育内容、学习目标、专业目录、学校的基本组织结构（学校类型、教育层次、专业设置、父母与学生的参与等）、学生的法律地位（入学、毕业、考试、升级）以及纪律措施等（哈特穆特·毛雷尔，2000）。就我国公立高等学校的招生行为而言，专属于法律保留的事项应包括：基于特定教育目标而采取的男女生录取的比例规定；对报考相应外语专业的考生限制其参加高考时的外语语种；因所报专业的特殊性而对考生有如视力、身高、容貌、健康状况等某些方面的特殊要求；严禁高校利用调整计划或预留计划巧立名目向考生收费；各省级招办对所有高校的本科招生一律不得在常规录取工作结束之后再进行补录。总之，非依法律授权，公立高校在招生时不得对考生的身高、视力、健康状况等作限制性规定，否则就可以认定高校对考生进行歧视和滥用职权侵犯考生的平等受教育权。北京大学医学部在2009年招生章程中针对申请学生的健康状况和身体形态列出了一份限录清单：除了教育部、卫生部和中国残疾人联合会印发的《普通高等学校招生体检工作指导意见》的规定外，北京大学医学部将拒绝录取有肝功能异常、乙肝病毒表面抗原阳性、酒精过敏、斜视、色盲、色弱、口吃、嗅觉迟钝以及影响专业学习的各种身体畸形等情况的学生。医学部的招生官员还说，医学部校还将对身高低于1.6米的男生以及低于1.5米的女生、超过标准体重20%者限录或慎录。这份不合理的清单就因轰动一时的雷闯案①而被北京大学教务处撤销。

---

① 雷闯系2009年浙江大学应届毕业生，现在上海交通大学读研究生。2008年9月，致信524名中科院院士，呼吁中国科学院消除招生中的乙肝歧视做法；2009年1月，在郑州二七广场参与组织我国第一个“乙肝抱抱团”活动，呼吁社会正确对待乙肝携带者；2009年4月，在北大、清华校门组“囧”字，讽刺名校乙肝歧视；2009年7月8日，给中国1983所高校校长写信，呼吁高考录取中不要有乙肝歧视，引发20多位专家学者联名呼吁声援。为此中央电视台2009年12月4日《今日说法》节目等都有专题报道。

(二)对综合性大学院、系具体招生细则的审查

对于综合性大学而言，学校内部各院、系也会为本部的具体招生工作制定相关的规则、细则，这些规则、细则以及一些招生惯例是各院、系招生工作的依据。那么，这些规则、细则以及惯例与学校制定的招生简章是什么关系？以院、系制定的规则、细则为例，它们要不要与学校制定的招生简章相一致？二者若有冲突，应如何处理？在这些问题上，被称为我国博士生招生第一案的林群英诉厦门大学案件可以给我们很好的启示。该案中，《厦门大学 2005 年博士研究生复试录取工作意见》(以下简称《录取工作意见》)和《厦门大学法学院 2005 年国际法学专业博士生录取指导教师及专业方向调剂办法》(以下简称《调剂办法》)之间的关系就是原被告双方争议的焦点，也是法院司法审查的重点。尽管《录取工作意见》不是厦门大学的招生简章，但是作为招生录取工作的具体依据，举轻以明重，通过阐明其与《调剂办法》之间的关系，招生简章与院、系制定的具体招生规则、细则的关系即可窥见一斑。

《录取工作意见》规定："在进行录取工作时要坚持公平、公正、公开的原则，择优录取；录取工作原则上按总成绩高低顺序依次录取；调剂录取原则上在同专业不同导师间进行；拟录取名单的确定应根据考生总成绩高低排序和学校确定的录取原则等。"《调剂办法》则规定："本年度国际法学专业将分指导教师招收博士生，由各指导教师从报考自己的考生中按总成绩（初试和复试成绩的综合）从高到低录取。一个指导教师的招生指标录满后，仍有上线考生未能录取的，可由考生自愿申请调剂到其他指导教师的专业方向；如其他指导教师尚有招生指标，并愿意接受调剂的，也可予以录取。"围绕着这两个文件，原被告双方对"择优录取"的理解存在根本性的分歧。

原告林群英认为，《调剂办法》明确规定，国际法学专业采取的是按导师排名录取的方式。自己在廖教授名下排名第三，廖教授有三个录取指标，因此自己应当被录取，而非被曾华群名下成绩排第五的丁××替代。被告的行为，实际上剥夺了原告被录取为博士生的资格，侵犯了原告的合法权益。按照林群英的理解，《调剂办法》作为法学院具体就国际法专业博士点考生调剂录取的具体实施办法，具有独立的价值，其内涵不受任何其他规则的影响。而厦门大学否认了，认为："《调剂办

法》只是法学院具体就国际法专业博士点考生调剂录取的具体实施办法，并非脱离学校规定的博士生复试录取规则而另行制定的复试录取规则。该《调剂办法》中所述的‘由各指导教师从报考自己的考生中按总成绩（初试和复试成绩的综合）从高到低录取’一语，并非只限指原先报考时填报了某个导师的考生，还应该包括在征求考生调剂意愿时可能在调剂申请表中填报了该导师的其他考生。原告不仅在报考本校国际法专业国际经济法研究方向的19位参加复试的考生中最终成绩排名为最后一名，就是在报考国际法专业4个研究方向25位参加复试的考生中，他的最终成绩也是最末一名。故原告不但不能录取为其原先填报的导师廖益新教授指导下的国际法专业博士生，而且也不能被调剂录取为其他导师指导下的国际法专业博士生，这是学校‘择优录取’的录取原则的具体体现”。法院实际支持了被告厦门大学的做法，指出“《调剂办法》是被告下属法学院制定的，目的是为了贯彻择优录取的原则，尽可能保证最终成绩排名位序在前的考生能够优先于排名位序在后的考生被录取，对该《调剂办法》的理解不能违背《录取工作意见》规定的择优录取、从高到低的招生录取原则。而且，该《调剂办法》的执行结果对其他考生而言也是公正的”①。

本文认为，为了防止纠纷发生，保护公立高等学校和考生双方的合法权益，各院系制定的招生细则应当与学校制定的招生简章和其他有关的招生规则相一致。如有冲突，可遵从下位法与上位法的或者特别规定与普遍性规定或一般性规定的关系进行处理，采取学校制定的招生简章和其他有关的招生规则效力优先的处理原则或特别规定优先适用的原则。问题是有的时候究竟是按照下位法与上位法的关系来处理还是按照特别规定与普遍性规定的关系处理，就是一个非常值得研讨的问题。就本案而言，择优录取是教育部《关于招收攻读博士学位研究生的暂行规定》确定的基本原则之一，同时规定招生单位可以根据本规定制定博士生招录的具体办法。《录取工作意见》亦强调了择优录取原则。那么，究竟什么是择优录取，是报考专业的考生，还是报考一个导师的考生？博士生的录取方式一般可以分为按专业排名和按导师排名两种：前者是

① 参见：福建省厦门市思明区人民法院行政判决书（2005）思行初字第80号；福建省厦门市中级人民法院行政判决书（2006）厦行终字第29号。

按照报考同一专业的考生的成绩高低择优录取，后者是按照报考同一导师的考生的成绩高低择优录取（北京大学法学院也曾经很长时间内是按照报考同一导师的学生的排名从而决定录取与否的。当然必须满足的条件往往是各门课程均要达到学校或院系对于有关课程规定的最低分数以上）。应采取何种方式，教育部没有作出明确规定，因而属于招生自主权的范畴，由各个学校自主决定。厦门大学法学院有民商法学和国际法学两个博士点，各有四个研究方向。民商法学专业的惯例是采用按导师排名录取，而国际法学专业由于历史原因，一直采取按专业排名录取。但是国际法学专业下设的四个方向之间的差异性很大，7 个导师之间的研究领域也大不相同。过去按专业排名，并在导师之间调剂学生，从专业性上说不够科学，很难做到导师与博士生研究领域的一致。所以，2005 年国际法专业对招生方式进行改革，《调剂办法》将第一阶段考试的分数作为主要的评价标准，即实际上采取了按导师排名的方式。但是《调剂办法》制定的时间在《录取工作意见》之后，并且是厦门大学法学院制定的具体规则，因此，应当将其理解为法学院为贯彻《录取工作意见》而制定，不得有违《录取工作意见》。因此，虽然我们认为法院对这一问题的判决结果有一定的道理，但是也并非很完美，甚至还有商榷的空间。因为究竟如何能够真正贯彻招生工作中的自主权，同时也保障报考学生的权益是特别值得注意的问题。如果说按照法院的判决标准，岂不是在很大程度上也否定了包括民商法专业在内的按照导师排名而非专业成绩排名的合法性了（因为那样的做法实际上很可能跟所谓择优录取原则相抵触）。笔者认为在这个案件中，厦门大学法学院的做法，实际上也存在很大的商榷余地。因为国际法专业的做法实际上并没有按照它对外宣布的规则去操作，即首先严格地按照导师的情况进行排名。如果廖益新教授下可以招考三个学生的话，正常的情况，包括按惯例都应是录取林群英的，除非林群英没有达到应有的条件。廖益新教授也可以只招两个或一个。但是所谓补充调剂的做法实际上使得这第一规定，失去了“应有”的效力。按理来说，这个补充规定和调剂办法应该是从属性的，或补充性的。所以在本案中实际上涉及的不仅是下位规定要服从上位规定的问题，还涉及专门性规定优先适用于一般性规定的问题。当然厦门大学的博士生录取办法之所以容易使人产生误解，究其原因是《录取工作意见》和《调剂办法》没有提前公布，从正当法律程序的角度而言，厦门大学的做法实有不妥。

（三）公立高等学校招生的正当法律程序

公立高等学校招生录取行为既然是行政行为，招生录取的程序就应当符合公开、公平、公正的要求，遵守行政法上的正当法律程序。

首先，公立高等学校必须在本校的网站上以及其他方式或途径向社会公布本校的招生简章，并且招生简章一经公布，学校不得在招生录取期间更改招生简章中向社会公布的录取原则。在闵笛诉苏州大学案中，被告苏州大学就是在事后以录取会议纪要的方式更改了自己在《招生章程》上公布的录取规则，没有执行分数优先、择优录取的原则。

江苏省招办公布《2003 年普通高校〈招生章程〉汇编》第 53 页、1271 苏州大学录取规则第五条第二款规定："报考我校艺术设计、美术学（美术教育）专业，对文化和专业均达省控线的考生，按文化总分（五门）加专业总分从高到低的顺序并兼顾英语单科成绩择优录取。报考音乐学（音乐教育）专业，对文化和专业均达处控线的考生，按专业总分从高到低的顺序并兼顾英语单科成绩择优录取。"同时，《苏州大学 2003 年招生指南》第 15 页：我校在江苏省的录取规则（2）对进档考生的专业安排，执行分数优先的原则，即从高分到低分按专业志愿顺序进行录取。根据上述规定，闵笛所报考的艺术设计专业应当按照"总分从高到低的顺序并兼顾英语单科成绩择优录取"的原则。

苏州大学 2003 年 7 月 11 日下午召开了第二次录取会议讨论并通过 2003 年江苏省省内艺术类专业（艺术设计、美术学、音乐学）的录取方案，新的方案要求：①各专业均执行江苏省招生办公室确定的艺术类专业本科文化线，即 310 分（含数学）；②英语线各专业均定为 60 分。这表明招生行为实际遵从优先录取专业成绩高的考生，这种做法与招生章程的规定相互矛盾。所以闵笛的英语成绩高于与她总分相同的考生，本应该录取而未被录取。苏州大学的做法实际上违反了招生章程。在闵笛的退档理由中显示闵笛总分偏低，但我们发现苏州大学却录取了总分比闵笛更低的考生。而且根据会议纪要之二，苏州大学有预留计划，改变了原招生名额，存在"点招"行为，违反了招生过程中的公平、公开原则①。

第二，学校在招生录取期间擅自更改在招生简章中向社会公布的录取原则的，应采取对考生有利的解释。一方面，对于依照原录取规则应当录取的考生，学校应当予以录取，不得以录取规则的改变对抗考生的受教育权；另一方面，对于依照改变后的录取规则已经录取的考生，应当运用信赖保护原则保护其受教育权的实现。② 具体而言，对于符合条件的考生，公立高等学校向其发出录取通知书后，即使事后发现录取行为有违法情形，只要这种情形不是因考生的过错（如替考、行贿或者提供虚假的资料、信息等）造成的，公立高等学校也不得撤销对考生的录取，除非不这样做会严重阻碍高校教育目标的实现。在上述情形下，公立高等学校为了实现自己的办学目标，而必须撤销已经发出的录取通知书时，就要对考生因此受到的损失予以赔偿，并采取相应的补救措施。但是信赖保护原则的具体适用要求行政相对人的信赖是值得保护的信赖，不正当的信赖如：①当事人通过恶意欺诈、胁迫、贿赂或其他不正当方法导致行政主体行为的；②当事人对于重要事项提供不正确的资料或不完全的陈述导致行政主体行为的；③当事人明知行政主体的行为违法或处于重大过失而忽视行政主体行为违法性的，法律不予以保护。因此，如果录取通知书是因考生通过替考、行贿或者提供虚假的资料、信息等不正当手段取得的，或者考生明知录取行为违法或是高校出于重大过失作出的仍“正常”入学的，一经发现，学校有权撤销录取或勒令退学。

以林群英诉厦门大学为例，本案中，考生丁××就是依照《调剂办

① 苏州大学原定艺术设计、美术学及音乐学三个专业预留计划分别为6名、2名和2名，共计10名。因申请使用预留计划者较多，且申请者多与学校办学关系密切，故原定预留计划10名偏少。经第二次录取会议研究决定，将预留计划增至13名，并打通专业使用，其中艺术设计专业12名，音乐学专业1名。

② 关于信赖保护原则运用的典型案例就是2006年陈颖诉中山大学宣布毕业证书无效、撤销学位纠纷一案。本案中，广东省广州市中级人民法院认为，“公民固然有诚实守信的义务，但行使公权力的国家机关和组织诚实守信、依法履行法定职权更为重要。况且，在上诉人违法行为已发生11年、上诉人离开学校6年后，被上诉人再以‘办学自主权’为由追究责任，无论从公平合理角度、还是从维护社会秩序稳定方面考虑，都是不合适的。除非法律法规有特别规定，学校的‘办学自主权’原则上应当以学生在校期间为限。”详见：广东省广州市中级人民法院行政判决书（2006）穗中法行终字第442号。

法》获取的录取资格。法院以“原告请求撤销被告厦门大学作出的2005年国际经济法方向博士生录取名单，实际上是对被告作出录取行为之前的阶段性行为不服，而该阶段性行为不属于人民法院司法审查范围，故在本案中本院对此问题不予审查”为由，驳回了原告请求撤销被告厦门大学作出的2005年国际经济法方向博士生录取名单的请求。即便是从信赖保护原则的角度讲，对于丁××的录取资格，法院亦不得剥夺。而闵笛案中，对于新增的预留生名额，本文以为，如果是以不当手段获取，就应当予以撤销。

五、结　语

因为公立高等学校兼具行政主体和民事主体双重法律地位，其办学活动在现实生活中常常横跨“公法”与“私法”两重领域。这导致学者们对公立高等学校的招生行为属于民事行为还是行政行为，仁者见仁，智者见智，莫衷一是。本文经过研究，得出结论：公立高等学校是法律、法规授权的主体，依法履行法定职责，享有组织实施教育教学活动、招收学生或者其他受教育者的权利，是可诉的行政主体。无论是公立高等学校招生行为的权力的来源，还是招生过程的特点，或者是招生过程中考生与高校的关系，都表明公立高等学校招生的行为都具有公权力属性，其行使应当严格遵从《教育法》和《高等教育法》的规定，受法律法规和规章等规范性文件的约束，有利害关系的公民、法人或其他组织对其行为不服，当然可以依法提起行政诉讼。公立高等学校的招生自主权的不断扩大给公民的受教育权和其他权利造成的侵害也在增多，因此，为做到对公立高等学校的招生自主权的有力监督，充分保护学生的受教育权，必须将公立高等学校的招生行为纳入司法审查的范围。公立高等学校的具体招生录取工作中，法律问题和事实问题相互勾连，无明显的界分，并不形成非此即彼的关系。但是有些事项，诸如命题、批阅试卷等明显属于事实范围的事项，因学校既富有经验又具有专业性，所以，在对招录行为进行司法审查的过程中，法院对上述事实问题应基本持尊重态度。就法律问题而言，对公立高等学校招生简章的审查是对招录行为的司法审查中法律审查的核心问题。第一，招生简章本身应当合法，在法律、法规和有关的政策、文件有规定的情况下，公立高等学校所制定的招生简章不得有冲突性的规定；法律、法规和有关的政策、文件没有规定的情况下，公立高等学校所制定的招生简章非经教育部批准，不得涉及属于法律保留范围内的事项。第二，对于综合性大学而言，各院系制定的招生细则应当与学校制定的招生简章和其他有关的招生规则相一致，如有冲突，可遵从下位法与上位法的关系进行处理，采取学校制定的招生简章和其他有关的招生规则效力优先的处理原则。第三，招生简章公布以后，学校不得擅自更改招生简章中已经公布的录取规则，擅自更改的，应对考生采取有利的解释：一方面，对于依照原录取规则应当录取的考生，学校应当予以录取，不得以录取规则的改变对抗考生的受教育权；另一方面，对于依照改变后的录取规则已经录取的考生，应当运用信赖保护原则保护其受教育权的实现。

参考文献

白呈明．2003．高校与学生合同关系探讨［J］．复旦教育论坛（6）．

博登海默．2004．法理学——法律哲学与法律方法［M］．邓正来，译．北京：中国政法大学出版社：385－386．

陈新民．2002．中国行政法学原理［M］．北京：中国政法大学出版社：65．

法治斌．2002．行政法律关系与特别权力关系［M］//翁岳生．行政法（2000）（上、下册）［M］．北京：中国法制出版社：272．

龚怡祖，张进香．2007．高校自主权的法学探源与公私职能界分［J］．现代大学教育年（3）．

古斯塔夫・佩泽尔．2002．法国行政法［M］．廉坤明，周洁，译．北京：国家行政学院出版社．

郭志成．2002．普通高等学校招生录取权的司法制约问题［M］．中国教育法制评论（第1辑）．

哈特穆特・毛雷尔．2000．行政法学总论［M］．高家伟，译．北京：法律出版社：114．

胡建淼．2005．“特别权力关系”理论与中国的行政立法——以《行政诉讼法》、《公务员法》为例［J］．中国法学（5）．

蒋后强．2006．高等学校自主权及其限度［J］．高等教育研究（27）．

马怀德．2000．公务法人问题研究［J］．中国法学（4）．

孟德斯鸠．1995．论法的精神（上）［M］．张雁深，译．北京：商务印书馆：154．

南博方．1988．日本行政法［M］．杨建顺，周作彩，译．北京：中国人民大学出版社：74．

申素平．2001．中国公立高等学校法律地位研究［D］．北京：北京师范大学博士学位论文．

沈岿．2002．公立高等学校如何走出法治真空——学校与学生的关系维度［M］//北京大学宪法与行政法研究中心．行政法论丛（第5卷）．北京：法律出版社．

石斋旭，李胜利．2007．高等教育法律关系透析［M］．吉林：吉林大学出版社：232．

王名扬. 2007. 法国行政法［M］. 北京：北京大学出版社：32，102.

魏振瀛. 2007. 民法［M］. 第三版. 北京：北京大学出版社，高等教育出版社：82.

吴高程. 2004. 受教育权的民事救济［M］//郑贤君. 公民受教育权的法律保护. 北京：人民法院出版社：275.

吴鹏. 2007. 博士生招生录取行为的可诉性及择优录取原则［J］. 法律适用（4）.

杨威，覃红霞. 2008. 高校"招博"行为的可诉性研究［J］. 教育与考试（1）.

杨寅. 2003. 从对峙走向合作：公私法关系的新境遇［J］. 政治与法律（1）.

于安. 1999. 德国行政法［M］. 北京：清华大学出版社：33.

张弛. 2005. 学校法律治理研究［M］. 上海：上海交通大学出版社：67.

Judicial Review on the Dispute（Action）of Enrolling New Students by Public Universities and Colleges

Zhan Zhongle

Abstract: In recent years, higher education disputes have become more various and complex, one kind dispute of which is brought by enrolling new students. As the institutions set by the government, the public universities and colleges are not only civil subjects, but also the administrative subjects, when they execute the power granted by the law. Accordingly, the quality of enrolling new students is quitely different not only in theory but also in judicial practice. See from the source of the power about enrolling new students, the trait of enrolling new students and the relationship between candidates and the universities, enrolling new students is one kind of public administration activity, taken by the public universities and colleges on account of the legal autonomous power. In order to maintain the normal education order, it is necessary to respect the legal autonomous power of the public universities and colleges. Meanwhile, such power can influence the citizen's right to education and other rights. So, it must be supervised by judicial review. Enrollment brochures as the fundamental criterion for enrolling students, is one of the important aspects which should be reviewed by the court.

Key words: public universities and colleges, legal autonomous power, enrolling new students, Judicial review

作者简介

湛中乐，法学博士，北京大学法学院教授，博士生导师，中国行政法学研究会副会长，全国教育政策与法律研究专业委员会副理事长；研究方向：行政法学、行政诉讼法学、教育法学等。

□李晓燕

学校办学失范现象透析①

【摘　要】学校办学的规范性，关系着教育的公平性和学生身心的健康发展。根据对网络和报刊等媒体公开报道的有关案例的分析，当前学校存在教师法律意识需要加强培养、心理素质亟待加强修炼、教育价值观有待提升、高校教师学术道德建设与学术管理体制亟待完善、办学行为规范有待健全、高校招生行为规范化及其信息的社会公开程度有待提高、民办学校办学资质审查和办学监管需要加强等主要问题。

【关键词】学校，办学，失范

温家宝总理在第十一届全国人民代表大会第一次会议上所作的《政府工作报告》中指出，进入21世纪以来，我国学校建设的主要任务由规模扩张逐步转向注重学校内涵发展和提高教育质量，“办好人民满意的教育”。为实现这一目标，应当加强对学校办学行为的研究。

---

①　本文是教育部人文社会科学研究2007年度项目“学校办学行为的法律监督机制研究”的阶段成果（项目批准号：07JA880041）。

一、概念界定

社会学研究认为，所谓“失范”，是指“社会秩序紊乱和道德失衡的反动倾向”，这是一种以实际的事实表现出存在的“反常”状态（渠敬东，1999）。本文“学校办学失范”这一概念指当前教育实践中发生的学校内部运作不规范的事实。

办学行为包括举办学校的行为和运作学校的行为。本文中的学校办学行为主要指学校内部的运作行为。学校内部的运作行为的管理行为，从具体工作角度考察包括学生管理、教师管理、教学管理、德育工作管理、安全工作管理、体育卫生工作管理、财务管理；从主体角度考察，则包括学校管理人员的管理行为、教师的施教行为和学校其他人员的有关行为。诚然，学校内部运作的不规范行为有时会与违规举办学校或教育机构的行为密切联系。以违规方式举办的学校或者其他教育机构往往以营利为目的，内部运作方式上也大都无视受教育者的教育利益，违背教育规律，甚至违反国家教育法律。

学校办学的规范性，关系着教育的公平性和学生身心的健康发展。学校作为专门教书育人的场所，其规范合法办学不仅关系学生和教师权益的实现，也是教师依法执教的校园文化基础，更是对学生形成法制观念，成长为法治社会合格公民具有深远的影响。

二、案例统计

为探讨当前学校办学中失范行为现状，笔者通过网络和报刊等媒体随机收集了一批公开报道的案例，试图通过这些案例分析学校办学中存在的主要问题。

根据在 2008 年 3 月至 2009 年 8 月期间，对新华网、人民网教育频道、人民法院网、光明日报、楚天都市报等网站和报刊的随机搜索，共收集到与中小学校相关的案例 239 例，另通过直接访谈搜集到案例 10 例，共计 249 例；共收集高等学校有关案例报道 228 篇，涉及案例 286 例。访谈过程中接触的主要是学生家长，涉及的问题主要是学校择校收费和补课问题。两个方面在大部分家长中共存。

通过相关资料对比，发现中等以下学校与高等学校之间在办学上存在的问题有共性，也有所差别，因此分别进行统计。

（一）中小学案例统计

中小学案例可以区分为学校侵权行为、教师违规侵权行为、学校事故、教师管理、考试舞弊行为、民办学校办学纠纷、学校与社会纠纷、（教育）行政违法侵权与纠纷、中小学生违法侵权行为、学生家长违法行为、公共安全问题11个方面。各方面分别统计如下。

学校侵权行为共47例，约占14.86%，其中侵犯学生财产权行为8例，侵犯学生生命健康权3例，侵犯学生受教育权14例，学校管理违法行为与纠纷10例，学校管理人员经济违法行为10例，学生仪表管理纠纷2例（含2007年发生1例）。

教师违规侵权行为共80例，约占32.13%，其中个人行为10例、职务行为10例、体罚学生40例（其中体罚与变相体罚23例、体罚学生致伤残或死亡12例、体罚引起学生殴师3例、幼儿园体罚事件2例），教师性侵犯20例（其中猥亵学生10例、强奸或诱奸5例、奸杀学生1例、骚扰学生1例、其他涉性违法行为3例）。

学校事故28例，约占11.24%，其中，任用教师不当1例（2004年发生），校园活动事故12例，食物中毒事故2例，学生自杀自残事故8例、校园周边环境引发事故3例，教师事故2例。

教师管理侵权纠纷5例，约占2.01%，其中涉及任用纠纷2例、侵犯教师报酬3例。

考试舞弊事件共12例，约占4.82%，其中学校、教师组织、参与舞弊案7例（主要为中考和高考）、其他考试舞弊案5例。

民办学校办学纠纷7例，约占2.81%，其中办学诈骗1例，学费纠纷6例。

学校与社会纠纷18例，约占7.23%，其中新建小区学校配套建设问题2例，学生消费问题1例，校外暴力纠纷3例，学校环境污染4例，其他违法侵权行为8例。

（教育）行政违法侵权与纠纷22例，约占8.84%，其中经济违规7例，侵占中小学校舍3例，其他纠纷12例。

中小学生违法侵权事件17例，约占6.83%，其中学生对同学暴力违法侵权 8 例，学生侮辱、殴打、砍杀教师 5 例，学生性犯罪 3 例。

学生家长违法行为 6 例，约占 2.41%，其中殴打、侮辱教师 3 例，侵犯子女接受义务教育权利 2 例，殴打孩子同学 1 例。

公共安全问题 7 例，约占 2.81%，其中校车安全 1 例，学生校外被抢劫 1 例，学生校外溺水事故 5 例。

（二）高校案例统计

高校案例分为学业证书纠纷，勒令退学、开除学籍纠纷，招生工作纠纷，收费纠纷，教育教学活动管理纠纷，学生常规管理纠纷，大学生事故，高校学术腐败事件，教师管理纠纷，高校经济违法事件，高校教师其他违法行为，大学生违法行为，社会纠纷，社会人员招生诈骗，冒名读书事件，行政纠纷 16 个方面。各方面统计如下。

学业证书纠纷共 31 例，约占 10.84%，其中因学生受到处分拒发其相关学业证书 15 例；因学生学业不合格拒发其相关学业证书 11 例；因学生拖欠学费扣发其相关学业证书 5 例。

勒令退学、开除学籍纠纷共 27 例，约占 9.44%，其中因考试作弊 19 例，学业不合格 1 例；其他违反校规行为 7 例。

招生工作纠纷共 19 例，约占 6.64%，其中违规招生 5 例；发布虚假招生信息 5 例；录取后遭退 1 例；承诺可录取、实际未录导致纠纷 1 例；因招生不满专业取消引发纠纷 1 例；招生后学业证书未能按约定兑现 6 例。

收费纠纷共 8 例，约占 2.80%，其中退学退费纠纷 3 例；招生考试收费不开发票 1 例，状告学校“货不对板”索赔学费 1 例；其他收费纠纷 2 例。

教育教学活动管理纠纷共 5 例，约占 1.75%，其中因故停课导致学生不满 2 例；学生及其家长不满课程安排 2 例，劳动教育争议 1 例。

学生常规管理纠纷共 17 例，约占 5.94%，其中学生宿舍财产和人身安全管理 8 例，因患乙肝被退学 1 例（涉及 74 名学生）；其他管理纠纷 8 例。

大学生事故报道 6 篇，发生事故 68 起，约占 23.78%，其中食物中毒 1 例；其他行为安全事故 67 例。仅据上海 2008 年统计，共发生各类安全事故 63 起，涉及在校大学生 73 人，造成 55 人死亡，18 人受伤。

高校学术腐败事件共27例，约占9.44%，其中学生抄袭剽窃事件4例；涉及教师抄袭剽窃8例；学术造假6例；一稿多投重复发表论文事件2例；涉性“潜规则”事件3例；办班创收纠纷4例。

教师管理纠纷共4例，约占1.40%，其中职称评审纠纷1例；侵犯教师姓名权1例；教师免职纠纷1例；学校不当处置违法教师1例。

高校经济违法事件共10例，约占3.50%，其中受贿7例；挪用经费1例；贪污1例；使用盗版教材1例。

高校教师其他违法行为共4例，约占1.40%，其中学生就业管理1例；性侵犯行为2例；在学校宣传封建迷信1例。

大学生违法行为共18例，约占6.29%，其中拖欠银行助学贷款4例，涉及1844名学生；杀人案2例（弑师案1例、杀同学案1例）；女生暴力侮辱同学2例；不当涉性行为2例；违规更改民族成分1例，涉及31名学生；侵犯教师名誉权2例；出国留学申请文件作假1例，涉及50名学生；网上转载色情图片1例；大学生参与盗窃1例，涉及多名学生（占涉案人员的39.9%）；私自给同学办银行卡1例，涉案2人；留学生交通肇事1例。

社会纠纷共14例，约占4.90%，社会培训纠纷2例；学术侵权5例；强制大学生参与传销案件1例，涉及800名大学生；桶装水生产公司致甲肝疫情1例，致使246名大学生患甲肝；参与作弊1例，涉及5名大学教师；教师校外嫖娼1例；强奸学生1例；人质事件1例；歧视女生事件1例。

社会人员招生诈骗事件共28例，约占9.79%，多为社会人员纠结成诈骗团伙行骗，或办假学校，或称可弄到“指标”，其中借用高校办公设施进行“招生”2例。

冒名读书事件共4例，约占1.40%，均为多年前发生，最早发生在1993年，近年因申办二代身份证或银行房贷无法办理而曝光。

行政纠纷共2例，约占0.70%，因申报博士点失利申请行政复议1例；对高校违规办学查处1例，涉及30所高校。

上述报道的只是现实中发生的部分案例，现实中发生相关案例的实际数量可能远高于这里的统计。

三、案例综合分析

通过以上统计可见，在中小学校发生的案例中，第一位是教师的教育行为失范，共87例（含7例组织、参与考试舞弊），约占34.89%；第二位是学校管理中的违规失范行为，共47例，约占14.86%；第三位是学校事故28例，约占11.24%。在高等学校发生的案例中，第一位是涉及学生管理方面的案例，共107例，约占37.41%①；第二位是大学生各类安全事故，共68例，达23.78%；第三位是高校内的学术腐败行为，共27例，约占9.44%。另外，社会不法人员进行招生诈骗，或在社会服务项目中侵犯学校师生权益事件也不在少数，共出现42例，约占13.88%，对高等学校办学声誉产生了极为不良的影响。

综观以上案例，反映我国各类学校在规范办学方面存在以下主要问题。

（一）教师个人素质有待提高

学校的办学活动在很大程度上通过教师的教育教学活动来实现。因此，教师的教育教学行为状态往往是学校办学是否规范的重要体现。

教师素质直接表现于教师的行为，成为影响教师行为的最主要因素。人的社会性特点和儿童身心发展规律也使教师素质对学生起着耳濡目染的作用。诚然，教师也是人，也有人的七情六欲，将教师神化，刻意拔高对教师的要求是不足取的。但是，也要看到，由于教师担负着“教书育人”的职责，对学生以“言传身教”进行教育，就不可能对教师没有基本素质要求，这些要求有时甚至会高出对一般人的要求。而这也应该正是为什么国家三令五申要求“全社会都要尊师重教”的重要原因之一。

教师素质是一个综合性概念，包含多方面内容，既包括与从事教育教学工作相关的专业素质，也包括作为一个公民的基本素质；既包括智力素

① 虽然涉及学生管理方面的案例最多，但有关其法律纠纷问题已另外行文讨论［参见：李晓燕，陈蔚．2008．学校办学法律纠纷现状、成因及对策探讨［J］．《中国教育法制评论》（第6辑）］。另在笔者主编《学生权利和义务问题研究》（华中师范大学出版社，2008年12月出版）一书中也有相关专题讨论，故在本文中不再赘述。

质，也包括非智力素质；既包括身体素质，也包括心理素质。本文无意探讨教师素质的概念，仅从规范办学角度讨论教师需要提高的几个方面。

1. 法律意识需要加强培养

随着国家法制建设的完善，教育领域不再是法律触角的空白。在国家开始依法治理教育的背景下，作为教育的主要主体之一的教师必须具有相应的法律意识。从相关案例中反映的情况来看，我国教师的法律意识需要加强培养。

法律的核心价值就是保障人们的权利，但是，每个人的这种权利是平等的，任何人都不可能也不应该有凌驾于他人之上的特权。而教师在教育教学中的主导地位使教师处于权威地位，如果没有这种权利平等概念和尊重他人权利的意识很容易做出以教育的名义侵犯学生权益的行为。例如，某小学一教师为调查留守儿童家庭情况，在课堂上让“父母离婚的同学请举手”（周鹏，等，2009）；某小学一教师放在办公室的100元钱丢失，班主任老师以“让你们学会诚实”的名义，命令曾进出过办公室的学生互相搜身检查（宋玮，2008）；某教师公然设定班规，规定学生作业家长未签字需在全班面前自扇耳光①。这些案例反映出教师对学生权利的漠视和无知。

教师不仅需要具备职业法律素养，一个人要成为教师首先必须是一个合格的公民，因此，教师还必须具备公民所应该具备的基本法律素养。教育实践活动使教师与学生之间的公民关系体现为教育关系，但其间的公民关系依然存在。当教师的法律素质不高时，可能会利用手中的权威侵犯学生的公民权利。例如，某校23名教师将自己的住房改建成学生公寓，并向学生施压“逼”学生去住。可在这些教师家里，不仅居住拥挤，而且收费奇高、管理混乱②。还有的教师甚至直接参与、组织犯罪活动，沦为罪犯③。这些现象，极大地损害了教师的社会形象，

---

① 详细请参见：http：//news. sina. com. cn/s/2008－05－31/130415656530. shtml.

② 详细请参见：http：//www. dzwww. com/synr/ttbt/shxwtt/200906/t20090624_ 4809096. htm.

③ 张伟清，乔军伟．女教师绑架9岁学生遭反抗后将其闷死［N］．广州日报，2008－03－10；浦仕翰，路文清．某教师伙同学生绑架女高中生勒索20万元［EB/OL］．（2008－03－20）［2010－07－29］．http：//edu. people. com. cn/GB/8216/64401/7022051. html；张波，郭红文，杨迪．陕西某体校教练以单独招生为由诈骗13万元［N］．三秦都市报，2008－03－06；陈楠，张鑫．教师为还赌债诈骗学生家长9万元［N］．西安晚报．2008－06－03.

并成为在全社会形成尊师重教风气的障碍。

可见，教师应当成为法律教育的重点对象。教师只有模范遵守国家法律，做到依法施教，才能在社会中重塑教师形象。

2. 心理素质亟待加强修炼

近年来，教师的心理健康问题引起了较为广泛的关注。虽然对于教师心理健康的标准设定各有不同，但也有三个大家共同认定的方面，即一是了解并悦纳教师职业，二是具备稳定积极的教育心境，三是具有对教育环境的适应与改造能力（稚子居，2008）。这几个方面也是构成教师心理健康最基本的要素。只有了解并悦纳教师职业，才会努力塑造自身的教师人格，以适应教育工作的需要；只有具备稳定积极的教育心境，才会以尊重的态度和宽容之心对待学生，建立良好的教育人际关系，并以乐观的精神感染学生；只有具有对教育环境的适应与改造能力，才会以创造性态度和坚韧的耐性对待教育工作，真正做到因材施教，在教育生活中实现自身的价值，而不会产生职业倦怠。

否则，就会如同我们在有些案例中看到的那样，有的教师动辄“火起”暴怒，如有的教师批评学生时因学生还嘴而暴打学生，甚至罚学生下跪①；有的学生因为未能按时完成作业或者反对补课而遭教师殴打②；有的教师甚至认为学生行为有所不当也对学生大打出手，如有个教师对上课学蛙叫的10岁男生打耳光（高家龙，2008）；有位年轻女教师竟然因为认为1名六年级女生盯着自己的胸部看了，并有取笑之意，当着全班同学的面，多次打这个学生耳光（宁峰，2008）。教师的这种行为，不仅可能会对学生造成身体伤害③，而且造成心理伤害。被老师打过的学生普遍出现害怕上学、不愿再去上学的心理状态（周伟涵，等，

---

① 王昊飞．“女教师暴打女学生视频”背后的反思［EB/OL］．（2008－06－03）［2010－07－09］．http：//news. xinhuanet. com/focus/2008－06/03/content_ 8276072. htm；卢剑．女生被训斥和老师顶嘴，班主任罚全班下跪［N］．成都商报，2009－04－07．

② 宁峰．小学生作业未完成被老师打，最甚者挨47巴掌［N］．华商报，2008－03－30；杨兴群．数学不好7岁男孩遭老师掌掴，梦中告饶［EB/OL］．（2009－02－24）［2010－07－29］．http：//edu. southcn. com/jywq/content/2009－02/24/content_ 4936953. htm；郭魂强．初二女生传纸条反对补课，被班主任连打耳光［EB/OL］．（2008－12－31）［2010－07－26］．http：//education. cqnews. net/jrjy/200812/t20081230_ 2815132. htm.

③ 详细请参见：http：//www. qthdaily. com/news/content/2008－10/16/ content_ 28805. htm.

2009)。

除了这些与教育工作直接相关的心理素质之外，教师的其他方面的心理素质也会影响到其教育行为。中小学校教师性侵犯行为表明，有些教师性道德、性观念、自控能力存在明显不足。作为教师，手中握有教育学生的职权，能够以各种方式接触学生，如果不能约束自己的行为，必然对学生造成很大的伤害。在中小学教师违法案例中，教师性犯罪所占比例较大，87例中有20例，约占23%，而据不完全统计，受害学生达百人以上。其中，一名小学教师在不到两年的时间里，对多名未满9周岁的女学生奸淫60余次，猥亵100余次（盖睿，等，2008）。可见，由于教师地位的特殊性，当1名教师性行为不端时，其对学生造成的侵害远大于社会不法人员。

或许是由于教育对象不同，高校教师对学生的暴力性性侵犯案例较少，但却出现了以“性”作为交换的“潜规则”①。这也同样反映了教师对待性的态度和性心理状态。

出于对个人权利的尊重，我国当前对个人性行为的法律约束有所弱化，更多是强调道德调整。但是，这对于其他成年公民之间也许是适当的，而对于学校教师和学生之间而言，则会显得对学生很不公平。尤其是一些年龄幼小的学生，面对来自于他们本该信任的教师的伤害时，几乎完全没有自我保护能力。因此，一方面需要加强教师的性心理调适；另一方面仍应有相应的法律约束，避免教师对学生做出不当的性行为。

3. 教育价值观有待改善

教育价值观是教师开展教育教学活动的指导思想，要解决教师为什么而教的问题。在国家大力提倡素质教育的今天，教育本应以人为本，回归培养人的本质，而不是以“升学率”为目标。然而，现实却不尽人意。从一些案例来看，有些教师将学生的考试分数看得比学生作为人的成长更重，如近年来发生的一些中、高考舞弊案件，有些教师为了提

---

① 朱燕. 北大女硕士生称导师性骚扰不成举报其论文造假［N］. 新京报，2009-01-13；佚名. 中央音乐学院博导“潜规则”女生，坦白声泪俱下［EB/OL］.（2009-08-15）［2010-08-02］. http：//www.qthdaily.com/news/content/2009-08/15/content_125517.htm；沈之蓥，女生疑拒做教授情人毕业论文未被通过［EB/OL］.（2009-08-04）［2010-08-02］. http：//news.qq.com/a/20090825/000509.htm.

高“升学率”，竟然组织学生集体舞弊（李根，等，2008）；又如某教师因为一个学生的成绩太差，拖了班级的“后腿”而棒打学生，导致学生做梦“求饶”（李灏，等，2008）；有教师为了提高升学率让学生课前喊口号，给学生造成过重的心理压力（钱钰，2009）。有些教师则将自己的职业完全看成是谋利的手段，如有些教师强行要求学生参加自己办的有偿补课班，为保证“收入”，不惜对家庭经济困难的学生实行“分期付款”（李伟，2009）。在教师参与组织的舞弊案中，有的教师甚至就是以贩卖作弊器材为“生财之道”（王俊秀，等，2009）。

此外，随着时代的发展，学生变了，而教师没有及时转变教育策略，缺乏与学生的交流和沟通，沿用“老一套”方式教育、管理学生，或者导致学生自杀、自残；或者引发并激化了师生矛盾以及教师与学生家长的矛盾。一些有关学生辱师、殴师、甚至弑师和家长辱骂、殴打教师的案例中，大多数与教师在批评、教育学生时过于简单化有关。如有位教师在教育学生时因学生还嘴而打了学生耳光，导致学生还手（青兴海，等，2008）。现实表明，教育已经是一个越来越需要讲究工作策略、艺术和技巧的职业，教师也是一支越来越专业化的队伍。教师必须恪守终身学习的理念，不断提升教育价值观，并以研究的态度对待教育工作，尤其要研究学生，处理好教师主导地位与学生的学习主体地位之间的关系。

教育价值观虽然有别于道德价值观，但是，两者之间也存在一定联系。加强教师的职业道德建设，有助于提升其教育价值观。道德的高尚不仅表现在目的的正义，还应该表现在手段的正义，而不能因为目的正当就不择手段地去实现它。

（二）办学行为规范有待健全

办学行为规范有内部规范和外部规范。外部规范通常是以法律法规形式作出的外部约束，反映了国家和社会对学校的要求。内部规范则是学校在法律法规授权的范围内，为统一校内的行为而作出的内部规定。外部规范不完善、不合理不仅会使学校外部关系的不协调，还会对学校内部规范的制订产生不利影响。

1. 行政部门与学校管理权限划分有待明晰

行政部门与学校管理权限划分是否明晰，关系到学校办学自主权的实现程度。实践表明，由于高校作为办学实体的法律地位比较清晰，其办学自主权获得较大保障，因此相对而言，行政部门与高校之间的纠纷较为少见，虽有2例，但内容主要是行政部门正常行使管理权限，其中，引发纠纷的仅有1例，为某高校申报博士点未获批准提出行政复议，属于正常的管理纠纷。而从中小学校的情况来看，受到行政部门的影响则较大。

虽然本研究主要是探讨学校内部办学行为，但是，有些学校内部行为（包括某些违法行为）往往是在行政的指示或干预下做出的。在中小学校与行政部门的22例相关案例中，包括财政和教育行政部门挤占、挪用农村义务教育经费，以县或教育局发文形式强令中小学校购买练习册、进行中小学教材地方“强制租型”、下达购烟抽烟计划、强行向教职工贷款、将税收任务摊派给学校师生完成，挤占中小学校舍建筑等方面。对农村义务教育经费的挤占、挪用直接导致一些学校办学条件简陋，不能满足教育教学活动的需要；为达到县或教育局的要求，学校不得不想办法应对，如，2009年4月10日，人民日报编发了一位家长来信，甘肃某县教育局发文强令中小学让学生购买练习册，有学校为交差谎称免费骗学生订购（佚名，2009）。由于怕学生不要，头一天告知学生这些练习册是“免费的”，学生拿回家做了，第二天再向学生强行收费。据家长反映，这些配套练习内容陈旧，纸质低劣，等于每个家长掏钱买了几本废纸，孩子也因此不愿上学了。又如，广东某地竟让学校师生去收税，甚至规定：教师完不成征收任务，职称评定、评优评先一票否决；“三好学生”完不成征收任务，荣誉将被取消（邓圩，2009）。某校被分配了680辆摩托车税收征收任务，为完成这一任务，该校于2009年6月30日发出《关于征收车船使用税的通知》，要求每位教师完成3辆征收任务，并与今后的职称评定、评优评先挂钩，“不完成任务的，实行‘一票否决’”。入选“三好学生”的学生，必须完成一辆摩托车车船使用税的征收任务，否则荣誉将被取消。在这种“高压政策”下，有些学校只得停课让师生回家“收税”。

这些案例表明，当中小学校缺乏独立人格地位，缺乏独立办学自主权，尤其是在财政上和人事上对上级主管部门处于完全依赖状态时，往往会迫于“上级”的压力，而违心做出一些侵犯学生或者教师权益的事情。因此，应当制定“学校法”，厘清行政部门与学校的管理权限与职责，还学校以办学的自主权，减少政府部门不必要的干扰或干涉，使学校真正能够按照教育规律来办学。

2. 学校财务管理制度需健全

无论是在高等学校还是在中小学校，都存在经济违法行为，而且近年来违规金额较为巨大，动辄百万、千万甚至上亿（黄茜，等，2009）。或许由于笔者视野所限，搜集到的案例数量所占比例不是很大，而据有关媒体披露，近年来全国各地大学屡屡曝出腐败案件：同济大学原副校长吴世明因受贿罪被判10年、南京财经大学原副校长刘代宁被控受贿160多万元；湖北近年已有五六所大学的主管官员因腐败落马，包括湖北大学原副校长李金和等；陕西近3年已查处80多宗大学经济案，倒下7名厅级校官……（廖君，等，2009）因此，媒体称之为“频发”，被称为“腐败高发区”（王石川，2009）。

从所搜集到的案例来看，中小学校主要发生在择校费、教材和教辅资料回扣以及社会服务“代理费”上，而高等学校则主要发生在基建项目和设备采购招标、招生受贿以及后勤服务方面。

中小学校择校费之所以容易成为滋生腐败的源头，与择校费的收取和使用管理缺乏规范的财务管理制度有密切关系。由于收取择校费只是一些具有优质教育资源的学校的特权，最初只是为了限制择校、扩大教育经费来源而采取的一种不得已的措施，后来则演化为一些学校“创收”的途径。而其使用也未能纳入财政管理，往往成为学校的账外资金（即小金库）。而这些收入往往又只是掌握在少数管理者手中，缺乏相应的监管手段，使某些贪欲膨胀的管理者有机可乘。如据报道，2008年8月，北京某小学原校长王某某等5名校领导因涉嫌将违规收取的巨额赞助费贪污及故意销毁会计账簿而被检察机关逮捕并提起公诉。安徽芜湖一公办名校校长同样以贪污数十万元赞助费的罪名，被判处10年徒刑（周大平，2009）。更有甚者，还有些人利用手中的择校“名额”和家长的择校迫切心理向家长索贿受贿。据笔者对为子女择校的家长的访谈发现，家长除了要向学校支付一笔择校费（或称赞助费）外，还要向为其要到择校生名额“指标”的中介者（往往是学校教师或者领导）支付一笔不菲的“活动费”。有位家长称，他为女儿择校花费6万元，其中3万进入学校账户，另外3万则为所谓“中间人”（某教师）收取。难怪有人认为，批“照顾生”的特权条子是一个大得惊人的黑洞。另据知情人反映，学校社会服务中，报刊、教辅的回扣率一般在30%左右，保险、校服、牛奶的回扣率一般不低于20%（周大平，2009）。

高等学校随着其办学规模日益扩大，其可调配资源增长幅度很快，其他可支配资源的机会也大大增多，而实践中又未建立健全相应的市场运作和权力行使规制，缺乏相应的约束与监督机制，使某些人在基建项目和设备采购招标、招生以及后勤服务中有机会暗箱操作，大肆捞取个人利益。如李某某在任武汉某大学副校长，分管招生、基建、学校后勤等工作期间，利用职权，贪污、挪用、受贿高达1400余万元（张明泉，等，2009）。

这些案例的产生，都与缺乏完善的财务管理制度和监督机制有关。完善财务管理制度，除了要完善预算制度、决算制度和审计制度等常规财务管理制度外，还应该将学校投资决策与财务管理纳入校务公开的范围，接受教职工和社会的监督。在允许择校的学校，择校信息也应当向社会公开，接受社会的监督。此外，择校问题的产生，与教育资源的不均衡有着密切的关系。要根除由择校所导致的腐败问题，还需要各级政府在均衡教育资源上下功夫。

3. 学校收费、办班行为需加强约束

乱收费已是困扰教育多年的顽疾，据国家发改委的有关通报，仅进入21世纪以来，教育乱收费在价格举报中6年有5年居首位。另外，学校举办所谓“奥数班”、教师进行有偿补课等现象也大有愈演愈烈之势。虽然上至中央下至地方各级教育行政部门，近年来多次发文明令禁止补课，仍有些学校或教师为了“创收”，校内不能补校外补，与培训机构相勾结，举办各种培训班，并以明示或暗示方式强迫学生到“培训班”上课，有些甚至将本应该在课堂内完成教学的知识点放到“补课班”去讲，造成不补课就跟不上教学进度，迫使一些家长不得不送孩子去“补课”。许多学生和家长对此颇有微词（张琴，2009）。

学校举办奥数班、补课班、教师进行有偿补课问题的出现有多种原因。一是升学教育的需求。为获得较高的升学率，对学生加班加点上课，要求学生死记硬背，做大量习题。二是创收的需求。过去相当长的一段时间内，教师待遇未能获得保障，尤其是并未如《教师法》第二十五条所规定的那样，不低于公务员水平，更莫谈高于。甚至财政拨款也一度对于教师工资不是全额拨款，只拨基本工资部分，其他部分由学校自行创收。各校便是各显神通，立下名目繁多的收费项目，向学生收取。所收取的费用，大多用来补足工资的不足和发放福利。曾有校长明言道：不如此难以留住优秀教师。而这种情况一旦有了开头，就如同打开了“潘多拉魔盒”，欲望越来越大，难以遏制，各种违规做法也就此应运而生。类型繁多的重点班、实验班、特长班、奥数班如春风野草，禁而不绝，甚至出现“按价论教”或强制学生补课的行为。据访谈个案反映，有些地处中心城区学校的教师，一个假期的补课收益可达数万元，当大多数人还在为能住上经济适用房而努力时，他们已经住上了别墅。这无疑也产生了某种示范效应。三是家长“望子成龙”的教育心态。一些家长将上大学作为孩子的唯一前途，为使孩子不输在所谓“起跑线”上，将来能够考个好大学，宁可省吃俭用也不惜重金送孩子上各种补课班或奥数班、特长班，甚至将此作为“育子经验”广为流传。家长对学校补课行为的支持态度也起到了“为虎作伥”的作用。

学校乱收费、乱办班的行为不仅极大地增加了家长的经济负担，也极大地增加了学生的课业负担，使学校难以真正推行素质教育，对学生的身心健康成长发展产生了不利影响。

4. 学校安全制度需完善

近年来，学校安全问题的重点有所变化。如果说过去提到学校安全事故问题主要是指中小学生事故的话，今天则需要从全方位（包括高校学生和教师）角度来审视学校安全问题。

诚然，中小学生与高校学生事故发生的原因与表现有所不同。在中小学校发生的48例学生安全事故中，有12例是因受到体罚而致伤残或死亡，与校园活动中发生的事故等量，后者也是12例，主要为体育活动事故、楼道踩踏事故、食物中毒事故等；另有8例为学生自杀、自残所致，主要原因为学生不堪学习负担过重①、不满教师教育方法②等。

---

① 案例来源：李诚．高三学生自杀事件追踪［N］．报刊文摘，2009－04－20（04）；韩俊杰，范丹．学生“过学死”靠什么终结？［EB/OL］．（2009－04－14）［2010－08－02］．http：//news. xinhuanet. com/edu/2009－04/14/content_ 11182005. htm.

② 案例来源：刘伟，郭晶晶．初一女生跳楼自杀，留遗书称不想再写检讨书［N］．成都商报．2009－04－09；刘渐飞．女神童看课外书被老师批评，留遗书溺水自杀．［EB/OL］．（2008－03－20）［2010－08－02］．http：//txs. youth. cn/wztt/200803/t20080320_ 669489. htm.

在大学生安全事故中，虽然也有食物中毒和其他个人行为安全事故，但相对而言，大学生自杀、猝死所占比例较大，如据有关统计，2008年，上海市在校的全日制本专科生、研究生共计59.84万人，共发生各类安全事故63起，涉及在校大学生73人，造成55人死亡、18人受伤。其中，自杀和突发疾病猝死在大学生安全事故中占了相当大的比例：自杀23起；突发疾病猝死15起；故意伤害事件7起，其中5起为三人以上斗殴事件。在23起大学生自杀事件中，半数以上是由于不同程度的抑郁症所致（佚名，2009）。此外，教师伤亡事故也开始进入人们视野。有因学生打闹撞伤教师的（杜超，2009），有因连续加班，工作负担负荷过重而致心脏病发作死亡的（李劭强，2005），还有因学生不满教师体罚同学而将教师打伤的（解璐，2005），等等，不一而足。

上述各种学校事故的发生，或多或少与学校管理不善有着一定联系。换句话说，就是学校还需加强安全制度建设。从有些案例来看，只要监管到位，实际上是可以预防的，尤其如楼道踩踏事故、食物中毒事故、学习负担过重导致的死亡事故等。同时也表明，学校安全管理工作的治理，是一项综合治理工程，不仅涉及安全责任落实问题，还涉及学生安全教育问题、教育价值观念转变问题、乃至教师的职业操守问题等。因此，安全问题是学校规范办学系统工程中的一个重要方面。

（三）高校教师学术道德建设与学术管理体制亟待完善

在高校，教师学术不端事件引起社会广泛关注，虽然案例数量不是特别高，但影响特别恶劣，社会一片指责之声，几乎造成“象牙塔”坍塌的社会印象。学术不端现象的出现，既与教师的个人品行有关，也与当前的学术评价机制有关，还与学术诚信的约束机制是否健全有关。

就我国当前高等学校的科学研究现实而言，高校教师在学术研究的选题、研究方式乃至主观表达等方面已经具有较大的自由。但在拥有这种自由的同时，少数缺乏自律的教师做出了学术不端行为。

这种学术不端现象的产生或许与当前急功近利的管理氛围与管理措施有着某种内在联系。某大学在提出创造学术品牌时提出了“十年磨一剑”的口号，但负责人说到这里时，又无奈地指出，在当前这种“效率第一”的教师考核管理体制下，可能“剑”还未磨出，教师早就下岗了。可见，改革和完善教师学术管理体制，弱化当前普遍通行的科研成果量化评估，加强学术独创性评估，回归学术价值的本质，才是治本之道。

“大学自治常表现为高等学校整个组织的自主管理，而学术自治则更为强调大学教师和学生个人的学术自治”（陈丹，2009）。这种高度的自治固然为学术自由发展提供了宽松的场域氛围，有利于促进学术的繁荣发展。但是，如果这种“自治”失控，有时却也可能走向反面。这里面临的依然是最基本的命题，即自由与秩序的关系问题。这就是说，大学自治与学术自由不可能没有规则的约束。而我国当前对学术诚信的约束主要依赖道德规范，而道德规范的作用机制主要依赖主体的主观内在自觉性。品行不良、私欲膨胀又缺乏相应道德观念的人，往往会为追求个人利益最大化而违反道德要求。因此，还应该加强外在约束机制的建设，引入法治的手段对学术不端行为进行治理。只有将学术道德建设与学术法律规制的建设结合起来，从内、外两个方面进行治理，才能最终杜绝学术不端现象。

（四）高校招生行为规范化及其信息的社会公开程度有待提高

综观社会招生诈骗案件，与考生及其家长的信息闭塞有关。这使一些社会不法分子有了可乘之机。如河南某科教服务公司职工张某单独或伙同他人，以给大学生安排工作、介绍高考落榜生入读军校为诱饵，共计诈骗 104 名学生及家长 712.1 万元（刘昌武，等，2009）。虽然张某等 4 人最终受到了法律的制裁，但其给考生及其家长带来的物质上和精神上的损失仍然是很大的。

高等学校招生诈骗现象的存在，不能不说与过去或者现在也依然存在的高校招生不规范现象有关。人们之所以轻信“内部招生指标”的存在，是因为这种指标的确存在过。虽然近年来国家加大了对高等学校招生的管理，也采用了一些公开透明的做法，如实行网上招生等。但是，过去所留下的不良影响却不是这么容易消除的。如鞍山市某小学一体育教师宋某某在每年的高考录取前后，谎称自己手里“有名额”、“有关系”，能为高考成绩不理想的考生破格办理军校、警校和军队艺术院校等入学手续。他靠这种手段一年间先后诈骗 6 名学生家长 102 万元（谷石巍，2009）。

另外，也有一些学校受利益驱动，为创收而与校外机构合作办学，却又不进行相应招生管理，致使一些民办培训机构明目张胆冒用高校名义进行违规招生（佚名，2008）。有的学校甚至将自己的办公室“借”给社会教育机构招生①，某些教育机构公然打着该高校的幌子进行招生诈骗。

因此，一方面，要加大对高等学校招生规范化制度的建设；另一方面，应该建立高等学校招生信息宣传网络，提高高等学校招生信息的公开程度。除了国家教育主管部门和高等学校通过网站、报刊等媒体对外发布信息之外，鉴于我国当前的国情和民情，还应该将相应的宣传资料发放到高中学校，通过高中学校的教师向学生及其家长进行宣传。高中学校及其教师则应当责无旁贷地准确向学生及其家长宣传有关信息。

（五）民办学校办学资质审查和办学监管需要加强

改革开放以来，为扩大教育资源，更好满足人民群众的教育需求，我国大力发展民办教育。民办教育机构包括各级各类学历教育的民办学校、以职业技能培训为目的的职业培训机构和民办幼儿园。应该说，民办教育机构通过其教育服务，为社会发展起到了一定的促进作用。

但是，由于民办教育机构存在办学不够规范现象，导致了较多的法律纠纷。如某机构开办考研辅导班，收了学生学费后却又未能如期开班，该机构总部称该班为“视频班”，但其收费收据上又写的是“面授”，引起学生质疑和索赔（朱玲，等，2009）。又如，某学院作为民办性质的自考助学机构，属于非学历院校，只能颁发学业证书或结业证书，并无资格颁发毕业证书，必须和主考院校挂钩，由主考院校颁发学历证书。但是该学院在招生简章上却将标准的“高等教育毕业证书”样本印制出，自称会给学生发“高等教育毕业证书”（王昭玮，2007），以致多名学生受骗。

另一方面，由于对民办教育机构的管理存在疏漏，致使一些社会人员利用举办民办学校大肆行骗，侵犯考生及其家长的权益。如某工商职业学校实际上只是租了其他学校的几套房子办学，却号称占地面积80

① 案例来源：蔡青，梁延．大学行政楼内有人招生行骗［N］．楚天都市报，2009－07－24（8）；陈世昌，周鹏．社会办学机构借武大办公室招生［N］．楚天都市报，2009－08－04（10）．

亩，诱骗考生到该校上学（佚名，2009）；又如，一个厨师和一个司机，租赁几间教室，制作几份“花枝招展”的宣传册，摇身一变就成了“专科学院”的校长、财务主任，以通过短期培训就能安置到法院、检察院以及高速公路收费站等处工作，待遇与正式人员基本一致为诱饵，诈骗百万余元……（余东明，等，2009）甚至还有没有任何办学资格的假学校仅靠租来的几间教室和一个网站，也敢冒充“高等院校”招生，并号称能够进行五年制大专、三年制大专及本科等学历教育（韩俊杰，等，2009）。

这些现象的产生，与教育主管部门缺乏有效的管理措施存在一定的联系。教育主管部门对于社会办学缺乏主动而有效的监管，显得较为被动，往往是出了问题才去管。这也是办学乱象愈演愈烈的重要原因之一。教育主管部门应当从办学资格审查（起点监督）、办学过程管理（过程监督）和办学成效评估（结果监督）等几个层面对民办教育机构加强治理。此外，对于不具备办学资质的机构，要坚决取缔；对办学过程混乱的机构，要限期责令整改；对办学达标和不达标的机构信息，都应该向社会公开，引入社会监督。

参考文献

陈丹. 2009. 再论大学自治、学术自由与司法审查［J］. 中国教育法制评论（6）.

邓圩. 广东吴川：竟让师生去收税，层层委托乱摊派［N］. 人民日报，2009－07－17.

杜超. 高一学生课间追跑撞伤老师，学校承担三成责任［EB/OL］.（2009－08－26）［2010－08－02］. http：//www. chinacourt. org/html/article/200908/26/371251. shtml.

盖睿，马志强. 小学教师两年强奸幼女 60 余次猥亵儿童百余次判 17 年［EB/OL］.（2008－03－03）［2010－08－02］. http：//view. home. news. cn/news/7707299. html.

高家龙. 男孩上课学蛙叫，挨了老师一耳光［N］. 楚天都市报，2008－05－13（37）.

谷石巍. 鞍山一小学老师称能办理上大学诈骗百万判 15 年［EB/OL］.（2009－07－03）［2010－08－02］. http：//www. cnr. cn/gundong/200907/t20090702_ 505386363. html.

韩俊杰，徐梁. 河南一假冒大学公开招生，招生宣传神乎其神［N］. 中国青年报，2009－07－10.

黄茜，方道. 广州大学华软学院前正副院长合伙挪用亿元［N］. 广州日报. 2009－04－29.

李根，郭小川. 在胸罩里藏微探头，3 女生涉嫌高考舞弊被公诉［EB/OL］.（2008－12－11）［2010－08－02］. http：//www. china. com. cn/news/txt/2008－12/11/content_ 16929912. htm.

李灏，张星. 班主任棍打“拖后腿”学生，被打学生做梦叫求饶［EB/OL］.（2008－04－19）

[2010-08-02]. http://news.hainan.net/newshtml08/2008w4r19/388633f1.htm.

李劭强."运动式"考核制造青年教师猝死悲剧[EB/OL].(2005-11-16)[2010-08-02]. http://news.163.com/05/1116/14/22MHNDRS0001120U.html.

李伟.重庆小学老师胁迫学生补课,家境困难可分期付款[N].重庆晚报,2009-05-12.

廖君,刘佳婧.新华调查:武大腐败案吹响高校反腐"集结号"[EB/OL].(2009-10-13)[2010-08-02]. http://www.qhnews.com/index/system/2009/10/13/002822523.shtml.

刘昌武,张胜利.以上学就业为诱饵4名骗子诈骗学生及家长712万[EB/OL].2009-07-02[2010-08-02]. http://www.china.com.cn/news/law/2009-07/02/content_18055088.htm.

宁峰.女教师认为女生盯看自己胸部对其猛打耳光[N].华商报,2008-06-18.

钱钰.高考誓师动员会弄哭高三生,喊口号如赴战场[EB/OL].(2009-03-27)[2010-08-02]. http://news.163.com/09/0324/14/5568LC9M00011229.html.

青兴海,罗玉.女老师耳光惩戒,丈夫帮手,男学生乱拳还击[EB/OL].(2008-11-25)[2010-08-02]. http://edu.qq.com/a/20081125/000064.htm.

渠敬东.1999.缺席与断裂:有关失范的社会学研究[M]//阎光才.高校学术失范现象的动因与防范机制分析[J].高等教育研究(2).

宋玮.小学老师丢钱,命令学生互相搜身检查[N].北京晚报,2008-05-25.

王俊秀,张国.吉林松原高考舞弊禁而未绝,教师卖器材赚80万[EB/OL].(2009-06-10)[2010-08-02]. http://news.xinhuanet.com/edu/2009-06/10/content_11516365.htm.

王石川.高校腐败案频发的原因何在[N].楚天都市报,2009-10-01(4).

王昭玮.违规招生、违规发证 西安骊山科技专修学院胆忒大[EB/OL].(2007-06-08)[2010-08-02]. http://news.sina.com.cn/s/2007-06-08/014411979362s.shtml.

解璐.两同学遭体罚,众学生课堂上对老师拳脚相加[EB/OL].(2005-11-02)[2010-08-02]. http://news.sina.com.cn/s/2005-11-02/01368181037.shtml.

佚名.甘肃成县教育局发文强令中小学购买练习册[N].人民日报,2009-04-10(14).

佚名.高招录取在即,揭开统招之外的升学乱象[EB/OL].(2008-07-09)[2010-08-02]. http://www.cjn.cn/cjnjy/jyxw/200807/t690904.htm.

佚名.上海公布大学生安全情况,自杀和猝死占大比例[G].报刊文摘2009-04-27(4).

佚名.租房办学竟称校园占地80亩[N].楚天都市报,2009-08-08(8).

余东明,赵云昌,李靖.厨师变身"校长"骗倒200余人,折射民办教育乱象[EB/OL].(2009-05-18)[2010-08-02]. http://www.qthdaily.com/news/content/2009-05/18/content_90102.htm.

张琴.学校"联姻"培训机构拉学生补课,没钱分期付款[EB/OL].(2009-09-16)[2010-08-02]. http://www.chinanews.com.cn/edu/news/2009/09-16/1868585.shtml.

张明泉,张聪,高阳.武汉理工大原副校长李海婴一审被判无期[N].楚天都市报,2008-08-23(B23).

稚子居.教师心理健康的标准[J/OL].(2008-12-19)[2010-07-29]. http://

hi. baidu. com/splow/blog/item/0cca4ba95b3aa2fb1e17a2d0. html.
周大平. 2008. "校长贪污案"的真正教训 [J]. 瞭望 (36).
周鹏，徐佳佳. 小学课堂上，老师竟如此调查留守儿童——"父母离婚的同学请举手" [N]. 楚天都市报. 2009 - 03 - 02 (9).
周伟涵，钟达文，杨娜. 小学生上课说话遭老师钢尺抽打，称不想再回学校 [N]. 广州日报，2009 - 05 - 19.
朱玲，刘帅，晏岚. 考研辅导班延迟月余开班引质疑 [N]. 楚天都市报，2009 - 07 - 13 (12).

An Analysis for Conducts Anomie of School-Running

Li Xiaoyan

Abstract: Running schools normatively is a problem to concern the fairness of education for every citizen and the development of children soundly in body and mind. This article discusses the conduct of running-school from perspective of the internal operation of schools. Depending on the analysis of relevant cases we got from network and newspapers and other media, now in the schools there are some major problems such as follows need to be emphasize: to train legal consciousness and cultivate the psychological quality and promote the education values of teachers; in the universities, to improve academic morality of faculty and academic administration system; to strengthen the school-running rules; to standardize the enrollment behavior and to open the information about enrolment to society; and to examinate the requisity qualification of private colleges and schools and to supervision it's school-running.

Key words: Schools, School-running, Anomie

作者简介

李晓燕，华中师范大学教育学院教授，博士生导师，湖北省教育法律与政策研究会理事长；主要研究方向：教育法学。

□蔡海龙

教育体制改革中的高等学校公共性问题

【摘　要】现代社会的公共性理念以及实现机制可以区分为国家公共性与社会公共性两种不同类型。我国传统计划经济体制下的公立高等学校作为政府部门的附属物，具有鲜明的国家公共性特征。随着社会主义市场经济体制的建立以及与市场经济体制相适应的教育体制改革的推进，市场机制逐渐介入教育领域，利用市场机制提供公共教育的做法开始兴起，使得原有的国家公共性理念被打破，形成了高等学校公共性的分裂局面。本文认为，在现代市场经济体制下，高等学校公共性的重构既不能退回到计划经济体制下的那种政府全面负责的国家公共性，也不能完全借由“私益的总合是公益”的市场化机制来实现，而是必须在政府与市场两种不完善的机制之外寻求新的实现机制。

【关键词】公共性，市场化，行政化，办学自主权，学校法律地位

一、"公共性"的两种不同类型及其实现机制

公共性问题是一个现代性语境下的社会历史问题。由于人类社会公共观念的复杂性和多样性以及后来人们对于"公共"的反思和否定，这就使得现代意义上的"公共性"一词得以在不同的语境下表征不同的、乃至相互冲突的意义和内涵。这些不同的意义和内涵统一于人类社会公共观念发展演变的历史过程之中，其所表现的公共性也具有一种历史地生成的特征。从存在于中国和西方的公共观念的两种不同类型以及不同学科领域对于"公共性"的理解可以看出，"公共性"与社会领域划分有着不可分割的密切联系。从根本上来说，"公共性"只能是一种形态或属性，即公共领域的属性，其内涵应当包括公益性、公开性和公平性等基本内容。然而，由于"公共性"是作为对于公共领域之内一般社会关系的抽象创造，因此，其对于这一关系背后的社会结构存在着不可替代的依赖。随着社会变迁和公共领域的结构转型，在不同的时代和不同的语境下，公共性的含义会有所不同。在人类社会历史早期，由于社会结构尚未分化，"公共性"在意义上等同于社会性，但随着社会变迁和公共领域的结构转型，公共性的含义逐渐丰富而多样起来。在现代社会，从"国家—市民社会—经济"的"三分法"出发，人们对于公共性及其实现机制的认识实际上形成了"国家公共性"与"社会公共性"两种不同的类型。在这两种公共性的类型之中，国家公共性作为公共权力领域及其代表政治国家的基本属性，对于公共权力及其运作起着规范作用；社会公共性作为社会公共领域的基本属性，一方面对于政治国家起着监督和批判作用，另一方面又表达了在市民社会内部通过自愿合作寻求公共利益的可能。

（一）国家公共性

国家公共性是公共权力领域的基本属性。现代政治理论认为，国家和政府所行使的公共权力乃是公民权利经由社会契约之后的权利委托和权利转移的结果，公共性是国家和政府的根本属性，同时也是其合法性的来源。现代国家作为享有主权的政治社会组织，其政治统治和社会管理职能主要是通过政府来实现的，因此国家公共性又称为政府公共性。

政府公共性可以从不同的方面来加以理解：从政府的目的来看，政府的公共性是指政府产生和存在的目的是为了谋求公共利益、实现公共目标、提供公共服务；从政府的运作过程来看，政府公共性意味着在涉及公共物品提供等集体行动上，存在着有效的决策参与通道和决策选择机制；此外，政府的公共性还必须体现在公民的参与和监督上。由于国家公共性所具有的内涵及其特殊性质，因此国家公共性的实现机制也有其相应的特征：（1）以国家公权力为基础；（2）以自上而下的科层制为组织形式；（3）以国家财政为保障条件；（4）强制性地以国家和社会公共利益为目标；（5）以行政管理为主要调控手段；（6）以国家公法为调整和规范机制。

（二）社会公共性

社会公共性是社会公共领域的基本属性。社会公共领域与国家公共领域不同，如果说国家是一种由制度化的强制性权力加以组织起来的垄断性政治社会组织，国家公共性的实现主要通过政策、制度和法律加以保障从而具有强制性的特征，那么社会公共领域则主要是通过公民自愿合作关系得以维系的，它以一种志愿主义的原则运作，因此，社会公共性的实现并不基于强制性的制度化要求，而是出于一种社会组织和个人在利他主义动机驱使下的自主自愿选择。由于社会公共性的实现在具体形式上主要依靠从属于社会公共领域之内非政府和非市场的第三部门组织，因此社会公共性又可以称为第三部门公共性。在国外，这种公共性又被称为“市民性公共性”（黑田由彦，2005）。就具体内容而言，社会公共性可以理解为社会性、公共性、公益性和干预性等诸多相关意义的集合。由于社会公共性与国家公共性在内涵与实质方面的区别和差异，其实现机制较之国家公共性的实现机制亦有诸多不同：（1）以公民自愿和半自愿的合作关系为基础；（2）在国家所提供的政策和法律框架内以法人自治为基本形式；（3）以多渠道的经费筹措机制为保障；（4）以社会利益为目标；（5）以经济和法律调控为主，以行政管理为辅的管理形式；（6）以社会法为基本调整和规范机制。

二、高等学校公共性的结构性变化及其问题

公共性是现代教育的本质属性，是现代教育区别于以往任何形式教育的重要特征。基于国家公共性理念，通过国家的力量来发展教育，举办公立学校从而形成公共教育体制，反映了现代教育发展的必然趋势，这在教育现代化的进程中具有重要意义。从制度分析的视野来看，高等学校公共性的危机是随着我国教育改革与发展的历史进程逐渐显现出来的。

（一）计划经济与高等学校国家公共性的确立

在传统的计划经济体制下，“全能政府”的作用弥漫于社会生活的各个方面。在这一体制下，行政权力高度强化，无限压缩社会自治空间，社会中间层或被高度行政化，或被行政所吸收，各种社会组织都围绕政府权力展开活动。与此相应，社会组织的划分方法也十分简单，以单位为基本单元，根据其不同职能划分为机关单位、企业单位、事业单位。机关单位履行国家权力，承载管理职能。企业单位以营利为直接目的，以生产经营活动为主要活动方式。而事业单位则是指国家为了社会公益目的，由国家举办或者其他组织利用国有资产举办的，从事教育、科技、文化、卫生等活动的社会服务组织。按照这一分类，公立高等学校应是从属于从事教育活动的事业单位。由于在传统的计划经济体制下，所有的事业单位均隶属于政府，是政府权力的衍生物（吴锦良，2003)，因而中国的事业单位具有十分明显的政府性特征：事业活动的非产业化、事业主体的国办化、事业机构的行政化、事业经费的供给化、事业资源配置的非社会化、事业目标的计划化、事业运行机制的非效率化、事业管理的非法治化和事业职能范围等（黄恒学，1998)。这些特征在高等教育领域也有鲜明体现：不仅公立高等学校的资金来源于政府，其活动与服务依赖于政府，而且公立高等学校机构还设立行政级别，拥有人事编制，在履行公共教育职能的时候，还以某种形式行使着国家公权力。可以说，在高等教育领域，我国教育从1949年以后逐渐形成了一个与计划经济相适应的政府举办、计划调控、封闭办学、集中统一的教育体制，这是一个由政府垄断的，由公共财政支出维持的科层

化体制。集权化、等级结构、非人格化的规章制度和自上而下的行政管理体制构成了高等学校体制的基本特征，使得我国公立高等学校实际上具有了一种国家机构的性质（劳凯声，2007）[5]。公立高等学校作为事业单位依附于政府的这一性质和特征客观上使其通过继承而取得一种“国家公共性”。这种“国家公共性”在实践中突出地表现为：高等学校以直接服务于国家经济建设为基本目标；高等学校的活动以国家教育权为基础；高等学校以事业单位为基本组织形式；高等学校的经费由公共财政予以保障，与市场不发生直接关系；政府对高等学校的管理以行政调控为基本特征。

客观地说，这种高等学校的“国家公共性”在我国高等教育体制创立和发展的初期起到了巨大的作用。但是，随着我国经济和社会发展对于教育提出了越来越高的要求，人民群众要求接受高等教育的诉求也日益增强，特别是在高等教育大众化和普及化的国际潮流中，主张国家包办高等教育的做法显得越来越不合时宜，其弊端开始逐渐显露出来：首先，政府有关部门对学校主要是对高等学校统得过死，使学校缺乏应有的活力，容易导致大学与政府机构的同质化，以及大学之间的均质化，侵害学术创造力和阻碍教育质量的提高；其次，教育的结构、内容和方法脱离经济和社会发展需要，落后于科学文化的发展；再次，国家全额拨款的方式和资源配置的非社会化和非经济化不仅导致大学对于财政的依赖性，使得大学逐渐丧失从外界获取资源的能力，在国家财政能力有限的情况下还极易导致高等教育发展的瓶颈制约，妨碍更广大人民接受高等教育权利的实现。

（二）制度变迁与高等学校公共性的分裂

为从根本上改变这种状况，1985年的《中共中央关于教育体制改革的决定》在以有计划的商品经济理论的指导下提出了以“简政放权”为核心的教育体制改革措施。通过简政放权和扩大高等学校自主权，使得我国的高等学校开始具有了一定的办学自主权，它通过具有商品交换性质的计划外招生和科研服务与政府之外的其他社会组织和个人广泛地联系起来，逐渐摆脱计划经济体制下那种完全从属于政府的地位，高等学校的国家公共性由此发生了松动的迹象。然而，由于此时的国家教育行政部门仍然保留决定学校的发展方向等若干重要权力，高等学校仍然具有事业单位的性质，高等学校的办学经费仍然依赖于国家财政拨款，国家仍然通过直接性的行政命令和计划调控管理高等学校。这一时期的高等学校尽管取得了一定的办学自主权，但其法律地位还没有发生根本性的变化，所谓的“办学自主权”从法律上看其内涵并不确定并且缺乏合法性。因此，传统的高等学校与政府关系没有发生根本性的改变，高等学校与其所属的教育行政部门之间仍然构成一种以隶属性为基本特征、以命令与服从为基本内容的纵向型法律关系。这样一种法律关系不仅是一种典型的行政法律关系，而且是一种典型的内部行政法律关系。计划经济体制下的高等学校的那种国家公共性形式虽然有所松动，但其影响依然存在。

在十四大所确立的建立社会主义市场经济理论的指导下，1993 年《中国教育改革和发展纲要》（以下简称《纲要》）提出了建立起与社会主义市场经济体制和政治体制、科技体制改革相适应的教育新体制的新目标。《纲要》提出，进行高等教育体制改革，主要是解决政府与高等学校、中央与地方、国家教委与中央各业务部门之间的关系，逐步建立政府宏观管理、学校面向社会自主办学的体制。1993 年《纲要》的颁布，标志着我国高等教育进入了全面探索建立与社会主义市场经济体制相适应的高等教育体制的新阶段。为了实现《纲要》所提出的依法治教的要求，1995 年《中华人民共和国教育法》和 1998 年的《高等教育法》通过立法详细规定了高等教育的性质和地位、高等教育改革和发展的基本原则、高等教育的基本制度、高等教育投入和条件保障、高等学校的法律地位和办学自主权，高校教师和学生的权利和义务等内容，进一步落实了《纲要》对于高等教育改革的具体要求，使得我国高等学校的面貌发生了巨大的改变：高等学校实现公共利益的内容和形式发生了改变，社会利益和个人利益被统合进来；高等学校的公权力基础进一步瓦解；高等学校单位制组织形式已经名不符实；高等学校的经费构成呈现出多元化的特征；政府对高等学校的管理和调控方式发生了转变，经济和法律调控方式所占比重越来越大。

在上述这些新变化面前，传统的教育理念正在发生质变，在高等学校中正在出现若干新的教育价值观，并逐步地影响着高等学校的运行。这些新的教育价值观主要有：（1）市场竞争；（2）学校自主；（3）法人化管理；（4）经济效益；（5）教育成本分担；（6）教育服务（劳凯声，

2007)[10]。与传统的教育取向及其理论基础不同，这些新的价值观已经开始影响中国高等学校的行为方式。由于这些价值观念在高等教育领域的流行和广为实践，实际上使得人们对于高等学校公共性的认识开始发生一种分裂：在原有的计划经济时代，人们更多地把教育视为一种国家的权力和责任。教育事业应当是由政府垄断，通过公共财政来维持的公共服务体系。因此政府包揽了从举办到办学的一系列权力，从宏观的学校发展规模、速度、质量、效益一直到微观的学校举办、经费投入、教师管理、招生分配等，都主要通过国家的计划来加以控制。因此学校教育机构是国家行政系统的一个组成部分，高等学校具有一种典型的国家公共性特征。而在20世纪90年代教育体制改革之后，一种全新的教育运行机制开始建立起来。这种机制通过一种契约精神，使个人与社会、权利与义务之间求得平衡。调整这一领域运行的是建立在等价交换、公平竞争基础上的市场经济规则，而不是超经济的政治力量。而提供教育服务的学校教育机构则是经过法定程序设置的、具有法人资格的实体，在办学方面拥有法律规定的自主权。在这一机制之下，高等学校在形式上仍然以公立公益性机构的身份出现，但其在活动领域、行为方式和由此产生的社会关系的方面已然具有了明显的市场化特征。对于高等学校公共性的这种新认识，从本质上来说是根源于市场经济的，是市场经济规律在高等教育领域的投射。它与计划经济体制下将高等学校视为政府附属物的理念截然对立。这就使得关于高等学校公共性及其实现形式的认识形成了对立的两种观点，从而出现了高等学校公共性的分裂局面。

（三）高等学校的商业化与行政化

高等学校公共性的分裂实际上是政府与市场两种不同机制在高等教育领域之中的反映。一方面，正是因为简政放权和扩大高等学校自主权的改革导致了这一分裂的局面；另一方面，这一分裂又使得高等学校所拥有的权利具有了一种复合性质的特征。在法律关系上，这一特征表现为两类不同性质法律关系的并存：一类是以隶属性为主要特征的纵向型法律关系，另一类是以对等性为主要特征的横向型法律关系。由于两类不同性质法律关系的存在，高等学校在参与到这两类不同关系时便表现出公法主体与私法主体两种不同的主体资格，其所行使的权利也就兼有公权力与私权利两种不同性质的内容。办学自主权所具有的这种复合性质所带来的影响是复杂的，就积极的方面而言，它扩展了高等学校参与市场竞争的权利能力与行为能力；但另一方面，它又使得高等学校的法律地位具有一种模糊性特征，这种模糊性使得政策和法律难以对其进行有效的监督与规制，从而产生一系列社会问题。

1. 权力失控与高等学校的商业化问题

由于权力过大和权力失控，高等学校变得越来越商业化。这些商业化的行为正日益演化为大学日常的基本行为，渗透进入大学的教学、科研和社会服务的各种行为之中，影响着大学的职能和使命定位以及大学的价值选择和发展方向，使得高等学校的公信力急剧下降。一方面，高等学校的市场化行为越来越多，引发了诸如招生腐败、无序竞争、垄断等一系列的问题。另一方面，高等学校内部也逐渐为市场机制所侵蚀。在大学的商业化浪潮中，大学的管理者不自觉地把自己视为企业的主人，而教师沦为雇员，大学简单地借用了企业的激励制度，甚至把劳动密集型的量化评估方法移植到大学中来，完全忽视了教师职业的特点，严重压抑了大学的创造精神。由于大学市场化行为获得的收入可以用于福利发放，实际上使得大学具有了营利性，越来越与商业组织趋同。大学的商业化还对大学教师和学生的价值取向也产生了消极的影响。在商业化的激励机制下，教师们为了功利化的目的，在科研之中求量不求质，冷落基础科研。更有甚者，造假抄袭成风，败坏学术风气。受这一风气影响，学生们的学习和生活，乃至体育和艺术等社团活动也变得日益功利化和充满商业色彩。同时，大学的商业化还影响到了学生的专业选择、课程选择、就业选择和人生道路的选择（王英杰，2008）。

2. 过度规制与高等学校的行政化问题

高等学校办学自主权的权力失控使得高等学校的公共性逐渐为市场机制所蚕食，这就使得权力规制成为必然的选择。早在20世纪80年代末90年代初，为了促使高等学校管理和运作的规范化，我国陆续颁布了《普通高等学校设置暂行条例》、《学校体育工作条例》、《学校卫生工作条例》、《普通高等学校档案管理办法》、《普通高等学校定向招生、定向就业暂行规定》等一批教育行政法规和部门规章。然而由于此时的高等学校不具有独立法人地位，其与政府之间还存在以行政隶属为主要特征的法律关系，因此这些法规和规章的主要内容仍然表现为政府对其所属的高等学校内部各项事务的直接干预和管理，具有明显的管理法色彩。

20世纪90年代后期，随着教育体制改革的进一步深入，高等学校开始获得越来越多的办学权利。在缺乏规制的情况下，开始出现了权力失控的问题。针对这一时期高等教育领域开始出现的招生考试腐败、乱收费、教育质量下降等问题，我国又先后出台了《高等学校收费管理暂行办法》、《高等学校本科专业设置暂行规定》、《普通高等学校教育评估暂行规定》、《高等学校举办非学历教育管理暂行规定》等一系列的部门规章。从内容上来看，虽然这些新的规章是针对高等学校的市场化办学行为中所出现的种种问题进行管理和规范，所调整的是高等学校与政府之外的其他社会主体之间的权利义务关系，但其调整方式却仍然具有很强的管理法特征，它也表明《纲要》所提出的以经济和法律为主的调控方式并没有真正建立起来，在面对高等学校的权力失范时，政府仍然倾向于采取直接的行政调控。

进入21世纪之后，追求教育公平的诉求日益凸显，《全国教育事业“十五”规划》、《国家教育事业发展“十一五”规划纲要》和《国家中长期教育改革和发展规划纲要（2010—2020年）》等政策文件之中对于高等学校自主权的政府规制得到了进一步的加强。

这些政策和法规的实施，实际上在1995年《教育法》和1998年《高等教育法》之后重新配置了政府与高等学校之间的权力划分。由此，政府的权力开始逐渐渗透进入高等学校内部，进一步模糊了政府与高等学校之间的权力划分，其结果是政府牢牢地控制了高等学校的专业设置、教育经费、人事任免、组织结构和重大建设事项决策等若干重要权力，而高等学校的权利仅仅被限制在获取教育经费的相关方面。以至于有学者认为，在教育经费严重不足的背景下，多年来教育界推行的是一种被称为“财政视角”的改革，或者说是一种“经济主义路线”的改革，其主要动机为弥补教育经费短缺，兴奋点围绕着创收、经营、转制、上市、产权、市场化等问题，以增长和效率为主要追求，而缺乏对教育公平、教育品质的关注，经济话语在很大程度上取代了教育话语（杨东平，2004）。

对于高等学校办学行为的过度干预，又引起了政府对于高等学校的办学自主权的侵害，使得国家逻辑在高等教育中越来越居于主导位置。

首先，政府在高等学校发展过程中占据越来越重要的位置。一方面，政府与学校的关系还没有完全理顺，政府仍然掌握着大量的权力，控制着高等教育改革与发展的进程。不难看出，我国自 20 世纪 80 年代以来的教育体制改革始终是政府强制推进的制度变迁的结果。在高等学校与政府关系的协调过程之中，政府对于高等学校事务的介入和控制始终是直接和强有力的。就此意义而言，政府仍然在强有力地控制着大学的发展，决定着办学自主权落实的步伐和进程。“高等学校对与办学自主权的要求在市场经济条件下总是强烈又迫切；政府方面则进退自如，把是否给予、何时给予和给予多少高等学校办学自主权的主动权牢牢的掌握在手中。”（李泽彧，2000）另一方面，不完全的市场竞争更是加剧了高等学校对政府的依赖性。随着教育体制改革的推进，市场作为教育资源配置机制的基础性地位逐步确立起来，由于此时的政府仍然掌握着支配高等学校发展的重要资源，因此，从“政府直接控制”向“分散化”和“市场化”的转变过程中，政府控制教育的角色不是削弱而是加强了。就教育经费而言，在多元化的教育经费筹措体制之下，不仅高等学校所获财政拨款的多少依赖于政府，而且由于我国的高等学校之间并不存在真正意义上的自由竞争，实际上高等学校从教育市场、研究市场、资本市场和社会捐助之中获利的多少都直接或间接地取决于政府对其的重视程度。就人才培养和科学研究而言，由于学科专业设置的最终权力由政府保留，重点学科、研究基地和研究实验室的设置和投入由国家决定，研究经费和研究课题由国家确定和划拨，因而高等学校的各项组织和运作都不得不跟从政府所主导的方向。

其次，在高等学校内部也开始了一种高度行政化的进程。随着以简政放权和扩大高等学校办学自主权为核心的高等教育体制改革的推进，过去原本由政府教育行政部门所行使的办学权利逐步通过政府分权和权力下放的方式交由具有独立法人地位的高等学校自身行使。在这一权利转移的过程中，由于未能建立起有效的权利分配与权力制约机制，实际上使得一个行政化的管理集团在高等学校内部开始形成，它集行政权力与学术权力于一身，垄断了几乎所有的办学权利。

在组织形式上，由于政府在高等学校的发展之中取得了支配性的地位，这就使得高等学校为了获得更多资源而积极改造自身以适应政府的行政化运作机制，高等学校正在被异化成为以行政机构模式运转的机构。为了追求管理上的便利，行政化的学校管理集团仿照政府行政机构模式建立起了自己的组织机制，并按照行政机构的管理方式对大学进行管理，通过机械量化的方式对学校的教学和科研工作进行考核和评估。

在这一管理制度中，教师的权利正日益面临着边缘化的处境。根据《高等教育法》第四十二条、第十三条的规定，“高等学校设立学术委员会，审议学科、专业的设置，教学、科学研究计划方案，评定教学、科学研究成果等有关学术事项。”“高等学校通过以教师为主体的教职工代表大会等组织形式，依法保障教职工参与民主管理和监督，维护教职工合法权益。”然而在实践过程之中，由于没有明确规定学术委员会与职工代表大会的组成、权力与责任，这就造成了行政权力的一家独大的局面，使得学术委员会与教职工代表大会往往处于形同虚设的尴尬境地。

与此相对的是行政权力的日渐强大和扩张，并在“校——院——系”结构的基础之上逐渐形成了与政府部门相衔接的科层化管理体系。在这一体系之中，高度行政化的学校管理集团以学校的名义垄断了一切行政资源、经济资源和学术资源，并依此创建出一套有利于自身利益的校内分配制度，在学校管理集团和普通教职员工之间构筑了资源与利益分配的巨大差距，使得高等学校内部开始出现了集团利益的对立和分化。这些差距的存在，客观上导致某些教师不是专心致力于教学科研，而是积极谋取行政职务，从而占有更多的行政与学术资源。

三、重构我国公立高等学校公共性的可能选择

公共性危机并不是改革之初就出现的，而是随着改革的深入发展逐渐浮现出来的问题。当人们指责公立学校系统所存在的问题以及寻找答案的时候，逐渐关注到隐藏在背后的公共性问题。当前公共教育体制改革中所出现的种种问题，无论是学校的法人地位问题还是内部管理体制问题，抑或是经费筹措体制问题，都可以归结为一点，那就是公共性危机。

一方面，在原有的计划经济体制下，我国高等学校推崇的是全面国家化的公共性理念。它在学校制度上表现为：国家举办学校、直接控制和管理教育，承担教育费用并配置教育资源；学校从属于政府主管部门、一切听命于政府、以政府为中介与外界相联系、自身没有独立的法律地位。由于公共性被理解为教育管理如何实现国家教育目标，并被等

同于社会公共利益，体现教育根本特征的公共性的内在属性和要求并不为重视，学校制度的价值取向是社会公益性与社会秩序，公民的权利被置于行政权的权威之下，从而使教育成为政治的工具（余雅风，2005）。这种对稳定和群体秩序的偏好和对自由、特别是对个体权利和自由的牺牲的教育价值取向，必然使学校制度与教育规律脱节，与教育民主、受教育权利需求相背离。另一方面，随着社会主义市场经济体制的建立以及建立与市场经济体制相适应的教育体制改革的推进，政府宏观调控、学校面向社会自主办学的新型教育体制逐渐开始确立起来。在这一体制之下，市场在教育资源配置中占据基础性位置，一种新的通过市场机制实现高等学校公共性的理念随之兴起，它主要表现为：政府宏观调控，高等学校获得独立法人地位和办学自主权，通过市场获取教育资源并提供教育和科研服务。然而，由于市场机制本身的弊端，市场本身不能解决外部性问题和实现社会公平，这种市场化的理念又不可避免地带来了高等学校的公共性危机。

高等学校公共性的分裂实际上是社会转型过程中国家逻辑和市场逻辑的对立在高等教育领域中的反应。按照国家逻辑的观点，把教育当作一种产业是与教育的公共性相悖的，认为如果真正实行产业化，以有钱与否来决定接受教育的权利，将会造成社会分配不公，强化贫富差距，影响社会的稳定，并主张整顿公立学校参与市场的行为，加强国家对于学校的监督，防止公立学校公共性的缺失，保障学生受教育权益和教育机会均等。而在市场逻辑看来，应当允许公立学校转制，充分发挥市场机制的作用。把教育投资当作产业性的投资，解除政府的管制，实现教育的产业化，以形成教育领域的自由竞争市场。可以看出，前者涉及教育公共性的一面，而从公共利益及社会正义之维护的观点，要求国家应积极介入教育事务，对公立学校教育加以规范和监督；后者则涉及公立学校的办学自主权、公民作为消费者对受教育权的选择的保障等观点，以及教育松绑与教育自由化、多元化的教育理念，主张国家不应过度介入教育事务，而应放弃管制的权力，给学校自主发展的空间。

与上述两种逻辑相对应的是，目前学界关于如何实现高等学校的公共性产生了两种典型的改革思路。一种是公法学的改革思路，另一种是民商法学的改革思路。公法学的改革思路认为，公立学校是国家以培养人才为目的而举办的，由公共财政经费维持的公立公益性机构，因其特定目的的公益性和服务对象的不特定性特征而享有确定的公权力，有别于以私益为归宿的企业法人或单一的民事主体。公立学校的办学权利是一种以公权力为主的复合型权利，为此应保证公权力得到公正的行使。公立学校作为公务法人依法享有的民事权利不应当损害公立学校的公益性质，必须依据公立学校的功能对其法人权利作出必要的限制。应从公法的角度对公立学校法人的法律地位及其权利义务作出必要的规定。民商法学的改革思路则从现代企业制度中获得改革的灵感，认为市场的资源配置方式和管理方式是可供选择的另外一种学校运营方式，应该建立一种基于新的市场制度的全新的公立学校体系，加强学校自治并打破科层制的束缚。为此，它们提出借鉴现代企业制度中最重要的组织架构，建立公立学校法人治理结构来协调学校与政府之间以及学校内部各利益集团之间利益关系的改革构想。这一改革思路是从政府、社会和学校三者责任出发，对公立学校中各利益相关者的权利和利益进行明确的定位，是以高等学校的法人制度和法人治理结构为核心对公立学校体制改革的整体设计（劳凯声，2008）。

然而，无论是公法学的改革思路还是民商法学的改革思路，其背后都潜藏着各自不同的公共性危机。20世纪80年代以来的教育体制改革的历史经验告诉我们，公法学的改革思路因其强调政府对高等学校的控制和干预，极易导致政府对于高等学校办学自主权的侵害，危及大学自治与学术自由；而民商法学的改革思路又容易造成高等学校权力过大且不受约束，影响教育公平乃至社会公平的实现。更进一步，公立学校制度改革在国家逻辑和市场逻辑、公法学思路和民商法学思路之间徘徊不定，实际上造成教育体制改革过程中“一放就乱，一管就死”的恶性循环。从根本上来说，这种循环的出现反映了高等学校公共性的实现在政府机制与市场机制之间缺乏一个明确的定位，公共性的实现缺乏行之有效的政策、法律和制度保障机制。事实上，我们所要的教育公共性不是退回到计划经济时代的政府全面负责的“公共性”，也不是市场自发产生的“私益的总和是公益”的作为副产品的“公共性”，而是作为改革的基本出发点，终极目标是高等学校一方面体现着选择性和效率性，能够尊重学生和家长选择的权利，形成相互选择的竞争机制；另一方面体现着公平性和民主性，通过加强政府的力量，促进高等学校对社会发展的公平和均衡作用。市场经济体制下的高等学校公共性的问题，就其实质而言其实就是如何处理高等学校与政府和市场关系问题，也是高等学校在市场经济体制下如何处理其自身的双重身份问题。由于这些问题的解决从根本上来说依赖于高等学校自身的社会定位，这就促使我们不得不在政府与市场两种不完善的机制之外寻求新的高等学校公共性形式。在我国社会转型和政府职能转变的背景下，随着国家和市场经济之间的社会领域的出现以及非政府和非市场的第三部门组织的产生发展，将高等学校定位为社会第三部门组织成为一种可供借鉴的选择。作为第三部门组织的高等学校，其所体现的公共性不再是计划经济体制下的那种国家公共性，而是一种具有非政府性、非营利性和自治性特征的社会公共性。

参考文献

黑田由彦．2005．日本现代化进程中公共性的构造转换［J］．吉林大学社会科学学报（11）．

黄恒学．1998．中国事业管理体制改革研究［M］．北京：清华大学出版社：8－22．

劳凯声．2007．教育体制改革中的高等学校法律地位变迁［J］．北京师范大学学报：社会科学版（2）．

劳凯声．2008．教育体制改革的公益性诉求［J］．理论家（7）．

李泽彧．2000．我国高等学校办学自主权研究［D］．厦门：厦门大学博士学位论文．

王英杰．2008．京师高等教育译丛总序［M］//佩德罗·泰克拉西，本·琼布罗德．理想还是现实——高等教育中的市场．胡咏梅，高玲，等，译．北京：北京师范大学出版社：5－7．

吴锦良．2001．政府改革与第三部门发展［M］//席恒．公与私：公共事业运营机制研究．北京：商务印书馆．

杨东平．2004．辨析"教育产业化"［J］．教育发展研究（12）．

余雅风．2005．公共性：学校制度变革的基本价值［J］．教育研究（4）．

On the Publicness of Public Higher Education Institutions in Educational System Reform

Cai Hailong

Abstract: In the modern society, people have categorized publicness and its realization mechanism into two different kinds of state publicness and social publicness. In China, as an appendage of the administrative organs, public higher education institutions in the traditional planned economy system possess the distinct characteristic of state publicness. With the establishment of socialist market economy system and the progress of the educational system reform in correspondence to the market economy system, the publicness of the higher education institutions has split for the impact of the original state publicness remains though being dispelled increasingly and at the same time the market mechanism has been used in the provision of public educational service due to the advance of marketization reform. The thesis holds that in the modern market economy system the reconstruction of publicness of higher education institutions should neither step back to the state publicness that everything is arranged overall by the government in the planned economy system nor totally depend on the market mechanism that the sum of private interests is public interests, thus must count on seeking a new mechanism outside the two imperfect mechanisms of government and market.

Key words: publicness, marketlization, bureaucratization, autonomy in running schools, legal status of schools

作者简介

蔡海龙，教育学博士，首都师范大学教育学院讲师；主要研究领域：教育学原理，教育政策与法律。

□朱同琴

《物权法》实施中公立高校财产权利的解释与建构①

【摘　要】《物权法》明确了公立高校作为事业单位法人的法人所有权，但是这种所有权是有限制的所有权。公立高校中国家出资或划拨的财产仍然保留了国家所有权，这一制度与实践不符合，也很难从代表国家行使所有权的角度加以认识。《高等教育法》所确立的财产管理权属于性质不明、内容也不清晰的权利。应当全面承认公立高校对全部财产的所有权，同时区分教育教学用途与非教育教学用途财产，对前者建立登记公示制度，并限制对这类财产的处分权或用以清偿债务。

【关键词】《物权法》，公立高校，财产权利

有学者认为，我国有关财产制度建构的法律，在《物权法》颁布后的相当一段时间内，研究的重心主要不是“应然”问题的研究，而是“实然”的问题

① 本文是中国人民大学科学研究基金（中央高校基本科研业务费专项资金资助）“高等教育法制的国际比较与最新发展”项目成果（批准号：10XNJ068）。

（王利明，2002）。换言之，在《物权法》构建了我国的财产制度以后，有关财产的问题，主要是法律适用和法律解释的问题，而不是重新建构或调整的问题。但是，这种观点在高校法人财产制度领域并不十分贴切。坦率地说，无论是在《物权法》制定前的相当长时间有关物权法的争议和讨论中，还是在《物权法》颁布至今的法律实施过程中，公立高校法人的财产权问题都没有得到应有的重视。这一现状，既与我国公立高校目前法律地位并不明确有关，也与我国公立高校财产制度建构中一贯的权利内容模糊与表述不确定有关，更与《物权法》关注的焦点在于私权的保护等有关。尽管《物权法》明确了对国家所有权、集体所有权、私人所有权和其他所有权之"一体承认和平等保护"的原则，并在此基础上间接地承认了法人所有权类型（孙宪忠，2009）[102]，但是这个原则并没有使得以公立高校为代表的、法律地位模糊的法人之财产制度建构摆脱尴尬现状。因此，有关公立高校的财产制度建构问题的研究并没有结束，"应然"的研究仍然需要开展并深入。

我国有公立高校近两千所，财产尤其是土地和房屋等不动产数量多，价值巨大。目前有关我国高校财产制度的建构，基本上停留在国有资产管理相关规章的解释和认识上。因此，在《物权法》实施后，有关公立高校财产制度建构是一个值得深入研究的问题。

一、《物权法》颁布前我国公立高校财产制度的权利归属特征

在《物权法》颁布之前，我国无论公立还是民办高校，因财产来源不同而设置不同法人财产权利，是我国高等学校财产制度的一大特色。按照这一分类，我国高校财产可以分为以下几种类型。

（1）由国家拨款或其他优惠所形成的财产，这些财产包括土地使用权和房屋、校舍等不动产以及国家拨款购置的大型设备和其他教学设施等，也包括每年国家通过预算拨给高等学校的大量资金。对于这类财产，立法无例外地规定为国家所有。

（2）高等学校办学收取的学费。人们通常观念上的认识仍然会认为这类财产属于国家所有。

（3）高等学校在办学过程中，接受捐赠形成的财产。这类财产一般

受《合同法》和《公益事业捐赠法》的调整，需要尊重捐赠人的意志。因此，实践中很少强行规定这类财产属于国家或者其他举办人所有。捐赠人除了会对捐赠财产的目的用途作特别规定外，一般也不会对捐赠财产主张权利。随着各种教育基金会的出现，捐赠财产甚至独立于学校财产，形成一个独立的基金会法人财产。

（4）高等学校办学经营积累的财产，其中包括校办产业投资增值的财产，这类财产的主要表现形式是出资人权益。随着我国高等学校后勤社会化步伐的加快，以及高等学校自有资金的不断增加、科研技术成果开发步伐的加快，这类出资人权益性质的财产将越来越多。高等学校自己经营积累的财产属于高等学校自己所有的观点目前越来越被广泛认同，在民办学校中体现得尤其明显。我国《公司法》有关法人财产权的界定，间接地认可了高校对这些财产的独立支配权。

（5）近年来越来越为各高等学校所重视的高等学校名称、校标、校徽等所形成的无形财产权。这类财产是各高校历史积累形成的，其潜在价值还有待深入挖掘。近年来各高校纷纷采取措施保护本校的名称、校标和校徽等现象可以看出这类财产的价值开始被人们所认识。但是，在这类财产权利归属上，并没有看见类似法律规定强行要求这部分财产属于国家或举办人所有。在更多人的观念中，仍然难免会将这种财产认定为国家所有的财产。

（6）高等学校及其教师的知识产权。譬如，在国家资助研究以及资助学科和实验室发展上所形成的科学研究成果，其中包括因此形成的编写教材、专著、软件著作权等所形成的著作权、专利权、商标权、植物新品种权等所构成的知识产权收益。理论上说，在这些财产中，收益人包括了国家、高等学校或参与研究者。1999 年，教育部颁布的《高等学校知识产权保护管理规定》对部分职务成果的知识产权归属主体明确规定为公立高校。

上述将高等学校财产来源进行分类的做法，从理念上为将不同类型的财产与不同权利性质挂钩铺平了道路。在《物权法》颁布之前，高等学校的财产实际上是区分不同类型的财产，高等学校分别享有不同的权利。但是，对于大多数高校的财产制度来说，主要是从国有资产管理的角度，严格执行相关部门规章，譬如《事业单位国有资产管理暂行办法》等文件。依照这个文件，国家对用以举办高校的财产和国家出资的财产保留了所有权，即实行国家统一所有，但高等学校可以占有和使用。换言之，高等学校中的大部分财产，实际上属于国家而不是属于高等学校所有。这一所有权归属状况在立法和实践中得到充分体现。

首先，教育立法明确否定了高等学校对部分财产的所有权或独立支配权。1995年颁布的《教育法》第三十一条规定，学校及其他教育机构中的国有资产属于国家所有。1998年颁布的《高等教育法》第三十八条规定，“学校对举办者提供的财产、国家财政性资助、受捐赠财产依法自主管理和使用。高等学校不得将用于教学和科学研究活动的财产挪作他用。”

其次，在否认高等学校对国家出资的财产拥有所有权或独立支配权的同时，赋予高等学校以管理权和使用权。然而，这种管理权是什么权利呢？迄今为止，并没有任何法律解释，学理上也没有太多的探讨。

再次，实践中公立高校对财产的权利归属存有模棱两可的认识。一方面高等学校自己主张有些财产（尤其是一些重要的不动产，如土地使用权和房屋）的“产权”（实际上此之所谓产权通常是指所有权或不动产用益物权，譬如建设用地使用权）属于学校；另一方面，公立高校的财产又需要遵照和执行行政事业单位国有财产管理方面的规章制度来管理。因此，在实践中，高等学校自己对一些财产是否可以拥有物权，表现的是一种困惑的态度。

最后，教育行政主管部门对高等学校财产的使用与处置出现了过度干预现象。其直接表现是，不分财产用途，对公立高校中达到一定数额的财产的任何变动与处置，都严令要求需要经过教育行政机关的统一审批。如2007年3月发布的《教育部直属高校、事业单位国有资产使用和处置行为管理授权审批暂行办法》第二条规定，“各单位凡一次性使用和处置固定资产、无形资产价值100万元以上、800万元以下（不含800万元）的事项，由各单位审核后报我部①审批，我部审批后报财政部备案”。这种对于高等学校财产的过度干预严重违背法人财产独立原理，并事实上使得高等学校对自己所拥有的财产并不拥有任何独立支配权。

① 指教育部，作者注。

二、《物权法》所建构的公立高校财产权的性质与内容

在《物权法》颁布之前，有关所有权的规定是有巨大争议的问题之一，在争议的问题中，就包括是否需要承认法人所有权。实际上，即使在《物权法》颁布之后，对于其是否规定了法人所有权，也仍然有不同认识。但是一般认为，我国《物权法》是承认了法人所有权的，其类型包括企业法人所有权、受限制的事业单位法人所有权和社会团体法人所有权。按照一般认识，我国公立高等学校属于事业单位法人，也属于非企业法人。对于这两种类型的法人，《物权法》分别作了不同规定。一是《物权法》第五十四条所规定的国家举办的事业单位的物权，“国家举办的事业单位对其直接支配的不动产和动产，享有占有、使用以及依照法律和国务院的有关规定收益、处分的权利”。二是《物权法》第六十八条所规定的非企业法人物权，“企业法人以外的法人，对其不动产和动产的权利，适用有关法律、行政法规以及章程的规定”。《物权法》第五十四条的规定，从语义上理解，可以很明确地说，是适用于公立高等学校法人；第六十八条的规定，从解释论的角度看，除了可以适用于如民办学校、民办医院等民办非企业法人①的私法人类型外，很难说立法就排斥了公立高等学校等非企业法人的准公法人类型。另外，原《担保法》有关高等学校法人作为教育机构的财产设定抵押的规定，在《物权法》中得到了继续贯彻和坚持。体现这一规定的是《物权法》第一百八十四条第（三）项，“学校、幼儿园、医院等以公益为目的的事业单位、社会团体的教育设施、医疗卫生设施和其他社会公益设施”。由于《物权法》第五十四条和第六十八条明确将公立高校

---

① 崔建远（2009）将民办学校、民办公益机构法人所有权归结为社会团体法人所有权，从而应当适用《物权法》第六十九条的规定。这一解释与我国目前法人制度的实定法依据并不相符合。根据我国《社会团体登记管理条例》的规定，社会团体不包括民办学校、民办研究机构和民办医院等法人类型，这些法人属于民办非企业单位（法人）。由于这类法人显然并非属于企业法人，因此应当适用《物权法》第六十八条第二款的规定。如我国民办学校就规定了民办学校法人财产权。这种法人财产权，同样应当比照《物权法》的规定认可其举办者权益和法人财产权的物权保护性质的。

法人物权的规定同时指向了法律和国务院的有关规定以及法人的章程，因此，《教育法》和《高等教育法》有关高校财产权利的规定，也属于高等学校法人财产权的法律规范。综合相关法律规范，我国目前有关公立高等学校法人物权的权利性质和权利内容如下。

其一，公立高校法人所有权是一种得到承认的法人物权。有学者认为（崔建远，2009）[192]，《物权法》承认了事业单位法人所有权，事业单位对其直接支配的财产享有所有权，但是这种所有权是受限制的。《物权法》第五十四条规定中有关事业单位所有权规定立法本意是，法律规定的是国家所有权的行使方式，国家举办的事业单位依法代表国家行使国家所有权。对于《物权法》的这一规定，放在公立高校法人类型中，其规范的含义应该作如下理解似乎更为合适：（1）公立高等学校中，规定了属于国家所有的财产，仍然属于国家所有，而不属于公立高校所有，但是高等学校可以享有占有和使用权，同时依照法律规定和国务院的有关规定可以对部分属于国家所有的财产代表国家享有收益和处分权。但是，公立高校根据法律和国务院有关规定可以享有收益和处分权，并不能等同于完全为了国家利益而设置的机关法人一样代表国家行使所有权，或者企业国有独资企业根据授权和章程规定代表国务院行使出资人权益。（2）公立高校中，没有规定属于国家所有的财产，属于公立高校法人所有。这样的理解实际上与我国传统上将公立高校的财产分类界定权利的传统是一脉相承的。（3）高等学校对自己直接支配的财产所享有所有权中的占有和使用权，由于《物权法》的直接认定，使得包括《教育法》和《高等教育法》在内的任何法律和国务院行政法规均不能剥夺对于公立高校直接支配的财产的占有权和使用权，从而根本保障了高等学校法人财产的稳定性。但是高等学校对法人财产的收益权和处分权，需要根据法律或国务院的规定来行使和界定。这也就意味着，任何授权公立高等学校对国家所有的财产行使国家所有权或对公立高校自己拥有所有权之财产权之行使进行限制的规定，均属非法。由此，我国中央教育行政机关和地方教育行政机关所颁布的一些部门规章或地方性法规与规章中，限制高等学校法人所有权行使，或干预高等学校法人财产的规定，实际上都处于不合法的状态之中。（4）公立高校可以在法律和国务院规定的限度内，在自己制定的章程中规定高等学校法人财产所有权的内容，包括财产的处分和收益权行使的方式与规则。

其二，高等学校法人所有权与高等学校管理权同时存在。如上所述，我国《高等教育法》第三十八条赋予了公立高校对直接支配的财产以独立的管理权，即依法管理财产，但是对于高等学校对财产的管理权的内容，是属于物权的范畴，还是属于其他权利范畴，应该如何与公立高校法人所有权协调，尽管已经有一些讨论，但是这些讨论似乎不能圆满地作出合理解释。法律在此留下了冲突，以下将专门探讨之。

其三，对于所有权之外的他物权，公立高校可以与其他民事主体一样，享有相应的物权。因此，高等学校可以成为用益权中地役权和建设用地使用权的权利主体，可以利用自有资金投资，对外形成对公司法人的投资者权益。鉴于公立高校的公益性质，公立高校可以申请政府通过行政许可的方式获得土地的划拨使用权，因此其建设用地使用权通常主要为划拨土地使用权。由于高等学校主要是一个以教学为主要目的之机构，虽然其也可能成为对外投资的主体，但是高等学校绝不可以自己名义经营非教育教学和科研事业之外的其他业务，因此在自然资源有偿使用所形成的准物权中，为教育教学或研究便利之目的，公立高等学校可能拥有取水权，但是如海域使用权、依法取得的探矿权、采矿权和使用水域、滩涂从事养殖、捕捞的权利等，在实践中为高等学校所拥有的可能性是很小的。实际上，法律也不宜赋权高校通过政府特许方式取得这些权利。当然，通过继受的方式取得这些财产权利，理论上也是存在可能性的。

其四，高等学校法人财产中用以教育教学用途的财产不能设定抵押，从而相应限制了对高等学校财产处分权的行使。但是，《物权法》所明确的仅仅是用以公益目的的财产，在公立高校中就是用以教育教学用途的财产不能设定抵押，非用以教育教学用途的财产实际上可以抵押。这一例外规定，在我国司法实践中得到了承认。2001 年最高人民法院颁布的《关于适用〈中华人民共和国担保法〉若干问题的解释》就规定“学校、幼儿园、医院等以公益为目的的事业单位、社会团体，以其教育设施、医疗卫生设施和其他社会公益设施以外的财产为自身债务设定抵押的，人民法院可以认定抵押有效”。这一解释区分了非教学目的财产和教学目的财产之间的根本不同。准此而解，高等学校的自有资金中投资购置的房产或非教学用途的机器设备可以用以抵押。当然，这种抵押所担保的主债务应当是高等学校法人自身的债务。

三、应如何理解公立高校法人的财产管理权

《教育法》中规定了高等学校对财产的管理权。这种财产，一般而言，主要是对国家保留了所有权的财产。但是，这种管理权是权利吗？是什么性质的权利呢？

（一）有关管理权的理解

如上述，《高等教育法》规定了公立高校对财产的管理权。但是，对于财产的管理权应该作何理解，相关学理解释并不多。由于高等学校对自己支配的财产中非国家所有的财产享有绝对的所有权，因此管理权的适用空间并不存在。存在适用空间的是由国家享有所有权的财产。从笔者所掌握的资料来看，以下三种解释比较有代表性。

第一种观点认为，高等学校的财产管理权应当按照俄罗斯民法典中所确认的业务管理权来理解、解释或建构（张建文，2009）。持有这种观点的理由是，高等学校对特定的国有财产的使用，并不仅仅是权利，还有对特定国有财产进行合目的和良好使用的义务。业务管理权在俄罗斯民法中属于与经营权相对的私权利。按照此一论者的主张，俄罗斯民法中的业务管理权，占有和使用权受到保护，但是处分权是受到限制的，尤其不能抵押。这与我国高等学校无权独立处分国家划拨的财产相同；而享有业务管理权的主体主要是机构和国库企业。其中，俄罗斯民法中的机构包括公立和私立高等学校法人。因此，《高等教育法》第三十八条所规定的财产管理权，不是所有权，而是业务管理权。为此，持有该观点的学者甚至对业务管理权作了进一步的细化和解释，认为，所谓对财产的业务管理权的权能，主要内容包括依照法律法规和所有权人的授权在全民所有制单位之间调拨与调剂、变动类别、维持、变更和废止制定用途、移建和改建、登记、产籍管理（张建文，2008）[367]。

第二种观点认为高等学校法人对国有财产的管理权是一种公物管理权，是公法上的管理权。这种管理权，不但意味着权利，同时也意味着义务。依据这种解释，在积极层面上，必须为达成公产的特定目的而使之保持良好的可供目的性使用的状态；二是，消极层面上须除去并防止

妨碍该公产的目的性使用的情形（张建文，2008）[358]。

第三种观点认为这是法人所有权派生出来的管理权。按照这种观点认为，公立高校对与自己独占的物品，是一种“公法法人私有物”。公立大学对这样一种物享有公法法人所有权，并由此派生出管理权（孙宪忠，2009）[103]。为此，作者用北京大学、清华大学收费游览学校校园的例子加以说明。

如果采纳上述学说，存在一定的问题。我们不妨简单予以评析。首先，我国现行法律体系中，尤其是关于财产权的制度构造中，主要是继受了德国法的传统，整个法律制度的建构刚刚摆脱前苏联模式的影响，因此业务管理权和经营权的二分模式与现有财产权利体系之间的相容性很成问题。其次，认为高等学校财产一定属于公物的观点也值得商榷。高等学校中，也有属于自己所有的私物，这些物不是随便谁都可以主张行使权利的，同时也并非国家授权的财产就必然是公物。实际上，即使是机关法人中，也有国家私物，如机关大楼，完全用以办公目的，就并非对外开放的公物。因此，一概称高等学校对财产的管理权为公物管理显然是以偏概全。本文虽然倾向于第三种观点，但是却不认为公法人所有权就是现在实定法的规范意义，而应该是一种需要立法解决而未解决的应然问题。因为，从现有立法上来看，不能得出高校对国家授权的国有财产享有公法人所有权。

（二）管理主要是一种职责

管理权在私法中是一种什么性质的权利，是一个不大容易界定的问题。

在我国现行法律中，确立私法权利的主要法律是《民法通则》和《物权法》（《侵权责任法》主要是一部责任法，而非设权法）。在《民法通则》中，使用了管理之表述的法律条文包括失踪人财产的代管（第二十一条）、合伙财产的管理（第三十二条）、全民所有制企业法人对国有财产的经营管理（第四十八条）、集体经济组织或村委会对集体所有土地的经营管理（第七十四条）、国有土地使用单位对国有土地的管理（第八十条至第八十三条）、无因管理（第九十三条）（张建文，2008）[321]。上述规定中，第一种权利，本质上是一种代为行使所有权的权利，应该说实际上就是所有权；经全民所有制企业对国有财产的经营管理权，随着企业法人所有权在物权法中的确认，以及国家出资权益和法人财产权分离的物权法确认，《民法通则》之所谓“经营管理”实际上已经失去了规范意义；由于我国随后颁布的《土地管理法》、《物权法》和其他相关法律法规确认了集体经济组织或村委会对集体所有土地可以行使所有权和建设用地使用权，因此这里所谓的经营管理同样失去规范意义；无因管理本质上是一种事务管理，而不是一种权利。《民法通则》第三十二条所规定的合伙人对合伙财产的统一管理和使用，和《高等教育法》第三十八条的表述有相似之处，但是二者之间本质也不一样，合伙人对合伙财产的统一管理，实际上表达的是所有权中的处分权和收益权，是对合伙人共有财产的合伙管理和使用。而我国《高等教育法》第三十八条所规定的管理权，是对他人所有、尤其是对国家所有或捐赠的财产的一种管理，与处分无涉。

《物权法》作为一部调整财产关系的基本法，也规定了一种管理权，即建筑物区分所有财产中业主对建筑物共有部分和共同事务的共同管理权。我国学者崔建远教授认为，《物权法》中的共同管理权的法律性质为：（1）基于业主间的共同关系而生的权利；（2）独立于专有权和共用权以外的权利；（3）专属于业主的权利；（4）与区分所有的建筑物相始终的权利。换言之，《物权法》中业主的共同管理权是由对共有部分建筑的共同所有权所派生的权利。权利的内容则包括制定和修改业主大会议事规则的权利、制定和修改建筑物及其附属设施的管理规约的权利等（崔建远，2009）[214－220]，当然最重要的权利应该是选聘物业管理公司和制定管理规约。由于管理权的模糊性，因此《物权法》第九十六条明确规定，对共有物的管理，既是一项权利，也是一种义务。

显然，《物权法》所规定的共同管理权与《高等教育法》第三十八条的管理权也完全不同。从根本意义上来讲，前者是居于所有权以及居于共同关系而产生的，而后者却是对别人财产并根据授权机关制定的规则所进行的管理。由于《物权法》已经明确高等学校对于其直接支配的财产，无论是国有还是自己所有或受捐赠的他人所有财产，均可以占有和使用，这一权利不需要其他法律或法规再赋权，因此就不存在赋予管理权以所有权的权利内容。就此来看，《高等教育法》第三十八条的管理权更主要是一种管理的义务和职责，即对现在仍然属于国家所有的财产的管理职责，其内容包括：制定使用财产的规则，包括是否允许非学校成员使用财产，或者是免费使用还是收费使用；修缮财产；保证财产用于教育教学目的等。

四、对授权高校使用的国有财产国家是否有必要保留所有权

在公立高校中，区分国家所有和非国家所有是认识高校法人所有权的重要认识维度；但是在高等学校财产的处分权行使中，教育教学目的用途财产和非教育教学目的用途财产是重要认识维度。从应然的角度看，国家对授予高等学校法人使用的财产是否有必要继续由国家保留所有权呢？本文对此持否认观点。也许这样的认识有冒天下之大不韪之险，但是作者还是想在此不揣浅陋地略作讨论。

（一）公立高校法人和国有企业法人存在的目的不一样，不存在国有出资人权益

在《公司法》之前，围绕公司法人的财产问题，曾经存在着所有权与经营管理权之争。这场讨论随着《公司法》对公司法人财产权的确认而宣告了一个结果：公司对其财产享有所有权，国家享有出资者权益。如此理念非但反映在立法上，也体现在中共中央的相关文件之中。在《公司法》立法完成之后，围绕公司法人财产权的性质问题，也一直存在争论。有的学者认为就是法人所有权，有的学者认为是《民法通则》上的经营管理权，有的学者认为是一种物权，有的学者甚至认为公司法人财产权是一个多余的、徒增困扰的概念。《物权法》的出台应该说结束了这场因“保卫”国有财产而引发的争议：一方面，国家对出资到企业的不动产或动产，享有出资人权利，即由国家作为由出资人按照约定或者出资比例享有资产收益、重大决策以及选择经营管理者等权利并履行义务；另一方面，企业法人对其不动产和动产享有完全的所有权。在国家用国有资产进行投资设立公司后，国家直接拥有所有权的财产，就转变成了对公司法人的出资人权益，而公司法人变成所有权人。其实，其中所涉及的是如法人独立人格和权利能力的基本原理和古老的一物一所有权的基本原理，何以引起这么大的争议呢？其原因就在于这些财产本来的来源是国家授予。

这个问题在公立高校将显得更加突出。因为，与公司等营利性法人不一样，公立高校在通过拨款或划拨财产等途径获得国家财产后，国家不可能像在公司法人中一样获得出资人权益。换言之，国家出资设立高等学校或在高等学校存续过程中向高等学校无偿划拨的资产与拨付的经费，最终是要转变成高等学校法人的财产。但是，如果我们要承认高等学校的独立法人人格，必然意味着需要承认高等学校有相应的权利能力，能独立以自己名义拥有国家用以办学的财产，国家由此可能变得投入后一无所得。高等学校，尤其是公立高校一般而言不是一个营利法人，因此其不能将举办人用以办学的财产或经费转化成出资或股份，也不能向举办人分配利润，因此国家不可能获得相应的出资人权益。简单地说，这种出资是没有直接回报的。在这样一种背景下，“保护”公立高校中的国有财产将会变得更加神圣。可以说，这是我国目前立法直接否认高等学校对国家划拨的财产或拨付的经费应当拥有所有权的相当重要的理论依据。

但是，这样的认识显然是存在商榷之处。在投资教育事业上，国家不是没有任何回报，而是这种回报表现形式是潜在的、长期的。高等学校通过履行培养人才、创造知识和为社会服务等职能，推动国家社会与经济的发展，国家的投资换取了社会与经济建设所需要的人才，以及对国家和民族文化的传承、创造与发展，进而推动了整个社会文明和进步的步伐，保证社会的安定有序。显然，这种收益是潜在的。正因为这种收益是潜在的，国家对高等学校的投资自然无法转化为出资人权益，而是转化成了公立高校法人自己所应当承担的社会责任。需要强调的显然不是国家对财产的绝对支配与控制，而是强调这些财产的用途，保证财产真正用以教育教学和研究之目的。这个话题略加转化，政府所需要看中的，乃是高等学校的社会责任，是公立高校公益性的保证及其社会担当，而不是资产的保值、增值或所有权归属。

（二）国家出资办学所需要保护的是办学目的而不是国家对财产的所有或拥有

在历史上，高等教育乃至整个教育都是私人事务，国家并不干预。实际上，起源意义上的中世纪大学，都是学生和教师自发组织形成的一种行业自治组织。这些自治组织享有高度的自治权，远离任何外来势力，包括政府、宗教和经济实力的干预。但是，进入资本主义社会以后，国家对教育的干预明显增强。这种干预随着福利国家理念的形成，国家积极行政和给付行政的大力推行，教育越来越变成国家的基本责任，甚至与国防、外交、公共安全维护等职责一样重要。随着受教育权作为一项基本人权的理念在世界范围内广为接受，国家对教育的责任成了全球共识。最早是义务教育变成了强制教育，如果国家不能保障公民平等接受义务教育的权利得以实现，那么国家将对不能接受义务教育的公民承担赔偿责任，美国广泛兴起的教育财政诉讼可谓典型地代表了这样一种理念。其后是义务教育作为基本教育之后的补充教育，尤其是高等教育，也同样成了国家不可推卸的责任。国家也许不能提供全民接受高等教育的机会，但是应该举办相应的教育设施，如出资设立大学，建立公平的选拔机制，选拔优秀人才，并逐渐让更多的人能接受高等教育。这就是国家在高等教育领域的使命和责任。应该说，无论是在西方大学模式传入我国之前的封建王朝时期，还是西方大学模式传入我国之后的清末、民国时期或新中国，由政府出资举办大学是一种主要的办学模式。因此，举办高等学校实施高等教育乃国家的责任，更能得到认同。

然而，正如上述，无论国家对高等学校划拨了多少财产或经费，其划拨财产的核心目的在于保证这些财产用以教育教学目的，在于完成高等学校培养人才和从事科学研究的使命等公益性目的，以保障国家责任的实现，而并不是为了让这些财产增值。国家对财产的直接控制和拥有所有权，对保证财产的目的用途并无实质性帮助，反而可能变成以损害高等学校法人的独立性为代价。根据我国现行对高校国有财产的管理体制，我国教育行政部门对高等学校财产实行的是高度控制，控制的措施极其严格。这种严格程度实际上是完全否认了高等学校法人对财产的独立性之要求的，譬如，上述教育部有关高校价值一定数额财产的处置需要报送教育部审批的规定。不难理解，这种审批的出发点可以兼顾财产不被浪费，财产保证用以教学目的，但恐怕其中更主要的理念乃是把这种做法等同于对国有资产的保护。然而，正如我们所强调的，这种绝对否认公立高校法人财产的做法对高等学校是有很大伤害的。过度的控制，使得高校与教育行政机关之间始终是一个严格的高权关系，法人的独立人格只不过是空谈和纸面上的游戏。

国家对出资举办学校的资产拥有所有权，甚至可能出现适得其反的后果，出现教育行政机关以毁损财产的教育事业用途为代价而随意调拨高等教育的资产。如果高等学校对国家出资办学的财产拥有所有权，其中主要是房产，那么在国家所有权的强大面前，高等学校对这些房产面临随时被收回的可能性，而且这种收回不需要经过任何的严格征收或征用的程序。众所周知，随着我国2004年《宪法》修正案对征收或征用程序的认可，以及《物权法》对征收和征用程序的严格规范，以及随着未来国家有关财产征收或征用方面法律的出台，对国家财产之外的财产所有权的保护将越来越严厉。无论针对什么法人的财产，只要是独立于国家的财产，国家大凡要征收或征用的，就得经过严格的程序。但是，如果国家给高校的房屋所有权仍然属于国家，实际使用土地也不划拨使用权，那么国家就可以随时随意地收回所有权或使用权，而不受任何规范和约束。这种现象，在我国法治意识还相对薄弱的教育领域中，特别容易出现。

（三）国家保留部分财产所有权不利于高等学校法人对物权的行使

《物权法》确立物权，保护国家和公民个人以及法人的财产权的重要方式就是赋予物权以绝对效力，保证物权人的物权请求权，即当物权受到侵害或有被侵害之危险时，物权人可以行使物权请求权的方式保护物权，使物权恢复到原有状态或侵害危险产生之前的状态。如，在所有权不清楚的情形之中，所有权人可以请求确认物权；在所有权受到侵害时，所有权人可以要求返还所有物、停止侵害、排除妨害等。然而，如果高校不拥有相应物权，高校行使相应权利将是师出无名，从而不能有效地保护自己。譬如对用以高校办学的房屋遭到非法侵占，公立高校将无法居于所有权人的身份请求返还房屋。实践中，不可能任何一所高校都以国家的名义起诉请求返还房屋。在此情形下，高校大多只能居于占有的事实请求返还占有。显然，占有的保护是更弱的，仅仅举证证明占有的合法性就使高校处于不利地位，从而严重妨碍或不便于高等学校财产权的保护与行使。

（四）对高校独立支配的部分财产由国家保留所有权之制不符合《物权法》的权利公示原则以及实践中的做法

如上论述，目前国家保留所有权的财产主要有两类：一类是如房屋等不动产；二是国家预算拨款购置的动产，如图书、科研仪器和设备以及其他教育教学设施。甚至如学费收入也可能仍然会被认为是国家保留所有权的财产。如果承认这些财产国家保留所有权，将严重违背《物权法》所确认的权利公示原则。按照《物权法》的规定，动产的占有人推定为动产的所有权人①；在不动产中，“不动产登记簿是物权归属和内容的根据”，因此不动产登记簿记载是权利正确性推定的依据，所有权人或用益物权人或担保物权人的推定以登记簿记载为准。由于国家所有权事实上不需要登记，因此在实践中，可能造成公立高校的哪些财产属于高校自有，哪些财产是国家保留所有权的财产难以区分，增加交易的困扰。特别是在动产中，有的财产是由高校自有资金购置的，有的是国家拨款购置的，有的甚至是接受捐赠形成的。这些对这些财产都被高校占有，根据权利推定原则，当然应该推定高校对全部财产享有所有权，但是这样的推定与国家保留所有权是相违背的。如果需要其他与高校发生交易的相对主体在与公立高校进行交易时区分哪些财产是国家所有的财产，哪些不是国家所有的财产，显然违背正常的市场交易规则，也违背《物权法》保证市场秩序的宗旨。

在不动产的情形中，国家保留所有权的理念，可能与一些实践做法相矛盾。《物权法》第一百三十七条规定，作为用益物权的一种，建设用地使用权可以通过出让和划拨的方式设立。在我国整个土地使用权制度体系中，公立高校可以通过划拨的方式申请土地使用权，取得土地上的用益物权。但是，在这些土地上需要建设教学、行政或科研用房，建设房屋的款项可能是来自于政府拨款，也可能是捐赠。近年来，我国高校获得的捐赠中，出现大量配比捐赠②的款项，这种捐赠用以对于一些教室、图书馆或实验室的建设时，将出现使得同一栋楼的建设既有企业家的捐赠、又有国家拨款，还有高校自筹资金的情形。在这种情形中，更难以要求这些财产必须是国家保留所有权的财产。如果统一要求这样的房屋属于国家所有，显然违背慈善家们的捐赠本意，甚至可能扼杀慈

① 虽然《物权法》没有明确规定动产占有的权利推定，但是从《物权法》第一百零六条有关善意取得的规定、第二百四十五条有关占有请求权的规定，可以推断《物权法》承认了占有人对占有物的所有权推定原则（崔建远，2009）。

② 如2010年2月段永平先生向中国人民大学捐赠的3000万美元中，就是通过配比基金的方式来捐赠的。

善家们向公立高校捐赠的积极性。

另外一个冲突就是，实践中，大量高校对自己的房产，自认为是拥有产权（如所有权或土地使用权等）的，因此纷纷办理了房屋所有权证，甚至确权获得土地使用权证，在不动产登记簿中记载了其作为所有权人的身份和权利。如此认识，在我国推行土地使用权和房屋所有权登记制度的实践中，早已深入人心。根据我国《城市房屋拆迁管理条例》的规定，被拆迁人应当是房屋所有权人。如果被拆迁的是学校，正是学校而不是国家成为被拆迁人获得补偿。实践中的上述做法，与片面强调国家出资办学的财产由国家保留所有权的理念可谓背道而驰。

总结以上，认可现实，赋予公立高校对全部财产的所有权，是我国公立高校法人财产制度重新建构的一个内容，也是公立高校法人所有权内涵的重新界定。

五、承认公立高校法人对全部财产所有权的同时应限制特定财产权利的行使

如果全面承认公立高校公法人所有权之财产，而不再强调国家对无偿划拨到公立高校法人中的财产保留所有权，那么对财产目的用途的限制将变得非常重要。这种限制，主要表现在如下方面。

（一）建立用途公示与登记制度

对特定财产的用途进行登记公示，从而运用物权法的公示与公信原理，保证特定财产专门用途得以实现。与国家图书馆和公共博物馆不一样，大学中的图书馆和博物馆、实验室和教室，虽然也服务于公共目的和公共利益，但是其仅仅只能服务于高校的成员，包括教师、学生，或大学根据自己的政策允许的其他成员，如校友等。因此，公立高校中的这些财产，并非一般意义上的公物，而是如我国学者孙宪忠教授所讲的公法人的私有物。然而，这一私有物的性质不能改变这些建筑与设施的目的用途。由于公立高校中哪些财产是用以教育教学目的，哪些属于高校中可以进行经营的财产，在高校之外的人是很难区分的。实际上，包括向公立高校划拨资产与拨付经费的教育行政机关，也无法区分，无法保证哪些财产真正用到了教育教学和科研事业。为此，需要建立用以教

育教学事业用途的财产登记制度。该登记制度的内容为：（1）登记的对象包括动产和不动产，当然，动产主要限于那些已经购置的如教学设备、图书、实验室设备、机动车等重大动产，不动产包括建设用地使用权与房屋所有权；（2）登记的财产来源，包括国家拨款、社会捐赠和高校通过经营自有资金所获的财产；（3）经过登记的财产，只能用以登记的用途，需要变更用途的，需要办理变更登记；（4）登记机关应当为教育行政机关。

1. 经过登记的教育教学用财产所有权不能转让

在高等学校法人财产制度建构中，用以教育教学目的的财产旨在保证财产价值的实现，即为了保证教育教学用途。由于这样重要的公益目的关系到在高校学生受教育权的基本保障，因此对这些财产的处分权需要进行限制，其所潜藏的法理依据是：教育事业神圣以及教育事业优先发展战略。因为，在国家教育事业优先发展战略的国策面前，其他任何事业和目的都是应该让位的，除非国家为了国家利益紧急需要，如战争或进入紧急状态时，可以征用或征收学校的财产，否则应该首先保证教育事业的目标实现。因此，登记为教育教学目的用途的财产非经申请并批准变更用途，不能进行转让。这一点，与公物法理论上公物禁止转让的原理是一样的。在英美法系国家，政府居于公共信托管理的财产也不能转让。虽然我国公立高校中用以教育教学目的的财产不能简单地归结为公物，但是却完全可以参照公物限制转让的原理，禁止这种特定用途的财产进行转让。

2. 财产保全、清偿债务与破产财产的限制与例外

上述有关转让权的限制同样适用于高校债务的清偿和破产财产的纳入。换言之，在任何情形下，如果高等学校存有债务需要清偿，公立高校不能用登记为教育教学用途的财产来清偿法人债务；在发生高校破产的情形时①，这类财产不能纳入破产财产。居于这样的认识，当高等学校出现债务时，人民法院不能对用以教育教学用途的财产采取财产措施。

---

① 有人认为，由于高等学校是国家实现举办高等教育任务的一个机构，这是国家的无限责任，因此应当不允许破产。这种认识显然是片面的。既然承认高校是一个法人，拥有独立于国家之外的法人人格，当然同样也允许有一个法人人格的消灭程序。

但是，这一认识，可能将对我国公立高校目前潜藏的巨大债务之现状不相吻合，所需要面临的一个问题是，如何协调教育优先发展战略和正常的市场秩序尤其是金融秩序①之间的冲突。妥当的做法是：如果债权人可以提供替代的、保证教育教学目的顺利实现的财产，或者执行该财产不会影响到教育教学目的的实现和完成，那么应该允许债权人在提供替代财产乃至不提供替代财产的情形下，用高等学校中的教育教学用途财产清偿债权不应受限制，譬如，债权人主张在郊区建一个新校区来替换旧校区等。很显然，可以进行校区置换的债务并非小的债务，有能力要求进行校园置换的债权人也并非普通债权人，而大多是银行。我国目前许多高校建设校园均是通过银行贷款来完成的，普通的债权人不可能拥有如此实力。因此，如果发生如此巨大的债务，譬如高等学校新校园建设不能偿还债务，但是老校园可以保证教育教学目的的，完全限制债权人拍卖财产，显然不公平，对稳定金融秩序也无助。如此规定，可以在高等学校财产权的保障和特殊债权人利益之间的冲突寻求一定的平衡。

（二）在教育教学用途的财产上不能适用工程款优先受偿权

《合同法》第二百八十六条规定了建设施工合同工程款优先受偿权，按照该条规定，“发包人未按照约定支付价款的，承包人可以催告发包人在合理期限内支付价款。发包人逾期不支付的，除按照建设工程的性质不宜折价、拍卖的以外，承包人可以与发包人协议将该工程折价，也可以申请人民法院将该工程依法拍卖。建设工程的价款就该工程折价或者拍卖的价款优先受偿”。对于这一权利的性质，在《合同法》颁行不久，曾经存在不同的认识：有的学者认为是法定抵押权，有的学者认为是留置权，有的学者认为就是优先受偿权（梁慧星，2002）。随着最高人民法院有关司法解释的颁布，该权利的性质最终被认定为优先受偿权，但是这种认识与主张该权利本质上属于法定抵押权其实并不冲突。因为从权利设置的最终出发点来讲，工程款优先受偿权主要是针对其他权利尤其是作为担保物权的意定抵押权而规定的（其目的在于保障

① 我国高等学校近年来巨额的银行贷款已经使得我国高等学校面临背负巨大债务的现实危机。

施工企业的工程款，应该说更主要是保障农民工工资），当然更优先于所有权。然而，由于我国法律明确限制高等学校中用以教育教学的财产用以抵押，因此即使发生了抵押的法律行为，该法律行为也将归于无效，因此当然不存在抵押权对抗所有权的情形。然而，如果发生公立高校用以教育教学用途的工程拖欠工程款的情形，施工企业能否将该工程折价或拍卖，而主张工程款优先受偿权呢？答案应该是否定的。其原因就在于，法律否定了意定抵押权，甚至否定处分权。同样道理，带有法定抵押权性质的工程款优先受偿权也不应该发生法律效力，其背后的法理依据仍然是教育优先发展战略。另外，因为在教育教学用途的财产上不能设定抵押权，因此也就不存在适用工程款优先受偿权的必要，因为工程款优先受偿权主要就是针对抵押权而规定的。

六、结　语

独立财产是法人成立的基本要件。有学者甚至从法国财产法中的广义财产概念出发，提出“无财产，即无人格”的主张。当我们到处寻找何以高等学校法人在法律规定了法人资格却不能成为法人的原因时，恐怕财产的独立性问题是第一个需要突破和解决的问题（尹田，2009)。《物权法》确认了一个受限制的公立高校法人所有权，但是如何理解这个法人所有权的内涵，存在很大的法律解释余地。《物权法》也带给了我们一个重新认识高等学校法人财产，尤其是公立高校法人财产的机会和视角。这既有对实践问题的总结与呼应的问题，也有制度的深入挖掘和解释的问题，当然更有制度的重新建构问题。如果国家不再对划拨学校的财产保留绝对的所有权，保证这些财产用以教育教学目的就变得非常重要。现有制度环境中，已经存在限制设定抵押的做法。问题可以变得更为严厉一些，譬如适当限制高校法人用以教育教学和科研等公益目的的财产的转让。如此一来，一方面，可以鼓励校园置换这样的灵活措施改善校园建设①；另一方面，也可以防止校园盲目扩张和巨

① 近年来，我国发生了多起大学用城区中的老校园置换城郊区的大校园，譬如沈阳师范大学。这种置换的模式，是值得高度重视的挖掘现有财产价值扩大校园规模的做法，与校园盲目扩展和大肆大款的做法完全不同。因此，法律上应该给这种做法开绿灯。

额贷款的肆意发生，更可以对目前大量出现的以教育教学用地为名，行商业开发之实的大规模商业性“教育城”的造城行为。

参考文献

崔建远. 2009. 物权法［M］. 北京：中国人民大学出版社. 191-192.

湖南在线. 2010. 河南四中被强拆，学生举标语到市委请愿［EB/OL］.（2010-05-06）［2010-07-25］. http://news.qq.com/a/20100505/001941.htm.

梁慧星. 2002. 合同法第二百八十六条的权利性质及其适用［M］. 北京：法律出版社：240-246.

孙宪忠. 2009. 中国物权法总论［M］. 北京：法律出版社. 102.

王利明. 2007. 物权法研究（上卷）［M］. 修订版. 北京：中国人民大学出版社：序言.

尹田. 2009. 法国物权法［M］. 第二版. 北京：法律出版社：563.

张建文. 2008. 转型时期的国家所有权问题研究：面向公共所有权的思考［M］. 北京：法律出版社：367.

张建文. 2009.《物权法》视角下高校法人财产权的反思与重构［J］. 政法学刊（4）.

Interpretation and Construction of Property Rights of Public Higher Education Institutes after the Promulgation of Real Rights Law

Zhu Tongqin

Abstract: The Real Rights Law provides that the public higher education institutes (HEI) as the public non-profit organization may own the corporate title, which is a restricted title. The state retains the title of those properties that are appropriated to the public HEIs. This interpretation is inconsistence with the practice and hard to regard the public HEIs as agent to represent the state to own the title. The management right under the regime of Education Law is a right without clear nature nor content. It is suggested interpreting that the public HEIs may own the title of all properties and distinguish between the property for education purpose and the property not for education purpose. The government should have the public bulletin system for the former and restrict the disposal and use of the former to clear off the debts.

Key words: real rights, public education institutes, property rights

作者简介

朱同琴，中国人民大学教育研究所博士研究生；研究方向：教育法学、教育政治学等。

□史万兵

民办高等教育行政管理体制的问题与政策和法律创新[①]

【摘 要】随着高等教育大众化进程的推进，民办高等教育作为实现高等教育大众化的重要途径之一，已经受到越来越多人的关注。但是，不容忽视的问题也摆在了我们的面前，即民办高等教育行政管理体制呈现出的诸多弊端已经成为我国民办高等教育进一步发展的障碍，亟待通过政策与法律创新而得到改进和完善，从而促进我国民办高等教育的进一步发展与繁荣。

【关键词】民办高等教育，行政管理体制问题，政策和法律，创新

民办高等教育有力地推动了高等教育体制的革命性变革，极大地弥补了国家教育经费的不足，基本形成了相对独立的办学体系，为公众提供了多样化的高等教育选择，其发展壮大是大势所趋。经过二十余年

① ［基金项目］教育部人文社会科学研究 2007 年度规划基金项目“高等教育行政管理体制深化改革研究”（批准号：07JA880046）。

的发展，我国的民办高等教育已经初具规模，与公立高等教育形成了竞争态势，有利于我国高等教育总体水平的提高。然而，与民办高等教育取得的成绩相伴，一些体制与机制方面的问题日益凸显，急需政策与法律创新。政府如何提供民办高等教育发展所需的外部环境、提供怎样的外部环境则成为民办高等教育发展的关键。

一、我国民办高等教育行政管理体制的现状

对于行政管理体制的概念，学者们有自己不同的看法。“行政管理体制是指国家行政机关为推行其政务所建立的权责体系、组织机构体系、运行机制和法规制度的总称。”（何新春，2005）“高等教育行政管理体制，主要指高等教育宏观管理体制，是有关国家各级高等教育行政机构设置、隶属关系、职责权限划分诸方面制度的总称，它涉及中央与地方、中央各行政部门之间、政府与高等学校之间的基本关系问题。”（史万兵，2005）“高等教育行政管理体制，简称高等教育行政体制，是有关国家各级高等教育行政机构设置、隶属关系、职责权限划分诸方面制度的总称。”（王亮生，1995）1993 年，中共中央、国务院颁发了《中国教育改革和发展纲要》，明确了高等教育的行政管理体制实行以中央统一的宏观管理和地方分权的具体管理相结合，以地方政府管理为主的教育管理体制，实行分级办学，分级管理，分级负责。这种管理体制反映到对民办高校的具体行政管理上，实行的是民办高等学校由地方省级行政部门负责管理。

（一）我国民办教育行政管理机构的设置情况及层级分类

《中华人民共和国民办教育促进法》（以下简称《民办教育促进法》）第一章第七条指出：“国务院教育行政部门负责全国民办教育工作的统筹规划、综合协调和宏观管理。”第八条指出：“县级以上地方各级人民政府教育行政部门主管本行政区域内的民办教育工作。”由此可见，我国对民办教育进行管理的机构是教育行政部门，并未单独设立管理民办教育的机构，也没有专职的管理人员。

1. 中央一级的民办教育行政管理机构

中华人民共和国教育部下设社会力量办学者办公室及高等教育司、

职业与成人教育司负责管理民办教育事务。教育部下设社会力量办学者管理办公室挂靠在发展规划司，职责主要是研究制定社会力量办学的方针、政策、规章；在办学体制、办学资格等方面指导省、市、区对社会力量办学的管理工作等。高等教育司、职业与成人教育司分别指导社会力量举办的各类学校及教育机构的有关工作。

2. 省一级的民办教育行政管理机构分类

各省、直辖市随着行政机关机构职能的调整进展情况而各有不同，行使的职能也不尽相同。大体作如下分类：（1）以统筹为主要职能的省级民办教育行政管理机构，北京、天津、广西、四川为代表；（2）以综合管理协调为主要职能的省级民办教育行政管理机构，湖北、湖南为典型；（3）以指导为主要职能的省级民办教育行政管理机构，河南、云南、贵州、陕西、甘肃、海南为主；（4）以审批审核为主要职能的省级民办教育行政管理机构，河北、上海、江苏为例；（5）混合型职能的省级民办教育行政管理机构，安徽、浙江、江西、宁夏、黑龙江、辽宁、新疆采取此种形式。①

（二）我国民办高等教育管理机构的权限划分现状

1. 中央和地方政府的权限划分现状

我国的公立高等教育管理体制实行的是中央和省级人民政府两级管理，以省级人民政府管理为主。按照《民办教育促进法》要求和《民办高校设置暂行规定》以及公立高等教育的分级管理体制，举办具有学历文凭资格的高等学校由国家教育审批，其设置标准由国家教育部制定，不具备颁发学历文凭资格的高等教育机构由省、自治区、直辖市、计划单列教育行政部门负责审批，并抄送国家教育部。由此可见，对民办高等教育的管理沿用了公立高等教育的管理体制，实行分级管理，但在《民办教育促进法》中，仅仅明确了审批与设置标准的制定上中央政府和地方政府的各自的权限，在对民办高等教育的具体管理职能和权限的划分上，并未作出清晰、明确的规定。《民办高校办学管理若干规定》（以下简称《若干规定》）第二十五条规定“省级教育部门向民办

---

① 详见：《2006年中华人民共和国教育发展统计公报》，http：//www.moe.edu.cn/edoas/website18/info29044.htm.

高校委派的督导专员”的要求，第二十六条规定了督导专员的职权。第二十七条规定：“省级教育行政部门应当建立健全民办高校办学过程监控机制，及时向社会发布民办高校的有关信息。”紧接着的第二十八条至第三十二条都出现了“省级教育行政部门”的字样，包括的内容有：按照国家有关规定对民办高校实行年度检查的相关要求和主要内容，以及出现不合格行为的处罚。

2. 政府与民办高校的关系现状

在民办高校的组织构成方面，《民办教育促进法》第十九条规定：“民办学校应当设立学校理事会、董事会或者其他形式的决策机构。”第二十条更进一步规定：“学校理事会或者董事会由举办者或者其代表、校长、教职工代表等人员组成。其中三分之一以上的理事或者董事应当具有五年以上教育教学经验。学校理事会或者董事会由五人以上组成，设理事长或者董事长一人。理事长、理事或者董事长、董事名单报审批机关备案。”此外，在《民办教育促进法实施条例》（以下简称《实施条例》）第十九条指出，民办学校理事会或者董事会应当由品行良好、具有政治权利和完全民事行为能力的社会人士组成，国家机关工作人员不得担任民办学校理事会、董事会的成员。可以看出，我国并未硬性规定必须设立校董会，只是要求民办学校“应当”设立。而且，我国民办高校的董事会成员一般都是社会人士，与民办高校没有什么直接的利害关系，这样一来，无论是责任心还是管理权都比较弱。董事会的成员名单须报审批机关备案，表现出学校的自主性不高。《若干规定》第十条规定：“民办高校校长应当具备国家规定的任职条件，具有10年以上从事高等教育管理经历，年龄不超过70岁。”而且，只有报审批机关核准后，校长方可行使《民办教育促进法》《实施条例》规定的职权。

《实施条例》第三十二条规定：“教育行政部门、劳动和社会保障行政部门应当加强对民办学校的日常监督，定期组织和委托社会中介组织评估民办学校办学水平和教育质量，并鼓励和支持民办学校开展教育教学研究工作，促进民办学校提高教育教学质量。”这条还规定，教育行政部门、劳动和社会保障行政部门进行监督时，应当将监督的情况和处理结果予以记录，由监督人员签字后归档。而且，公众有权查阅教育行政部门、劳动和社会保障行政部门的监督记录。相对的，在课程设置和专业设置上，为了能更好地适应社会经济发展、就业市场和人们的不同需求，国家鼓励和支持民办高校建立起符合市场经济需要的自我适应机制，体现了民办高校在教育教学上较大的自主权，但同时也产生了诸如专业、课程重复建设、变化过于频繁等问题。这从政府与民办高校的关系上来说，反映出政府主要强调民办高校要适应市场经济发展的需要，不大重视对学校办学特色与质量的要求。

二、我国民办高等教育行政管理体制存在的问题

（一）民办教育专门性管理机构缺失

我国的民办教育管理体制是直接从公立学校的管理体制中演化而来的。目前我国尚未设置一个具有独立性、专门性、权威性的民办教育管理机构，以致政府各部门之间缺乏协调与沟通，争夺办学审批权、管理权的现象时有发生，造成了民办教育“谁都可以批，谁都可以管又谁都不管”的尴尬局面，令民办学校很难适应。就教育行政内部而言，我国对民办教育的管理一般归属于成人教育范畴，在教育部成人教育司由社会力量办学管理办公室管理，各省市教委仿效此做法，纷纷在成教处下设社会力量办学管理办公室对民办教育进行管理。

从现状分析可见，由于《民办教育促进法》、《若干规定》都没有明确规定管理民办高等教育的主体，导致各省、自治区和直辖市的民办高等教育管理部门是不同的。在中央一级，仅仅在教育部成人教育司设有一个社会力量办学管理办公室，还是处级单位。在省一级，目前，只有天津市、江西省设有独立的社会力量办学管理办公室，其他各省市的相应管理机构与发展规划处或法规处或职业教育与成人教育处合署办公，形成两块牌子、一套人马的管理机构模式。此外，公安、财政、物价、工商、税务等部门也根据相应政策法规对民办高校进行监管。由于我国对民办高等教育管理缺乏经验，现阶段的管理主要参考公办高等教育管理模式，甚至沿用一个管理体制，这必然导致管理行为的混乱与无序。

（二）中央与地方政府权限划分不清晰

《民办高校办学管理若干规定》第四条规定：“国务院教育行政部

门负责全国民办教育统筹规划、综合协调和宏观管理工作。”也规定了省、自治区、直辖市人民政府教育行政部门主管本行政区域内的民办教育工作，依法履行的职责有：办学许可证管理、民办高校招生简章和广告备案的审查、民办高校相关信息的发布、民办高校的年度检查、民办高校的表彰奖励、民办高校违法违规行为的查处、法规政策法规规定的其他职责等。但是，对于中央政府的职责说得太笼统，比如宏观管理都包含什么、地方政府的统筹权的内涵与外延如何，这些权限的不明确都会导致政府管理行为失当。

（三）民办教育行政管理机构职能履行不当

中央政府对民办教育的经费资助职能履行不当。对于建校历史长、办学效益较好的极少数民办高校，就划拨人头费，导致大部分民办学校的办学积极性受挫。认为非公立学校一般不应该受到政府支持的传统观念为民办教育的发展设置了障碍。对中央政府而言，应该认清民办教育的公共物品属性。从观念上更新对民办教育的认识，建立并实施“行政问责制”。

地方政府在行政机构职能改革调整的大背景下，已经发生了变化，如前文所论述的那样，大部分省级民办教育行政管理机构已经转变政府职能，由行政命令、行政审批为主要职能向着统筹、协调、指导、综合管理的职能发展。但是，也存在着对民办教育越位管理的现象，或者将行政命令与统筹规划的职能加以混淆。

（四）民办高等教育管理未能依法行政，民办高校缺乏办学自主权

1. 有法不依，对民办高等教育管理的随意性较强

政府对民办高等教育管理的现实表现为“重管理轻服务，限制多扶持少”，未能做到依法实施管理。1997 年的《社会力量办学条例》规定：“任何行政部门对教育机构实施监督管理，不得收取费用。”然而，有些行政部门明文规定向民办学校收取监督管理费。2003 年的《行政许可法》规定：“行政许可直接涉及申请人与他人之间重大利益关系的，行政机关在做出行政许可决定前，应当告知申请人，利害关系人享有要求听证的权利。”2004 年 6 月 28 日，教育部在没有举行听证会，

未征询民办高校意见的情况下，发布了《关于取消高等教育学历文凭考试的通知》，要求结束高等教育学历文凭，结束文凭考试试点工作，取消高等教育学历文凭考试。尽管赶在《行政许可法》出台的2004年7月1日之前实行的，但显然是难逃未依法行政之嫌。

2. 法律有空隙，民办高校缺乏办学自主权

民办高校作为民办高等教育的举办者，希望能在减少干预的环境下得到更多的办学自主权。但目前教育行政部门在招生计划、招生批次、招生分数、招生区域等方面基本还是沿用计划经济年代的老办法来进行管理；在专业设置、课程安排、教学计划、教学大纲等方面，还是采用公办大学的标准。实际上，民办高校除了在校级管理干部的聘任上自主权大于公办高校外，其余的自主性与公办高校相差无几。《民办教育促进法》及《实施条例》未授予或未充分授予民办高校的自主权，特别是学历学位授予权。《实施条例》第三十条规定："实施高等学历教育的民办学校符合学位授予条件的，依照有关法律、行政法规的规定经审批同意后，可以获得相应的学位授予资格。"这一规定意味着在现有的国家学历体制下，民办高校需经政府审批合格后方可获得学历授予权，而处于筹建阶段或办学条件未达标的民办高校则不具备这个资格，其学生必须通过国家考试才能获得学历。这种教育核心资源的垄断，不但阻碍了民办高校招生，而且使民办高校沦为国家考试机构的附庸，生成新的"应试教育"，与民办高校面向市场、强调应用的办学特点背道而驰。我国现行的学历授予权由政府审定、学历颁发由政府认证，这是过去计划经济思维的产物。而在市场条件下，学历的真实价值应由市场来确定，学校学历文凭之间的差别应是市场认可的教育水平上的差别，而不在于"国家是否承认"。国家能否打破现在的国家学历资格认可制度，民办高校是否有权颁发自己的学历文凭，由于存在制度资源和体制上的优势，新兴的民办高校就势必处于竞争的劣势地位，这有失公平，而且也是不利于民办高校的健康发展的（黄藤，等，2003）。

三、完善我国民办高等教育行政管理体制的政策和法律创新举措

加快发展民办高等教育，就要改善民办高校的政策与法律环境，真

正形成以政府办学为主体、公办学校与民办学校共同发展模式。政府除完善民办高等教育政策法律体系外，还要建立健全民办高等教育管理机构，界定中央和地方政府权限，厘清政府与民办高校的关系。“加快推进政府职能转变，强化宏观指导和监督管理，深化教育行政审批制度改革，改进管理和服务方式，积极推进政务公开和电子政务建设，不断提高教育管理能力和服务水平。进一步落实学校的办学自主权，积极推进以人事和分配制度改革为重点的学校内部管理体制改革。全面推进法制建设，推进依法治教、依法治校。”（周济，2007）

（一）以立法的方式科学规定并设置我国民办高等教育权威管理机构

《教育百科辞典》中指出：“教育行政组织，是依据国家制定的教育方针、政策、法令以及规章制度等，组织、领导和管理教育事业的机构或部门。”我国民办高校主要由省级教育行政部门进行管理，教育部主要行使审批权。政府强调民办高等教育的社会主义方向和对国家教育方针的贯彻执行，引导民办教育沿着符合社会主义性质的方向发展，保证教育教学质量；同时，强调加强教育立法和政策引导，强调中央的教育主管部门在“统筹规划、综合协调和宏观管理”方面的职能，强调主管教育行政部门要运用行政手段，加强对民校实际工作的管理。《教育法》第四十四条指出“教育、体育、卫生行政部门和学校及其教育机构应当完善体育、卫生保健设施，保护学生的身心健康。”要建立权威的政府宏观调控机构，就要吸收教育、计划、财政、银行、税收、物价、劳动等部门参加，以政策法规的形式来明确这些部门宏观调控民办高等教育的权力和责任。此外，为了使宏观调控有效、有力，必须建立民办高等教育宏观监测机构，及时而准确地反映民办高等教育的运行状态，检测其与宏观管理目标的偏离程度，向政府反馈信息，以便采取有针对性的调控措施进行校正。总之，教育行政部门应该通过法律途径设立一个具有权威性、相对独立的社会力量办学管理机构，负责协调与民办教育有关的各部门、各办学层次的工作，为民办教育提供方便、快捷的“一条龙”服务；在教育行政内部，应设立一个与民办教育蓬勃发展势头相适应的社会力量办学司（处），进行归口管理，避免多方插手、政出多门的现象，同时配备专职管理人员，加强管理力量。

（二）借鉴国际先进经验以立法形式严格界定我国民办高等教育行政管理机构的权限与职能

美国教育行政管理机构按照自上而下的顺序大体可以分为四个层次：美国联邦教育部代表国家对整个教育行业实行宏观管理；州教育部代表各州政府管理本州的教育事业；学区的教育管理机构负责管理辖区内各级各类学校的具体事务；学校或者教育机构对本学校或本教育机构的运作和发展进行自我管理（约翰·范德格拉夫，2002）。联邦政府主要通过教育部来对私立大学进行宏观调控。根据美国宪法，私立高等教育机构为私人、宗教团体所属，因此，就只须向大学董事会负责。从国会到联邦、州及下属的高等教育行政机构都无权插手私立高等教育的管理，而是通过拨款资助及咨询来施加影响，实现宏观调控的目的。国会拥有联邦教育法规政策的立法权，同时有权审议联邦政府的教育经费预算，认可联邦教育部高级官员的提名，弹劾违法、失职的国家教育行政官员。国会主要通过教育部将其政策法规渗透到各州、地方，从而对私立高等教育施加影响和控制。联邦政府在立法方面须遵守美国宪法及国会通过的相关法规政策。教育部主要通过以下三种途径对全国高等教育进行间接领导：（1）分配和管理联邦政府根据国会有关立法给予的补助生活费；（2）收集和公布高等教育的有关统计资料，为各级教育行政机构和高等学校的教育决策、教育活动提供信息服务；（3）组织教育研究，解决全国性的高教问题，促进高校管理和决策的艺术化、科学化、专业化。美国州政府、州议会、州法院及各州的高等教育委员会对私立高等教育的管理仅限于对私立大学的设置、审批管理及通过拨款资助来施加影响（罗杰·L. 盖格，等，2003）。

日本对私立学校实行中央和地方对口分级的行政管理体制。凡实施高等教育的学校，均归属文部大臣管理，管理职能部门为文部省高等教育局私学部；凡实施中等及以下教育的学校，主管者均为都道府县知事，管理职能部门不是地方教委，而是知事直属的私学振兴局。日本1949年的《私立学校法》对私立教育的行政管理作了规定。依据法规政策，文部大臣主管私立高等教育，包括大学、短期大学和高等专门大学等。1975年议会又通过和颁布实施了《振兴和促进私立学校法》，使国家对私立学校的资助有了法规政策保障。《文部省组织令》第十条、第十一款规定高等教育局负责对私立高校实施行政制度决策和规划。另外，还颁布了《私立学校法施行令》、《私立学校法施行规则》、《私立学校振兴助成法》、《私立学校助成法施行令》等，这些法规政策涉及私立学校的各个领域，主要包括性质、登记、管理、资助等。日本私立高等教育管理的最高立法机构是国会的文教委员会，所有关于私立高等教育的法规均附设审议会，文部省和都道府县在对私立学校行使管理权时，尤其是在批准设立、改变设置都和下令关闭时，必须事前听取这些机构的意见，否则被视为非法（单海雁，2005）。

从我国来看，也应该通过立法，明确民办高等教育不同层级的行政管理机构，并将其职责具体化。同时，明确规定行政管理部门不履行职责的法律责任，切实做到民办高等教育管理的法治化。

（三）借助法律手段明晰政府与民办高校的关系

大学始终与国家需要紧密相连，在建设高等教育强国的今日，中国更是如此。世界各国高校与政府的关系一直处于控制与反控制的“动态平衡”之中。如何在政府统一管理与民办高校自治之间寻找一个“平衡点”显得尤为重要和必要。政府管理要遵循高等教育管理的逻辑，不然，一味强调政府的统一管理，将会抹杀民办高校的办学特色，阻碍学校的发展；过分强调学校的自主权，忽视宏观调控，也会使学校处于无政府状态，与社会脱节。因此，要改变教育行政部门的职能，从直接管理变为引导、服务、协调和监督，在有限度的前提下扩大民办高校的自主权，同时要增强民办高校的社会责任。为此，政府应该主要采取立法、拨款、评估等宏观调控手段。《教育法》第七章第五十三条指出：“企业事业组织、社会团体及其他社会组织和个人依法举办的学校及其他教育机构，办学经费由举办者负责筹措，各级人民政府可以给予适当支持。”显然，民办高等教育是在国家教育经费短缺的情况下发展起来的，民办高等教育的发展有利于我国高等教育大众化的实现，因此，政府应当通过法律法规支持民办高等教育的发展。民办高校的自主权是民办高等教育按自身的逻辑发展的必要保证，既要避免自主权过大而产生民办高校与社会的脱节，陷入保守、狭隘的境地；也要避免政府包得过多、统得过死，使民办高校成为政府附庸的局面。需要指出的是，民办高校有了办学自主权，一定要用好办学自主权，建立自我发展、自我约束机制，建立健全各项规章制度，做到权利与责任的统一，加强责任感和使命感，走自我发展、自我约束的道路。政府对现有的民办高教市场也应借助法律手段加强管理和监督，实现优胜劣汰。鼓励民办高校的适度竞争与合作，促进教育资源借助市场流向优质院校，从而提高教育资源的使用效率和效益。

（四）从政策制定上加强政府的服务意识，保障民办高校的办学自主权

办学自主权是指高等学校针对其面临的任务和特点，为保障办学活动能够依据其自身特点和内部客观规律的要求，充分发挥其功能所必需的自主决策权。根据民办高等教育发展的规律，民办高校的办学自主权主要体现在以下几个方面：对学校内部管理体制的选择权；对教师和其他教育工作者的聘任权；面向社会自主招生、自主设置专业权；校产的管理使用权；办学经费使用权；重大事项议事权和行使校内监督权（瞿延东，2002）。落实办学自主权，鼓励和引导民办高校办出质量，彰显特色极为重要。由于民办高校投资主体的特殊性，受市场影响较大，因此应该拥有更多的办学自主权，以适应市场变化，增强学校的活力和竞争力。为此，教育行政部门可以及早制定民办高等教育发展规划，对民办高校的设置标准、质量要求、发展方向和目标定位等作出明确细致的政策规定；同时明确公办高校和民办高校各自不同的发展重点，对整个教育市场和教育资源有一个通盘考虑，并进行科学合理的调控，以避免两类高校重复建设以及不适当的竞争（王军胜，等，2003）。在我国高等教育大众化背景下，高校办学呈现多元化格局，各类高校应该有自身的定位及培养特色，以适应社会对人才的个性化需求。为了稳定和优化高等教育发展环境，保证人才培养的质量，政府通过出台政策保障民办高校办学自主权是极为必要的。

总之，发展民办高等教育是实现我国高等教育大众化的重要途径之一。但是，由于民办高等教育在我国的发展尚处于起步阶段，政府对于管理民办高等教育事务没有太多的经验。随着政府职能转变的逐步深入，教育体制改革的进一步推进，政府的职责会日益明晰，逐步走向以“经济调控、市场监管、社会管理、公共服务”为主要职能的宏观管理轨道。就高等教育管理而言，政府管理高校的职能也将转到以“间接管

理”为主要特征，以“统筹规划、宏观管理”为主要职能，即主要依靠“规划、立法、拨款、政策指导、质量监控、信息服务以及必要的行政管理”上来。笔者认为，要实现我国高等教育大众化，就要更好更快地发展我国的民办高等教育事业，而发展民办高等教育，政府提供健康的行政管理体制与法制环境则是重中之重。

参考文献

单海雁. 2005. 美日私立高等教育发展的异同［J］. 世界教育信息（7）：14－15.

何新春. 2005. 深化政府行政管理体制改革探析［J］. 江西社会科学（2）：159－161.

黄藤，阎光才. 2003. 民办教育引论［M］. 北京：中国社会科学出版社：231.

瞿延东. 依法自主办学如何体现［N］. 中国教育报，2002－05－27.

罗杰·L. 盖格，刘红燕. 2003. 私立高等教育与公共政策：私立高等教育在经济现代化过程中的角色［J］. 北京大学教育评论（7）：24.

史万兵. 2005. 教育行政管理［M］. 北京：教育科学出版社：78－84.

王军胜，刘喜琴，等. 2003. 我国民办高校面临的困难与对策［J］. 黄河科技大学学报（1）：16.

王亮生. 1995. 高等教育行政管理体制比较观［J］. 湖南师范大学社会科学学报（1）：25－26.

约翰·范德格拉夫. 2002. 学术权力：七国高等教育管理体制比较［M］. 王承绪，等，译. 杭州：浙江教育出版社.

周济. 扎实推进教育事业持续协调健康发展——在教育部2007年度工作会议上的讲话［N］. 中国教育报，2007－01－02.

Problems and Policy and Legal Innovation of Private Higher Education Administrative System

Shi Wanbing

Abstract: With the popularization of higher education, as an important way, private higher education has been growing concern. However, the problems which can not be ignored were placed in front of us, private higher education administrative system shows many drawbacks. These have become obstacles and resistance to the further development of private higher education. We need through innovation of policies and laws to improve the further development of private higher education.

Key words: private higher education, administration system, problems, policies and laws, innovation

作者简介

史万兵，博士后，东北大学文法学院教授，博士生导师；研究方向：高等教育行政管理研究、高等教育政策与法律研究。

□安　杨

我国民办高等学校法人地位的变迁

【摘　要】民办高等学校的法人地位是由《民法通则》[①] 的民事法人制度所确立，并随着《教育法》等相关法律法规的陆续出台而逐步完善起来的。受到整体立法环境和立法技术的制约，虽然民办高等学校的法人地位经历了从事业单位法人到民办事业单位法人再到民办非企业单位法人的演变，但是民办高等学校的法人定位并不准确，从而严重影响了民办高等学校的行为能力和行为方式。因此我们有必要重新深入思考民办高等学校的法人地位，为促进我国民办高等学校的健康发展提供一种新的思路。

【关键词】民办高等学校，法人地位，变迁

任何法律都是文化与经济的综合产物，任何一种法律制度离开了特定国家的特定历史文化背景都是无法解释的。考察民办高等学校法人制度的形成过程，不仅可以领会当时的立法技巧，而且可以更清晰地认识到在当时的立法环境下法人制度的价值和本质。由于我国现行的法人制度是由 1986 年《民法通则》所

① 为行文方便，本文所涉及的法律均省略去“中华人民共和国”之前称。

初步确立的，因此与民办高等学校法人地位相关的文本分析就从《民法通则》开始。

一、1986年《民法通则》对民办高等学校法人地位的影响

20世纪80年代，经济改革的高速开展和政治改革的推进给中国带来了巨大的变化。尤其是随着市场经济成分的逐步扩大，民事主体开始趋向多元化并反映到立法之中。作为改革开放事业和社会发展的必然产物，1986年颁布的《民法通则》通过对法人的含义、成立要件、分类以及民事责任等内容的规定首次在法律上确立了法人制度的基础，使我国的法人制度初具雏形。由于法人的分类是立法对不同法人形态的组织结构和行为规则进行系统化抽象的结果（马俊驹，2004），因此在确立民办高等学校法人地位的过程中，有关法人分类的理论和原则是我们主要讨论的对象。

根据法人设立的宗旨和所从事活动的性质不同，《民法通则》将法人分为两类：一是企业法人；二是机关、事业单位和社会团体法人，后者又称为非企业法人（江平，1994）。对我国《民法通则》法人分类的理论基础，学术界并未达成共识。① 虽然现在看来这种由单位体制脱胎而来的法人分类方式的缺陷是明显的②，但是《民法通则》所确立的法人制度在当时对于依法建立法人制度、规范经济秩序等方面起到了重大的指导作用。根据《民法通则》的规定，只要事业单位具备依法成立，有必要的财产或者经费，有自己的名称、组织机构和场所，能够独立承担民事责任这些条件，则从成立之日起就成为事业单位法人，可以独立进行民事交往并独立承担民事责任。《民法通则》的颁布第一次使得那些经费、预算独立的事业单位（包括高等学校）的法律地位在立法上得到确认，具有重要的意义（申素平，2001）[17]。

---

① 学术界就《民法通则》关于法人分类的理论依据的探讨，形成了四种主要观点：分别是性质说、目的事业说、业务活动说和组织形式说。

② 国务院编制管理核定的单位分为企业、事业和行政三种，社会团体是事业单位的一个分支。参见：国务院《关于编制管理的暂行规定》（1963）。

但是在《民法通则》颁布之时，由于我国经济体制改革的最终目标尚未确定，教育体制改革也才开始。在高等教育领域，改革的关键是如何“改变政府对高等学校统得过多的管理体制，扩大高等学校的办学自主权”。高等学校尚不具备成为法人的条件，所以并未明确高等学校的法律地位。但是在改革的过程中，人们发现，不仅教育行政部门出于惯性仍然可以直接干预学校内部事务；而且高等学校将本应用于谋取公共利益的公权力运用于迎合市场需求、谋求自身利益的活动之中，带来了诸多的教育腐败和教育公平问题。因此，必须寻求一种新的机制来平衡政府与高等学校之间的关系，通过在法律上规范各自的权利义务，逐步落实高等学校办学自主权，这就需要确立高等学校的法人地位。因此，1993 年《中国教育改革和发展纲要》首次正式提出“要通过立法，使高等学校真正成为面向社会自主办学的法人实体”，明确规定了高等学校具有法人地位，高等学校的法人地位问题才被广泛关注。

不过在当时，这些政策法规主要是针对公立高等学校而言的。当公立高等学校在争取扩大办学自主权和独立法人地位之时，民办高等学校还处于政府为其设置的合法性障碍之中。有关民办高等教育的政策法规一直都带有原则性、限制性特征，使民办高等教育的发展始终处于国家权力的绝对掌控之中。例如 1987 年的《关于社会力量办学的若干暂行规定》，虽然“鼓励和运行社会力量办学”，但是又对民办高等教育，特别是学历教育作出了许多严格的限制性规定（张胜军，等，2007）。直到 1993 年《中国教育改革和发展纲要》提出“改革办学体制，改变政府包揽办学的格局，逐步建立以政府办学为主体、社会各界共同办学的体制”之后，国家批准了一批具有颁发学历文凭资格的民办高等学校，民办高等教育才获得了较为宽松的发展空间。因此，在《民法通则》颁布后的相当长时间内，民办高等学校的独立法人地位并未受到重视。

二、1995 年《教育法》和 1998 年《高等教育法》对民办高等学校法人地位的影响

1995 年教育领域的基本法《教育法》颁布，该法第三十一条规定：“学校及其他教育机构具备法人条件的，自批准设立或者登记注册之日

起取得法人资格。学校及其他教育机构在民事活动中依法享有民事权利，承担民事责任。学校及其他教育机构中的国有资产属于国家所有。学校及其他教育机构兴办的校办产业独立承担民事责任。"《教育法》通过该条的具体规定首次从法律上明确了学校的法人资格。这里的法人与《民法通则》的法人含义大体上是一致的，是指学校作为事业单位法人的资格。

（一）民办高等学校应当属于事业单位法人

《教育法》有关法人制度的规定是与教育体制改革的进程密切相关的。《民法通则》颁布之时，教育体制改革的序幕才刚刚拉开，传统上我国的公立学校一直都是教育行政部门的附属机构，因此虽然学校一直都被公认为是事业单位，但是其究竟是不是法人尚不明确。直到《教育法》颁布，此时教育体制改革已经进行了十年，学校完全附属于教育行政部门的状况得到了很大改变，公立高等学校已经成为一个经费独立的预算单位，在实践上初步具有了成为法人的条件。而学界对于法人制度以及学校法人制度的关注则从理论上促成了教育领域法人制度的形成（申素平，2001）[19]。因此，《教育法》中确认的学校的法人资格，其实是传统事业单位的法人化，因此公立高等学校属于《民法通则》中的事业单位法人。而民办高等学校和公立高等学校的举办目的和从事的业务领域范围基本相同，区别仅在于设立主体和资金来源上。因此民办高等学校也应当属于事业单位法人。在实践中，民办高等学校也是一直被作为民办事业单位来对待的。

（二）《高等教育法》使得民办高等学校的独立法人地位出现危机

《高等教育法》有关法人制度的规定在第三十条："高等学校自批准设立之日起取得法人资格。高等学校的校长为高等学校的法定代表人。高等学校在民事活动中依法享有民事权利，承担民事责任。"这一规定被认为与《教育法》的法人制度是一脉相承的，是对所有高等学校事业单位法人资格的再一次确认。但是该法的相关规定却使得民办高等学校的独立法人地位出现了动摇。

一方面，《高等教育法》只规定了公立高等学校"批准设立"的法人资格取得方式，而没有对民办高等学校“注册登记设立”的法人资格获得方式作出规定。另一方面，《高等教育法》对学校财产所有权的刻意回避使得民办高等学校的独立法人地位出现危机。由于《高等教育法》没有明确高等学校资产的所有权归属，由此而导致的产权纠纷后患无穷。

立法对学校财产所有权归属的一再回避当然有其深刻的原因。国家对于学校资产中国有资产的所有权不愿放弃，其目的不过是为了给国家行政权直接干预高等学校办学自主权寻找合法性依据：当国家作为高等学校的主要投资者时，股东所有权就可以成为国家行政权直接干预高等学校自主权的法律根据。这种通过极端强化国家干预来削弱高等学校法人人格独立性的做法，完全背离了我国教育体制改革的基本走向。《高等教育法》对这一核心问题的回避，不仅使得“高等学校在民事活动中依法享有民事权利，承担民事责任”成为没有办法落实的空谈，也使得民办高等学校的独立法人地位大打折扣。

三、1998年《民办非企业单位登记管理暂行条例》对民办高等学校法人地位的影响

到20世纪80年代末，随着我国经济体制改革的不断深入，民营经济得到了快速发展，新型经济组织大量出现。其中民办的从事营利性活动的社会组织被称为“民营企业”，和国营企业一起在工商行政管理部门办理法人登记，纳入企业法人体系之中进行管理；但是民办的从事非营利性社会服务活动的社会组织如何归类和管理成了难题。由于当时民办非营利性组织的法律属性并不清楚，因此这些组织一直没有建立统一的登记管理制度，有的是由业务主管部门审批设立并管理，有的根本无人审批也无人管理。致使这类组织在整体上疏于规范，漏洞频出，为社会的安定埋下隐患①。因此，1998年国务院颁布了《民办非企业单位登记管理暂行条例》，首次以行政法规的形式明确了民办非企业单位作为

---

① 例如超出规定业务范围开展活动、行业垄断、人员成分复杂、打着学术研究的幌子搞非法活动、未经批准擅自成立并活动等现象。参见：赵泳．2004．民办非企业单位问题研究[M]．北京：中国社会出版社：291．

一类社会组织的法律地位，并将民办非企业单位归口由民政部门统一登记管理。

（一）《民办非企业单位登记管理暂行条例》中的相关规定

该条例的第二条规定："本条例所称民办非企业单位，是指企业事业单位、社会团体和其他社会力量以及公民个人利用非国有资产举办的，从事非营利性社会服务活动的社会组织。"从这一定义可以看出，民办非企业单位区别于政府的主要特征在于其民间性和自治性，区别于企业的特征则在于非营利性和志愿性。

而该条例的第十二条则规定："准予登记的民办非企业单位，由登记管理机关根据其依法承担民事责任的不同方式，分别发给《民办非企业单位（法人）登记证书》、《民办非企业单位（合伙）登记证书》、《民办非企业单位（个体）登记证书》。"由此可见，民办非企业单位的民事主体资格被规定为法人、个体和合伙三种形式，这其中的弊端是显而易见的。

依照《民法通则》的规定，个体工商户的债务以个人或家庭财务承担；个人合伙的债务，由合伙人按照出资比例或者协议的约定，以各自的财产承担连带清偿责任。因此，民办非企业单位的出资人将为举办非营利的社会事业承担巨大的财产风险。《民法通则》的个体工商户、个人合伙都是营利性组织，其收益依法归个人所有或在合伙人之间分配，在享有投资收益权和承担债务清偿责任方面权利和义务是相一致的。而民办非企业单位是非营利组织，举办者既不能从盈余中分红，解散时也不能分配剩余财产，还要在资不抵债时以个人甚至家庭财产承担债务清偿责任，这显然是有失公允的，也必将影响个人选择和兴办非营利性社会服务事业的积极性。因此立法应当删除合伙和个体商事登记形式而只保留法人形式。事实上，在民办高等教育领域，由于《教育法》和《高等教育法》已经就高等学校的法人资格作出规定，因此民办高等学校只能是法人型民办非企业单位。

（二）依据该条例民办高等学校被定性为民办非企业单位法人，其完整法人地位最终获得确认

如前所述，在 1998 年以前，教育机构取得办学许可证后应当依照

有关社会力量举办非企业单位登记的行政法规登记，方可开展教育教学活动。这是因为民办非企业单位的业务主管机关颁发的执业许可证的内容是不能包含登记管理机关的登记事项的。业务审批重在对其开展业务活动的能力进行资格认定，而登记管理机关颁发登记证书则是赋予民办非企业单位合法的法律地位的行为，两者之间存在明显区别。由于当时并无相应的行政法规，因此，直到《民办非企业单位登记管理暂行条例》颁布，民办学校的完整法人地位才最终获得确认。在该条例实施前已经成立的民办学校也被要求应重新依法申请登记。为此，民政部门在2000年开始了为期两年的民办非企业单位的复查登记工作，对民办学校进行了一次全面的清理整顿，符合条件依法登记的民办学校颁发登记证书，法人地位得以确立。对经审查不符合登记条件的，或未按规定的期限办理复查登记手续的单位，民政部门不予登记，也就是说不再具有相应的法人资格。

按照《民办非企业单位登记管理暂行条例》对民办非企业单位的界定，民办高等学校作为利用非国有资产举办的、从事非营利性社会服务活动的社会组织，当然地被归属为民办非企业单位法人。在实践中，民办高等学校也是作为非营利法人在民政部门登记注册的。

四、2002年《民办教育促进法》及《民办教育促进法实施条例》对民办高等学校法人地位的影响

《民办教育促进法》的颁布是我国民办教育走上规范发展道路的里程碑，也是我国教育改革发展史上具有划时代意义的一件大事，该法从教育观念、办学体制等方面对我国的教育体制改革和发展产生了深远的影响。其中第九条和第三十五条规定了民办高等学校的法人制度。

（一）《民办教育促进法》的相关规定

该法第九条规定："举办民办学校的社会组织，应当具有法人资格。举办民办学校的个人，应当具有政治权利和完全民事行为能力。民办学校应当具备法人条件。"可以看出，该条款就民办学校的法人资格及其举办者的资格问题进行了限定。举办者如果是社会组织的，必须具备法

人资格，非法人团体是不能举办民办学校的。如果举办者是个人的，应当是具有完全民事行为能力和政治权利的中国公民。而第三款的规定则是直接排除了《民办非企业单位登记管理暂行条例》中个人和合伙这两种存在形式，延续了《教育法》和《高等教育法》的规定，对于民办高等学校的法人资格再次予以确认。

该法第三十五条规定："民办学校对举办者投入民办学校的资产、国有资产、受赠的财产以及办学积累，享有法人财产权。"结合《民法通则》第三十七条关于法人条件的规定可知，民办高等学校要成为法人，最关键的是要拥有独立的财产，因此该条款主要是关于民办高等学校法人财产权的规定。

法人财产权的概念是在理顺国有企业产权关系，建立现代企业制度的改革过程中提出的，目的在于描述和界定企业法人与其拥有的财产之间的法律关系。一般而言，法人财产权即可以视为法人所有权。因此，民办高等学校的法人财产权即民办高等学校对自己的财产，包括举办者投入民办学校的资产、国有资产、受赠的财产以及办学积累享有的所有权。民办高等学校拥有法人财产权，即意味着民办高等学校的财产与出资者的财产相分离，出资者不能对其投入学校的财产随意支配和使用，更不能随意抽资和转让。当然，法人的具体形式不同，民办高等学校的财产与出资者的财产分离的法律含义也不同。而学校的出资者仅以出资额为限对民办高等学校的债务承担有限责任，则是民办学校的财产与出资者的财产相分离的必然结果。

但是，民办高等学校对学校资产享有法人财产权并不意味着学校资产的产权就是完整的。法人财产权只是一种由作为投资者的股东通过权能转移方式而产生出来的权利，其作用并不是决定财产在法律上的最终归属，而是为了使法人在合法存续期间作为主体能够在交易中以自己的名义独立享有权利并承担义务和责任。对于民办高等学校来说，法人财产权最主要的作用是形成民办高等学校作为法人对其资产整体在市场交易中的支配权，是法律上肯定民办高等学校成为独立经营、自负盈亏的法人的最基本的依据，也是民办高校法人承担独立责任的基础。

至于民办高等学校产权的最终归属，根据《民办教育促进法》第五十九条的规定："民办学校终止并进行财产清算时，在清偿应退受教育者学费、杂费和其他费用、应发教职工的工资及应缴纳的社会保险费用和偿还其他债务后，剩余财产按有关法律、行政法规的规定处理”。该条款没有明确规定返还出资人的投入，也没有明确规定清算后剩余财产的归属，因此出资人投入资产的最终归属是不明确的。而《民办教育促进法实施条例》中只对民办学校资产中的国有资产和受赠资产的监督、使用和管理作了原则规定，也完全回避了民办学校终止时剩余财产的分配问题。

（二）该法延续了《民办非企业单位登记管理暂行条例》对民办高等学校的法人的定位，而没有区分不同类型的民办高等学校

1998 年《民办非企业单位登记管理暂行条例》颁布以后，民办高等学校即被定性为民办非企业单位法人。从《民办教育促进法》的整体立法进程来看，人们关注的焦点在于确立民办学校的独立法人地位和法人财产权，而对于民办学校的法人类型则没有作过多的关注，因此民办非企业单位法人这一定性未因《民办教育促进法》的颁行而修改，一直沿用至今。

按照《民办教育促进法实施条例》的规定，“民办学校应享受国家规定的税收优惠政策。其中捐资举办的民办学校和出资人不要求取得合理回报的民办学校，依法享受与公办学校同等的税收及其他优惠政策。出资人要求取得合理回报的民办学校享受的税收优惠政策，由国务院财政部门、税务主管部门会同国务院有关行政部门制定”。因此，目前我国现实中存在着三种不同类型的民办高等学校：捐资举办的学校、投资举办并要求合理回报的学校、投资举办不要求合理回报的学校。由于这三类民办高等学校的成立基础和事业目的各不相同，因此应分属于不同的法人类型，但是《民办教育促进法》及其实施条例并没有将不同类型的民办学校区分开来，而是概之以民办非企业单位法人，由此引发民办高等学校的产权、法人治理结构等出现了一系列问题。

五、现行法人制度下我国民办高等学校的法人地位

从上述法律文本的分析中可以看出，相关的法律法规已经构成了我国民办高等学校法人制度的整体性、条理性表述，我国民办高等学校法

人地位已经初步确立。按照我国现行法律的规定，民办高等学校最初是属于事业单位法人的范畴。1998年《民办非企业单位登记管理暂行条例》和《事业单位登记管理暂行条例》颁布实施以后，民办高等学校从事业单位法人中剥离出来，被定性为民办非企业单位法人，由教育行政部门主管，在民政部门登记注册。但是民办非企业单位法人这一极具中国特色的法律创设，自其产生以来便一直质疑声不断。

（一）民办非企业单位法人自身合法性的证明

民办非企业单位法人的性质在《民办非企业单位登记管理暂行条例》的起草阶段就有过激烈的争论。由于民办非企业单位的非企业性和民间性，它显然区别于企业和机关法人，1998年《事业单位登记管理暂行条例》和《民办非企业单位登记管理暂行条例》的颁布将事业单位法人又排除在外，而社会团体和民办非企业单位的区别也是明显的：社会团体具有社会性；而民办非企业单位具有实体性，可以从事一定经营活动。[①] 因此，民办非企业单位法人不属于《民法通则》的法人类型。而立法者认为："《民法通则》并未穷尽法人类型，只是进行了列举，说明可以有其他类型的法人。（赵泳，2004）。因此，民办非企业单位法人这一新型法人由此而生。那么这一立法理由能否说明民办非企业单位法人存在的合法性呢？

第一，"民办非企业单位"这个概念本身并不严谨。

"民办非企业单位"是一个否定性概念。按照形式逻辑的要求，下定义应当是"属加种差"，而"非企业"的外延太大，还要剔除一些已经由其他的法律法规规定的由其他部门登记管理的社会力量主办的非企业性质的单位，因此即使加上"民办"的限制，也很难用属加种差关系来阐述。很显然，现实中既非政府举办又非企业性质的单位，绝不仅仅是民办非企业单位。如果从广义上理解，社会团体也可以算作是民办非企业单位。由此可见，民办非企业单位作为一种社会组织形式，使用"非"的排除表述法是不科学的。

第二，关于金融机构法人的问题。

中国人民银行1994年《金融机构管理规定》第六条规定："中国

---

① 《社团登记管理条例》规定，社团不能举办经营性质的实体单位。

人民银行对金融机构实行许可证制度。对具有法人资格的金融机构颁发《金融机构法人许可证》，对不具备法人资格的金融机构颁发《金融机构营业许可证》。未取得许可证者，一律不得经营金融业务。”很明显，这里的“金融机构法人”是以是否具有法人资格来区分两种不同的金融机构，而不是将金融机构单独确立成一种法人，所谓“金融机构法人”其实是学者为了证明新的法人类型的合法性而对立法机关原意的一种歪曲。因此，将民办非企业单位法人列为法人的一种新的类型是缺乏法理依据的。

（二）民办高等学校的法人定位并不准确

民办非企业单位法人的合法性虽然还有待证明，但是《民法通则》所确立的法人分类无法将其涵括在内是毋庸置疑的，因此只能单独作出规定。但是由于与其他几类法人缺乏质的不同，因此将民办非企业单位单列为一类法人又会引起民法体系的混乱。有学者就认为：“我国所建立的民办非企业单位制度并非什么独创，不过是一个简陋型的财团法人制度。”（苏力，1999）这一理论难题也已经引起了立法者的高度关注。顾昂然在作关于《中华人民共和国民法（草案）》的说明时就指出：“现在社会中介组织越来越多，民办、合资办学校、医院等日益增加，很难归入《民法通则》划分的四类法人。有关法人分类如何规定为好，需要进一步研究。”（吴坤，2002）

因此，由于受到整体的立法环境和立法技术的制约，现有的法律法规没能给民办高等学校一个准确的法律定位。民办高等学校既非《民法通则》中法人类型，民办非企业单位法人这一制度本身的合法性亦有待确证，而大陆法系传统的公法人与私法人或是社团法人与财团法人的分类又不为我国现行立法所采纳。对于我国当前实际存在着的三种民办高等学校：捐资举办的学校、投资举办并要求合理回报的学校、投资举办不要求合理回报的学校，由于其成立基础和事业目的各不相同，因此民办非企业单位法人这一法人定位无法准确对其共同特征进行再次抽象，使这一概念本身丧失了意义，也造成了法律体系的混乱。

（三）应赋予不同类型的民办高等学校以不同的法人地位

如前所述，目前立法对于民办高等学校法人的定位并不准确，不仅民办非企业单位法人这一法人类型自身存在问题，而且也没有区分现实中存在的三类不同的民办高等学校，这种立法的含混已经严重影响到了民办高等学校的行为能力和行为方式，并在现实中成为制约民办高等学校进一步发展的桎梏。

因此我们有必要借助民法典修订的契机，重新深入思考民办高等学校的法人类型，为促进我国民办高等学校的健康发展提供一种思路。笔者认为，我国民办高等学校法人制度应当建立在民法典对现有法人体系重新分类修订的基础之上。未来民法典首先应将法人划分为公法人和私法人，然后在严格限制公法人进入私法领域的基础上，再将私法人划分为社团法人和财团法人，同时对社团法人辅之以营利、公益和中间法人的立法模式。然后对我国当前存在的几种民办高等学校分别归类，其中要求合理回报的学校属于营利性民办教育机构，应定性为营利性社团法人；不要求合理回报的学校应定性为公益性社团；而捐资举办的民办高等学校则属于财团法人。

至于民办高等学校内部治理结构如何实现分权制衡发展，政府应当如何确立教育行政干预的方式，以及民办高等学校与教师和学生之间的平等契约关系，在何种范围内、以何种手段受公益性的限制则是解决了民办学校的法人类型以后有待进一步思考的问题。

参考文献

江平．1994．法人制度论［M］．北京：中国政法大学出版社：62．

马俊驹．2004．法人制度的基本理论和立法问题之探讨（上）［J］．法学评论（4）．

申素平．2001．中国公立高等学校法律地位研究［D］．北京：北京师范大学博士论文．

苏力．1999．规制与发展：第三部门的法律环境［M］．杭州：浙江人民出版社：128．

吴坤．民事主体为公民法人是否规定第三类主体尚有争议［N］．法制日报，2002－12－26．

张胜军，张乐天．2007．1978年以来我国民办高等教育建设的历史、成就与问题［J］．黑龙江高教研究（12）．

赵泳．2004．民办非企业单位问题研究［M］．北京：中国社会出版社：297．

Change of the Legal Person's Status of China's Private Higher Education Institution

An Yang

Abstract: The legal person's status of private higher education institutions is established by the civil legal person's system from General Principles of the Civil Law and improved with the publication of relevant laws and regulations such as education law. By the overall legislative environment and legislative technical constraints, the legal person's status of private higher education institutions is not accurate which seriously affected the capacity and behavior of private higher education institutions, although it experienced from institutions' legal person to the private institutions' legal person and then to private non-enterprise's legal person. Therefore, we need to re-think deeply the legal person's status of private higher education institutions to provide a new way of thinking to the healthy development of China's private higher education institution.

Key words: private higher education institution, legal person's status, change

作者简介

安杨，博士，安徽省委党校讲师；研究方向：教育法学。

□秦惠民

入学机会的公平

——中国高等教育最受关注的平等话题[①]

【摘　要】高考改革作为中国教育改革中最引人关注的话题之一，始终围绕着公平与效率。高考改革的价值选择变化与中国的社会进步、高等教育的发展以及高考的问题与困境紧密相连。在高考发展和改革的历程中，人们经历了对于“均等与公平”、“配额制与公平”的反复认识过程以及“效率优先还是公平优先”的长期争论。人们的认识并没有完成，仍处在“认识—实践—再认识—再实践”的过程之中。入学机会的公平，始终是中国高等教育最受关注的平等话题，而精英高等教育的入学机会平等，则已成为大众化阶段中国高等教育入学机会公平问题中更为突出的新问题。高考改革应符合促进公平的国家基本教育政策，应在保证基本公平的同时，适应中国高等教育大众化发展后的多样化需求，以公平为目的，给予考生更多的选择权利。

【关键词】高等教育入学机会，高考改革的价值选择，机会平等，公平与效率

① 本文得到教育部“211 工程”三期子项目“中国特色的公共管理与公共政策学科平台建设”以及中国人民大学北京市博士点重点学科“教育经济与管理”的经费资助。

中国高等教育在“文革”以后的发展，是以恢复高考制度为其开端和标志的。1977年中国高考制度的恢复，曾以平等入学机会的恢复为中国高等教育的发展注入了强大的活力，当年报名要求参加高考的中国青年多达1000多万人，经过考试——这种不分家庭出身、不分职业背景、不分学习经历、不分来源区域的平等竞争，27万多人进入高等学校。自高考恢复以来，统一的高校招生考试制度保障了高校新生的基本入学质量。更为重要的是，高考提供了相对客观的评价标准，为不同家庭背景的考生，提供了相对公平的竞争机会，为维护教育机会平等和社会公正、促进社会阶层间的流动、实现高等教育资源和人才在全国范围内的合理配置，发挥了巨大的现实作用。

以分数面前的平等，作为维护制度公正性的主要指标。高等教育入学考试的这项制度原则，曾经历史性地给中国人带来冲击性的、强烈的社会公平感，至今仍是被社会广泛认同的体现公平和公正的制度形式。但在以后的发展进程中，高等教育入学考试制度不断地受到有关公平与效率的拷问，从而不断地进行技术性的调整，有关的研究论证建议和改革方案不断出台，相关的话题甚至成为中国“两会”① 的持续热点。进入21世纪以来，社会公平问题日益受到关注，高等教育入学机会的公平更是成为一个涉及社会公正的敏感问题。

一、考试分数面前的平等
——中国人才选拔的历史传统与高考

（一）考试——中国的历史传统和公正价值的体现

中国具有悠久的考试传统。说到中国的高考，就不能不提到中国历史上的科举考试。中国古代从隋朝开始，到清光绪二十七年（1906年）举行最后一科进士考试为止，历经一千三百多年的科举制度，是历代封建王朝通过考试选拔官吏的一种制度。由于采用分科取士的办法，所以叫科举。它通过考试的方式，以一种分数面前人人平等的方式选拔人才，不分出身高低贵贱，只要考得名次（功名），就可以成为官僚队伍

① 指中华人民共和国全国人民代表大会和中国人民政治协商会议全国委员会会议。

的候补人选。

科举的目的是为政府从民间选拔人才，相对于世袭、举荐等选官制度，科举考试无疑是一种公平、公开及公正的方法。从宋代开始，科举便做到了不论出身、贫富皆可参加。这种用考试的方法选拔官吏的制度，打破了豪门世族对政权的垄断，不但大为拓宽了政府选拔人才的基础，还让处于社会中下阶层的知识分子，有机会透过科考向社会上层流动。这种政策对维持整体社会的稳定起了重要的作用。

清末废除科举，兴办学堂，逐渐有了现代教育，考试仍然是一种重要的教育选拔和评价机制。清末民初的那些公派留洋学生，都是通过考试这种选拔机制获得资格的。

在中国古代社会，平等不是社会的主流价值观。在君主和专制的社会里，平等无法成为一种普遍的社会价值观念。在几千年的中国封建社会里，“君为臣纲、父为子纲、夫为妻纲”的儒家学说，作为一种占统治地位的封建礼教将人们禁锢于一种不可僭越的不平等状态之中。正如孟德斯鸠（1997）所说，“平等的观念根本就不进入人们的头脑里去。大家都希望出类拔萃。就是出身最卑微的人们也希望脱离他原来的境地，而成为别人的主人”。科举考试是当时的统治者为选拔优秀人才而创造出来的一种有效手段，同时，它也使人们能够通过考试这种相对平等的形式，达到改变自己现实处境的目的。人们把考试所贯彻的分数面前平等的原则视为公正，考试作为一种公正价值的体现形式，在中国深入人心。中国古代的历朝历代对于考试作弊的惩处，都是非常严厉的。因为考试作弊既违反公正，又不符合统治者的利益要求。

科举被废除以后，仍然在中国社会留下难以磨灭的痕迹。例如孙中山所创立的《中华民国宪法》中规定五权分立，其中的“考试院”便是源自中国的考试传统。时至今日，中国大陆仍称高考最高分者为状元，等等，都可以称为科举的遗迹。

（二）“考试”因“文革”的中断强化了人们对其公正性的重新认识

高考在“文革”中被废除后，代之以通过推荐的形式选拔“工农兵学员”上大学，评价是通过评选进行的。

我毕业以后去了工厂，做了修理汽车的工人。上大学对于我来说只是一种梦想，因为没有了考试，我也就没有了自主选择上大学的权利。听天由命地等待几乎是毫无希望的“推荐”。推荐是有配额的，我所在的近十万人的企业，在我工作的六年里，只得到过几个“推荐”名额，我因为不够“出类拔萃”，当然是毫无希望的。

“文革”结束后，高等教育入学考试恢复。我是恢复高考后的第一批受益者。1977 年末全国高等教育入学统一考试，1978 年 3 月通过平等竞争进入大学，从此改变了我的人生经历。考试所具有的平等和公正意义，在我们这代人的心里是不可替代的。在我的人生历程中，考试是我期盼的能够获得平等对待的一种最公正形式。

从形式意义上说，机会平等是一种权利能力的平等，而不是行为能力上的平等。考试所保障的“机会平等”，正是一种在权利能力上的平等对待和在行为能力上的差异性对待。

通过考试对人们进行学习能力区分所导致的结果差异，从学习相关性上说不是歧视，或者说是一种最低限度的差异性歧视。之所以这样说，是因为考试只是对人们与学习相关的行为能力的区分而不涉及权利能力，它只是对学习相关因素的一种评价形式。判断一种事实上存在的区别对待是否具有合理性，就不能不审查设置这种区别对待的目的的正当性、措施的相关性、必要性和适当性，即首先判断目的本身是否对各权利主体具有平等对待的正当性，进而具体考量进行区别对待的措施与该正当目的之间是否存在关联性，审查其对于实现公正目的是否具有必要性以及从社会通常观念的角度是否具有适当性。正因为如此，从《世界人权宣言》到很多国家的宪法和法律，都规定了以考试成绩为尺度的高等教育机会平等。“文革”期间实行的推荐工农兵学员上大学的政策区分权利主体是否为“工农兵”的身份差异，导致权利能力上的差异而不是和学习充分相关的因素，所以就不能说这项政策具备充分的合理依据，从而导致了身份歧视。歧视是一种考虑不相关因素的区别对待，而通过考试择优，则是一种考虑与学习相关因素的区别对待，从而最小限度地涉及歧视。

实践表明：考试制度的机制和逻辑，是通过在一定范围内统一的试卷和统一的评卷标准，解决了困扰其他形式的入学制度普遍存在的难题，如，它正确地定义了学校生活的主要内容，即学生的主要任务是学习，学习成绩的好坏是评价学生的主要尺度；它极大地体现了对提高认知技能的激励，鼓励认真钻研和刻苦学习；它消除了评价标准的不统一，排除了各种主观因素的干扰，即实现了没有偏袒或者偏见的客观判断；它较之其他形式，真正地简化了对学生的入学选拔制度；它降低了教育服务对象的依从成本，使其时间成本和机会成本的指向单一；它大大减少了徇私舞弊的机会和可能性；它对各种不同背景的学生一视同仁，使他们感受到了平等对待的公平，大大提高了人们对于其结果公正性和有效性的认可程度。

（三）高考恢复30多年来考试维护了基本的平等

考试制度是用一种相对规范的方式选拔人才。以学生的认知技能为基础的考试分数，体现了一种在同一标准下可进行选择的相对公平，从而使考生的平等权利得以实现。尽管它是一种一次性的难以照顾个性特点及其历史发展的僵硬方法，但它在现今历史阶段一定程度地实现了公平、成本和效率的相对平衡，是人们以公平原则为目标，在三者间所能找到的优化组合。

中国高等教育虽已步入大众化阶段，但由于受到高等教育资源的约束，高等教育仍不能作为公民的一项自由选择权利而实现人人都能自由地进入高等学校。通过考试进行选拔，对抗以身份、财产等不相关因素为区分原则的歧视性的同一机会面前的区别对待，而代之以一种完全以学生学习相关因素为择优标准的录取结果上的区别对待。这种通过平等竞争产生结果差异的考试方法，是迄今为止在中国能够得到最普遍认可的一种相对公平的择优方法和法定形式。

《中华人民共和国教育法》第二十条规定："国家实行国家教育考试制度。"《中华人民共和国高等教育法》第二章第十九条规定："高级中等教育毕业或者具有同等学力的，经考试合格，由实施相应学历教育的高等学校录取，取得专科生或者本科生入学资格。本科毕业或者具有同等学力的，经考试合格，由实施相应学历教育的高等学校或者经批准承担研究生教育任务的科学研究机构录取，取得硕士研究生入学资格。硕士研究生毕业或者具有同等学力的，经考试合格，由实施相应学历教育的高等学校或者经批准承担研究生教育任务的科学研究机构录取，取得博士研究生入学资格。"

选择考试的方法作为公民竞争高等教育受教育机会的技术性手段，

对于公民获得非义务教育阶段的受教育机会，提供了一种相对平等的竞争条件和能够公开操作的人人可以享有的选拔手段。通过在本科生和研究生招生中实行全国统一的考试制度，以分数面前人人平等的形式上的公平，保障了公民在接受高等教育的入口处形式上的机会平等。

二、中国高考制度的改革及公平性争议

高考是一种人才选拔机制。实践证明，在各种选拔方法中，考试是一种得到多数人认可的规则明确、便于操作和监督的选择。相对而言，高考是一种比较公平、效率比较高的方法。但同时它也存在很多弊端，突出地表现在限制了学生在高考科目以外的特长发展和各种选择机会。基于对考试这种形式平等局限性的认识，改变单纯依靠一次固定科目高考成绩决定录取与否的选拔标准单一的问题，中国的高考制度始终处在不断的改革与发展变化之中。正是在这个不断的改革与发展过程中，形成了由考试和一些相应的具体政策、调节措施所组成的中国高考制度。

（一）对考试这种僵硬方法的各种调节措施的合理性的争论

为了避免和弥补统一考试中以高考成绩作为单一衡量标准的局限性，使高校能够对各种各样的优秀学生敞开大门，高考录取除了考试分数这一最重要的判断标准之外，逐渐形成一些调节性的弥补措施，对一些特殊人才实行特殊政策，如，保送生和特招生制度、特长生优惠制度以及各种政策性加分制度。

保送生、特招生制度。根据教育部的相关规定，“全国劳动模范”、“全国先进工作者”称号和“全国‘五一’劳动奖章”获得者，经本人申请，省级招生委员会办公室审核，招生学校同意，可作为保送生免试入学。运动员具备下列条件之一者，可以免试入学：奥运会、世界杯赛和世界锦标赛的奥运会项目前八名获得者、非奥运会项目前六名获得者；亚运会、亚洲杯赛和亚洲锦标赛的奥运会项目前六名获得者、非奥运会项目前三名获得者；全运会、全国锦标赛和全国冠军赛的奥运会项目前三名获得者、非奥运会项目冠军获得者。近五年内获得世界比赛前八名、亚洲比赛前六名、全运会比赛前三名、运动成绩达到健将级别的现役运动员。此外，在全国比赛中获得前三名，亚洲比赛中获得前六

名，或获得国际级运动健将称号的运动员就有资格作为保送生或特招生得到免试入学的保送机会。

特长生制度。特长生主要是指具有体育和艺术特长的考生。由于体育和艺术特长生在形成其特长的过程中必须有巨大的时间和精力付出，减少了对于其他学习科目的时间和精力，因此，相关政策规定，特长生可以享受高考录取的加分政策，每年教育部都会具体规定特长生的标准以及相应的加分幅度。体育特长生的录取办法规定，符合规定条件的体育特长生可以在当地本科院校控制分数线以下20—80分以内择优录取；还曾规定，非体育科目考试总成绩在当地本科控制分数线以下200分以内，取得规定体育项目名次或证书并确有发展潜力和培养前途的考生，可以录取为预备班学员。艺术特长生主要指具有音乐、舞蹈、戏剧、书画等艺术特长的学生。艺术特长生的录取办法规定，高校招收的艺术特长生人数控制在本校年度本科招生计划总数的1%以内。

其他政策性加分制度。政策性加分的名目比较多。随着各省区在高考录取中自主权力的扩大，政策性加分在不同省区也存在一定差异。例如，少数民族考生、台湾省籍考生、归侨、归侨子女、华侨子女、烈士子女，获得省级优秀学生称号者；在高中阶段思想品德方面有突出事迹者；获得省级以上青少年科技创新大赛或全国中学生学科奥林匹克竞赛省级赛区一等奖以上者；等等。这些学生可在考生统考成绩总分的基础上适当增加分数投档。

对上述这些政策措施，长期以来存在着对其合理性、公正性的争议，反对的声音和赞成的声音并存。其中，对保送生、特招生政策的质疑相对少一些，因为世界性比赛中的名次获得者，人人都知晓，而且他们的优秀才能太突出了。

对特长生和各种政策性加分措施的评价则众说纷纭。从这些政策诞生起，媒体上甚至“两会”上都有热烈的讨论。2010年3月的“两会”对此仍热度不减。一方面是肯定政策性加分的合理性，认为特长生制度的形成和推行有其合理性和必要性，在提倡素质教育的情况下，学生的发展应该是多元的，也是贯彻“因材施教”原则的一种体现。但对哪些项目该加分，哪些人应该成为被加分的对象，加分的幅度应该多大等问题上存在着争议。另一方面则是基本否定加分政策的合理性、公正性，认为除考试之外的其他办法都会出现影响公平性的问题，特长生和政策性加分的某些环节，因其具有的灵活性，如果缺乏规范的程序和严密的监督，容易滋生腐败。现在的高考加分项目越来越多，各地各类高考加分政策已多达190多项。这种过泛、过滥的高考加分只对少数优势群体有利，所以只是“少数人的红利”。据统计，排在前几位的加分项目主要是：“二级运动员”加分、少数民族加分、特长生加分和省级三好学生、优秀学生干部加分。媒体几乎每年都会揭露出一些有关特长生或政策性加分的作弊现象，例如2009年高考前后，闹得沸沸扬扬的“浙江高考航模加分”和“重庆31名考生民族成分造假”丑闻见诸媒体；“二级运动员”加分中的作弊现象更是多见。正是这些作弊现象不断见诸媒体，使得高考加分政策不断地面临信任危机，相应的批评甚至要求取消这些政策和制度措施的声浪不断。

这些政策和制度措施所产生的社会导向作用是明显的。在肯定这些政策所具有的积极意义的同时，其负面的影响和问题也是难以回避的。不可否认，特长生制度确实给那些在某些方面才能出众而在文化科技知识方面相对较差的学生接受高等教育的机会。但是，加分政策的弊端不断暴露，一些学生的家长为了帮助孩子上大学、上名校，千方百计、无所不用其极地想方设法开假证明，骗取加分，甚至出现能够加分的部门和人士的“加分寻租”现象。

曾有报道：一位奋不顾身跳入汹涌的河水中搭救不幸落水者的男士，当他被记者采访时，他说他不怕死，因为能够在救人的过程中不幸死去，他便可以被追认为烈士，他的儿子高考时可以获得加分的照顾。2010年厦门国际马拉松赛爆出作弊丑闻，男子组前100名中有约30个成绩被取消，其中，有人作弊的目的就是为了达到男子马拉松国家一级运动员的标准，从而获得高考加分。①

公共政策反映了各种社会群体和利益要求的博弈。高考加分政策的合理性，本是针对高考选拔制度“一刀切”的弊端，为弥补和纠正高考科目选拔标准单一的问题而建立的。但从全国和各省出台的高考加分政策来看，究竟哪些名目、个人和群体应该成为高考加分的对象以及加多少分，社会公众并无统一认识。要求加分的各种对象似乎都有合理之处，但这种合理性，有的符合社会正义和社会公共利益，有的也只是符

---

① 详情请参见：http：//www.12edu.cn/gaokao/zx/201003/422219.shtml.

合地方和局部的利益。这些加分政策如何形成令社会公众信服的匹配关系？这不仅涉及公正，而且具有巨大的社会导向作用。

山东省教育厅决定，从2010年起，山东全部取消省内制定的高考加分等照顾性政策，强化学生综合素质评价信息在招生录取中的作用。这项规定，引发了今年“两会”代表、委员关于高考加分政策的存废之争。

（二）效益与公平的两难选择——褒贬不一的高校自主招生与中学校长推荐

对现有高考制度存在问题的不满，几乎是一种普遍社会现象。大多数人既认为考试这种形式必须存在，又认为高考制度中存在大量问题。在现有高考制度之下，应试教育成为支配整个基础教育的至上原则，结果是整个基础教育成为一部围绕高考运转的机器。有一种不一定准确但很流行的说法，即应试教育只能培养出“高分低能”的学生，与现代社会对人才素质和能力的要求不相适应。正因为如此，改革现有的高考制度已经成为大多数人的共识。

1. 围绕高校自主招生改革的争议

正是出于对上述批评的回应，从2003年开始，经教育部批准，北大、清华实施5%招生计划自主招生改革试点，至2010年已扩大至80所学校。

试行高校自主招生，是一种通过高考的成绩评价和高校自主选拔的双重评价选拔机制，以对考生进行综合评价为导向的多元化招生模式。通过扩大高校招生自主权，适当放宽对综合素质特别优异者的高考成绩要求，增强选拔人才的科学性、合理性和灵活性，为全面发展或具有特长的考生提供更多的入学选择机会。

自主招生的一大特点，就是各高校可以根据自身特点在高考前对考生进行自主选拔。参加自主招生的考生，要过报名资料审核、参加自主招生考试获得分数“优惠”和参加高考三关，才能进入报考的学校。从理论上说，实行自主招生，高校可以招收更加符合本校培养目标的学生，而且通过自主招生相对灵活的考试方式，可以加大对考生能力考查的分量。这样，对改善目前以死记硬背为特征的围绕高考进行应试教育的基础教育，也是一个有益的导向。

但是，这项改革自进行试点以来便陷入一种两难困境：赞成的人抨击高考制度的“一刀切”，说改革方向正确；反对的人则抨击改革的“灵活性”，认为现阶段弊大于利。

人们关于自主招生争论的实质，实际上是关于公平与效率如何平衡的问题。

从1977年恢复高考以来，高考便成为高考前教育的指挥棒，实际上是“分数说了算，素质靠边站”。从选拔人才的效率上说，高考成绩评价这种单一机制，使得一些单科成绩突出的学生，诸如当年非常偏科的历史学家吴晗、被誉为“文化昆仑”却在数理化方面很差的钱钟书，以及先后有20多件发明创造，其中15件获省级奖励、有3项获国家专利的福建“小发明家”胡铃心之类的偏才，就会因总分成绩不够而难以进入高等学校；实际上每年都有一些品学兼优的学生，只因高考发挥失常而名落孙山；一些学有专长的学生，为了全面提升高考成绩而极不情愿地无法专注于自己的兴趣和特长；而一些大学往往因招生分数线的限制，不得已把一些学有专长或对大学某学科特别感兴趣且很有发展前途的学生拒之门外。高校自主招生有利于破解现行高考制度的这种弊端，有利于促进素质教育，不仅对大学生的个性发展具有积极意义，而且能够引导中学生兴趣特长的培养和综合素质的提高。高校自主招生改革，尽管会一定程度地加大国家的管理和监督成本，但使高校在选才方面有了一定的自主权，更大程度地实现教育者独特的办学理念和人才培养特点，符合高校自主办学的教改方向。

但在效率提高的同时，人们对自主招生的公平和公正表现出了极大的担忧。例如，进行自主招生的学校难以面对全国所有中学和所有考生的问题；再如，面试这样的“印象分”是非常主观的，自主招生的面试以及学生提供材料的弹性可能对公平和公正产生不利影响。此外，自主招生增加了考试的成本和学生的负担，边远地区和农村家庭贫困的学生难以承受参加自主招生所增加的成本。从我国目前的社会状况来看，社会地位较低家庭特别是农村家庭通常因信息获取能力、特定的社会空间位置、交往环境或地理区域等因素的影响，一般在社会背景和利用社会关系方面也处于相对劣势。据此，人们有理由担心：高校自主招生比例的扩大以及由此带来的考试形式的复杂多样，由于大大加重了考试竞争的成本，势必加剧业已存在的重点大学生源的城市化、上层化趋势为避免一所学校自主招生考试的问题，清华大学发起上海交通大学、中国科学技术大学、西安交通大学、南京大学和清华大学五校自主招生联考。北京大学紧随其后，宣布北京大学与香港大学、北京航空航天大学三校实行自主招生联考。在此基础上，2009年11月8日，北京大学招办又发布方案，宣布试行自主招生“中学校长实名推荐制”。

2. 北京大学在自主招生中试行“中学校长实名推荐制”引起争议

北京大学在自主招生中试行“中学校长实名推荐制”，即获得北京大学“实名推荐制”资质的中学校长可按分配名额向该校推荐优秀学生。具体做法是：中学校长首先以所在中学和本人名义向北大招办提交关于参加“实名推荐制”的书面申请；北大自主招生专家委员会再根据该中学的办学条件、生源质量等因素，对递交申请的中学进行评审。评审通过的中学，将获得参加北大“实名推荐”的资质，并可按分配名额推荐优秀学生。具有资质的中学，如当年没有符合推荐条件的学生，则可以不推荐，所具有的资质将自动延续。

北大根据中学校长所推荐学生的具体情况，安排相关学科的专家组对学生报名资料进行审核。合格者将免于参加北京大学自主招生笔试而直接进入面试，面试合格者在高考录取时将享受第一批次录取分数线降低30分可以录取的政策；具备教育部规定的保送资格的学生，可在此分数段向北大申请相关专业的保送资格。

北大在自主招生中试行“中学校长实名推荐制”以后，引起了热烈的讨论。支持者表示，这一改革是教育诚信实践的重要一步，实践中可能会出现一些问题，但不能“因噎废食”。推荐信的形式在国外大学广为采用，高校自主招生选择“中学校长实名推荐”作为一种方式，有利于天才、偏才学生的选拔，也有利于社会的诚信导向。校长实名推荐制，是校长以学校和个人信誉作担保，把在某一方面非常拔尖的人才选送到高校，他的选择如果不公正，就会影响到学校的声誉以及校长个人的信誉，因此“人情”很难发挥作用。反对的人则认为“校长实名推荐制”对多数人不公平，可能会出现徇私舞弊现象，他们认为，现在的诚信状况不好，如果校长推荐不公正，就有可能伤害到那些没获推荐的优秀学生。新浪网进行了一项调查：你如何看待北大试行中学校长实名推荐制？共有10.8万名网友参与讨论，其中，67.5%的网友表示反对；24.8%的网友表示支持；另有7.7%的网友表示“不好说”。①

由于争论很大，反对的声音很高，教育部出面表态，自主招生改革需要在实践当中不断地探索和完善并要确保公正。

无论是高校自主招生还是“中学校长实名推荐制”，都是在单一的高考成绩之外探索一种提高效率的合理的灵活性。没有对灵活性的追求，也就没有这些改革。但是，公共生活中的自主性和灵活性，是需要由一系列的机制来保护的。其中的机制之一，就是社会生活的基础秩序。例如，高校招生中的自主灵活的生源选择，就需要有基本的公平机制以及人们对这种公平机制的信赖作为基础。当这些基本的保护机制不起作用时，人们就往往害怕灵活性而被迫选择具有硬性条件约束的刻板的统一性。人们经常抨击的“一刀切”现象，往往就是这么形成的。当缺少公平机制或公平机制不起作用时，为了确保最低限度的公平，反对者在自主的灵活性和僵硬的统一性之间，宁可选择带有弊端的、僵硬的统一性。其结果是我们这个社会很难获得为更有效率的目标而需要的灵活性和自主性。这样，实际上大大缩小了我们的选择空间。

3. 改革措施获益群体的公正性导向及“应试”怪圈的影响

有人认为，高考最不讲理的地方在于，它只有一种卷子，而不论你是想念个大专，当蓝领工人，还是想上清华、北大，作学问研究。为了公平，建议根据每个人选择的发展方向，进行分类考试，因材施教、因人施教。但也有人认为，只有一种卷子才能在一个标准下平等竞争，才是公平。那么，究竟如何判断一项政策是否公平？什么样的改革措施才符合社会公正？

改革措施的获益群体，在很大程度上表现一项改革措施的公正性导向。分析这些改革措施实际上不利于哪些群体并使哪些群体获益，是判断该项改革措施是否符合社会公正的一个重要视角。

一是特长生加分政策的获益群体。

特长生加分政策是一把双刃剑，既有利于具有特长的学生，又更加不利于那些没有特长的学生。要想获得高考时对于特长生的加分，需要从小培养孩子的特长。所以，大量的家长从孩子上幼儿园起就带着他们

① 详情请参见：2009年11月10日《楚天都市报》，“七成网友反对北大自主招生‘实名推荐制’”。

去参加各种各样的特长培训班：钢琴、电子琴、长笛、大小提琴、体操、武术、舞蹈、绘画，等等，希望孩子能在将来的各级考试中加分。一方面，培养特长一般都是占用孩子的课余时间，孩子白天上课，晚上、周末和节假日还得练琴学画，剥夺了孩子们应有的自由自在的玩耍和自由发展的童年，增加孩子的负担。尤其是很多孩子没有兴趣学习这些东西，却被父母强迫去学。另一方面，培养孩子特长的条件在城乡之间和不同地区之间存在着巨大差异，也大大加重了家庭的经济负担和家长的时间、精力成本。对那些生活在农村和经济社会发展相对落后地区的孩子来说，对那些经济条件较差的家庭和缺少时间、精力的家长来说，这显然是不公正的。

二是高校自主招生和“中学校长实名推荐制”的获益群体。

高校自主招生和“中学校长实名推荐制”，把选拔对象一般圈定在少数省级以上重点中学的做法，使得要上重点高校就得上名牌中学，起码也得是重点中学。这种做法，既减少了落后地区和非重点中学的招生名额，还会使已有的择校热进一步升温，教育发展的不均衡问题将会更加严重。高校自主招生和“中学校长实名推荐制”在惠及少数高校和很少一部分考生的同时，对广大的考生来说反而是减少了公平竞争的机会。从这些改革措施的获益群体来看，城市化、上层化趋势明显。其公正性导向的正确与否，引起了一些人某种程度的批评和质疑。因此，对这些改革的反对声音一直很强烈的一个重要视角，就是相对公平的单一考试制度更让广大的平民百姓所接受，因为它毕竟可以让一些没权没势的贫弱群体孩子通过真才实学考出好成绩。

三是“应试”怪圈导致应试负担加重不利于贫弱群体。

高校自主招生也正在某种程度地陷入“应试”的怪圈。一些针对高校自主招生而推出的个性化辅导班，已经在一些地方悄然出现。为备战高校自主招生，某些高中的高三学生被提前分成小班，补习人文知识和训练口才，此举被业内人士称为一道新的“应试风景”。在这样的模式下，今后的高考前教育有可能会出现“书本知识应对统一考试”和“面试培训应对自主招生”这样两条路径。异地考试、面试训练、冬令营等日益复杂的考试形式，使学生的负担大大加重，从而使得贫弱群体的孩子在应试中更加雪上加霜。

为了保证公平，政府的应对措施是批准方案和公示。2008 年起，只有经核准备案的高校招生章程才可正式向社会公布，且公布后不能擅自更改。特殊招生合格名单要在“阳光高考”平台公示。保送生推荐（或资格）名单、自主选拔录取考生资格名单、艺术特长生及高水平运动员测试合格考生名单都要在教育部网上“阳光高考”平台公示。这些措施有利于在实际操作过程中避免弄虚作假、作弊和腐败，但这些改革措施所导致的实际获益群体是否合理？其导向是否符合社会公正？仍是人们评判其公正性的一个重要视角。

三、高考改革趋向中的问题、困境与价值选择

（一）均等还是公平？——均等的正义性对于贫弱群体是有限的

机会的均等本质上是一种形式平等而不是结果平等。因为机会均等强调的不是参与竞争者的能力和条件，而是机会在竞争者中间分配的均等，所以，机会均等在本质上只是一种公平分配，是机会的公平分配。现实社会中的每一个人，不仅在天赋、性格、能力等个体因素方面具有多样性，而且在家庭背景、成长经历、社会机遇等方面也存在着巨大差别，因此，仅有形式上的均等，并不能避免实质上的不平等，甚至可能会导致某种程度的结果上的不公平。从这个意义上说，机会均等对于在竞争条件方面处于弱势的群体不是公平。“许多研究过真正机会平等所需条件的作者们指出：如果单独使学校教育的方法平等而不考虑其他方面，事实上，这就会造成不平等的结果。”（联合国教科文组织国际教育发展委员会，1996）也正如美国法学家E. 博登海默（1999）所说，法律“对于基本权利的承认，可能只是提供了行使这些权利的一种形式机会，而非实际机会”。机会来了，对于每个人的意义是不一样的。因为在机会面前，每个人所具备的条件千差万别，有的人具备适应机会的充分条件，有的人则有可能不具备适应机会的任何条件。即使在同等条件下，机会也意味着竞争，竞争势必导致优胜劣汰从而造成实际结果的不平等。高等教育入学机会的均等，并不意味着每个人都能从结果上均等地接受高等教育。它只是表明每个人都有平等地利用高考机会的权利。

“法律面前人人平等”是法律形式正义的典型表述，但它并不意味着结果平等的实体正义不是法治所追求的价值目标。由于均等的正义性对于贫弱群体是有限的，所以，只有在形式均等的基础上，对困难或弱势群体实行有差别的倾斜保护，才能矫正和补偿形式正义之不足，实现结果的相对公平，使客观上难以消除的差别具有一定的合理性，符合法治的正义价值。

受教育机会平等的实现是一个非常复杂的问题。例如，少数民族地区的少数民族考生和长期生活在偏远落后地区的考生，由于教育发展水平和教育条件落后的长期积累，在均等的机会面前，他们往往处于不利地位。因此，不研究实质平等，形式平等的价值往往会大打折扣。为使公民能够依法享有平等的受教育权利，实现法律规定的受教育机会平等原则，消除事实上存在的不公平现象，必须针对机会平等问题本身的复杂性，研究和完善机会平等的机制。不仅要研究受教育机会平等的形式，而且要研究它的内容；不仅要研究形式平等，而且要研究实质平等的问题。

对贫弱群体的受教育机会予以倾斜和保护，并不是否定机会均等的形式公正和彻底消除结果的不平等，而是在承认结果不平等的基础上采取适当措施弥补结果的严重不平等，通过对贫弱群体给予权利的特别保护或者经济上的补偿和救济，有利于其受教育权利的实现和发展，使强势与弱势群体之间的差别符合正义。

对贫弱群体的受教育权利进行特别保护，也是建设和谐社会的需要。社会是一个有机的整体，城乡之间、地区之间、贫富之间和社会群体之间的差距过大，不利于整个社会的稳定和发展。差距越拉越大，将有可能形成尖锐的对立，甚至形成敌视、相互报复和攻击的不稳定因素。“平等的受教育机会”应被看成是多侧面、多层次社会保障体系的一部分，通过实现受教育机会的平等，完善社会公平和正义。

对困难或弱势群体的特别保护和补偿，正是法治追求实质正义的体现。任何善法在维护和保障形式公正的前提下，都会最大限度地追求实质公正。《中华人民共和国教育法》在规定“公民不分民族、种族、性别、职业、财产状况、宗教信仰等，依法享有平等的受教育机会”的同时，紧接着规定：“国家根据各少数民族的特点和需要，帮助各少数民族地区发展教育事业。国家扶持边远贫困地区发展教育事业。国家扶持和发展残疾人教育事业”。

基于这样的法律规定和原则，中国的高等教育入学政策长期以来采取了一种通过优惠的配额向少数民族地区和边远落后地区倾斜的制度性措施。

(二)“配额制”与公平——一个名额分配方案引起的争论

2006年3月“两会”期间，全国人大代表、中国政法大学校长徐显明在“两会”上透露，中国政法大学今年对招生制度实行重大改革，本科分省招生计划首次按人口比例确定。这个消息在媒体引起了轩然大波。

中国政法大学学生处发布的消息称，各省招生指标的计算方法是：用2006年该校计划招生的2000个指标除以13亿，再乘以省份的人口数，基本上就是下达到各省的指标数。在此基础上，适当考虑国家开发西部的政策、生源质量、地域因素等，确定本科招生分省计划。中国政法大学在校园网站上发布消息称，过去该校在山东、河南、四川等地的招生指标从来没有超过100个，现在招生指标按照各省人口比例分配后，三个人口大省的招生人数都将历史性地突破百人。这是全国第一所按人口比例下达分省招生指标的高校。也可以视为一个作为大学校长的人权学家对长期以来高考录取“配额制”的一种抵制行动。“中国政法大学不是北京的政法大学，而是全中国的政法大学。”徐显明接受采访时说，本科招生按人口比例划分是为促进教育公平，构建和谐社会。①

我国大多数高校按生源地下达招生计划，大学都有自己招生的地域范围和侧重区域。据《中国青年报》报道②，2006年中央部属院校招生总量约占全国高等学校招生总额的14%。一方面，这些学校通常对所在城市或省份会投入相对较多的招生指标；另一方面，我国在高等教育入学考试中，本着有利于少数民族地区发展的原则并考虑到偏远或经

---

① 《政法大学招生按各省人口分配　校长称为促进公平》详情请参见：2006年3月11日，《新京报》。

② 《破解部属高校生源地方化之谜》、《部属高校制定招生计划尊重历史沿革》、《地方高校对等招收外地考生》，见2006年4月24日《中国青年报》。

济、社会欠发达地区教育发展水平的实际情况，为了使生活在这些地区的考生能够实际地享有接受高等教育的机会和有利于这些地区的发展，国家在统一的高等教育入学考试中，对这些地区的考生采取一种从形式上看来与其他地区并不平等的优惠性、照顾性的低分录取政策，要求部属院校在这些地区和省份投入相对较多的录取名额。

毫无疑问，向少数民族地区和边远落后地区倾斜的政策表现了一种“实质理性”，不仅它的初衷包含着对于平等的一种实质性追求，而且从其实际效果来看，从全国范围内照顾了少数民族地区和边远落后地区的考生，某种程度地避免了如果实行“平均分配名额”这种单纯形式平等的弊端，使得西藏、新疆、甘肃、宁夏这些少数民族地区和边远落后省区的考生有机会进入北大、清华这样的中国一流大学。但是，由于实际录取学生采取的是分省定额、划线录取的办法，各地录取定额并非按考生数量平均分配，在录取分数线上的照顾所导致的实际录取比例的差异，从全国范围来看，由于公民对高等教育机会的利用在高等教育资源有限的情况下具有排他性，从而不可否认地存在着对其他地区考生接受高等教育机会的侵占。这种侵占的不公正性，恰如美国学者所说，“群体以及构成群体的个人，能够作为政府在分配特殊利益时的对象”，“但是处于不利群体中的优势个体可以获得处于有利地位群体中的劣势个体得不到的权益。这种现象是完全可能发生的。如果的确如此的话，推理就站不住脚，这将不符合正义即公平性原则”（尼古拉斯·亨利，2002）。据报载：在西藏林芝一中支教的一位年轻老师对记者说，“与内地相比，当地学生几乎没有什么高考压力，只要参加高考基本上就会有学上。林芝一中去年的高考升学率为90%”①。这种状况某种程度地导致了目标与结果的反差，出现了工具与价值的背离。

由于部属院校集中了中国最好的学校，而这些学校又都集中在北京、上海、天津等经济社会最发达城市，从而导致了这些学校的所在地以及政策照顾区域，即最发达城市和少数民族地区、边远落后地区的获益现象。这个现象导致了两个突出的问题：一个是地区间的高等教育入学机会不平等；另一个是中国特有的高考移民现象。实际上，这两个问

① 详情请参见：2004年6月28日《中国青年报》A3版报道：《西藏：内地平民的高考洼地》。

题是相联系的一种因果关系。

由于北京、上海高校比较集中，每年北京、上海的高考录取分数线也较低，录取比例很高。这也是近年来人们质疑的主要目标。2001 年 8 月，山东省青岛市三名考生在律师陪同下进京状告国家教育部，质疑为什么一样的分数却不能获得一样的机会。① 这场诉讼引起很大轰动。这场原告最终决定终止起诉的“诉讼”，表面上虽然平息了，但问题并未得到解决，它反映了涉及我国高等教育入学机会公平性的政策选择，正在面对新的价值评判和有关其公正性的信度危机。

在河北、山东、湖南、湖北、江苏、浙江等省区，高考竞争的激烈程度远高于其他省区，高中生平均每天要花十几个小时以上进行学习和准备高考；而在西藏、海南、贵州、青海、新疆、云南等地竞争的激烈程度则相对低得多，高中生学习的辛苦程度也低得多。清华、北大等一流大学在不同省区录取的学生，整体水平差距很大。

上述两个问题加在一起，便导致了中国特有的高考移民现象。高考移民有两种情况：一种是为了上大学，考生通过移民，从考分高的省份到考分低的省份去参加高考；另一种是高考分数比较低的地方的学生到分数比较高的地方接受高中教育，读一年高三或整个高中阶段，然后再回到原省（区）参加高考。高考移民现象不仅衍生出一个巨大的“高考移民经济”市场，而且滋生了各种各样的腐败现象，媒体多有报道。②

“高考移民”现象是对现存高考“游戏规则”以及公正价值评判体系的挑战 。当地考生对这种现象十分担忧，认为高考移民侵犯了他们的合法利益。在一个地方受教育，就应与在同样教育水平下的学生进行竞争，到教育薄弱地区去参加高考竞争，对当地学生不公平，严重侵害了当地考生的合法权益。因此，“高考移民”移入地的地方当局为了保

① 详情请参见：2001 年 8 月 23 日《燕赵都市报》报道：《状告教育部侵犯平等受教育权，青岛三女生进京递诉状》。

② 据2004 年6 月28 日《中国青年报》报道：2004 年6 月中旬，一份由122 名西双版纳傣族自治州高考学生家长联名举报的材料被传真到云南省相关部门。材料披露，云南省某些学校无视国家的规章制度，唯利是图，以 5000—10000 元不等的价格“批发”高考移民生。此材料震惊了云南省和教育部。知情人透露，西双版纳景洪市的两所私立学校接纳了大批高考移民生。去年，其中有一所学校就有几十名“移民”考生考上了大学。

护本地方考生的利益，每年高考前想尽一切办法，对高考移民采取严厉的封堵措施。

中国政法大学校长徐显明按人口比例下达分省招生指标的方案，受到多方面的质疑、批评甚至责难。高考录取中的指标分配确实是个十分复杂的问题，很多批评从其分析的特定角度来说，无疑具有一定的合理性和正确成分，有公平问题，也有所在地的地方利益、原有方案既得利益地区的利益损失问题，等等，但国立学校的招生指标作为一种全民所有的公共资源，其分配必须面对全民贯彻公平原则。将其简单地归结为"高等学校的招生自主权"①，显然是有问题的。中国政法大学的方案很难说是一个完善和完美的方案，但其提出是从一个人权学家之口，反映了提出者对于平等理念的追求。

美国和印度的一些公立学校也曾经为达到公平目的而对弱势族裔实行过配额政策，由此而引发的法律纠纷受到社会的广泛关注。随着美国法律平等保护实践的发展，"平等保护"已发展成为一项对机会平等在形式正义和实质正义上进行价值平衡的宪法原则。联邦最高法院裁定，功能性的配额制不符合平等保护的宪法原则②，并通过以结果的相对平等为目的的对弱势个体的特别保护和补偿，使强弱群体间的差别对待符合正义，实现形式正义与实质正义的价值协调。

（三）高考改革应符合效率以公平为基础的国家基本教育政策

如何权衡教育发展中效率与公平的关系，是不同历史时期国家基本教育政策中具有导向性的重要内容。由于"文革"后国家经济建设和社会发展对人才的强烈需求以及教育资源的限制，凸显效率便成为资源约束条件下的国家教育政策选择。改革开放之初，百废待兴，"多出人才、快出人才、出好人才"③ 成为当务之急。在这样的背景下，效率与公平在教育政策取向上的矛盾并不突出。因此，1993年2月中共中央、国务院印发的《中国教育改革和发展纲要》，其中关于教育发展的目

---

① 《中国政法大学高招改革引发教育公平之争》，见2006年4月24日《中国青年报》。

② 1978年加利福尼亚大学考生艾伦·巴基诉讼案，2003年密歇根大学入学纠纷案。

③ 在1978年召开的第一次全国教育工作会议上，邓小平在讲话中提出，为了多出人才、快出人才、出好人才，要举办重点大学、重点中学和重点小学。

标、战略和指导方针强调，“在教育事业发展上，不仅教育的规模要有较大发展，而且要把教育质量和办学效益提高到一个新的水平”，提出要“集中力量办好一批重点大学和重点学科”。1994 年 7 月，《国务院关于〈中国教育改革和发展纲要〉的实施意见》中提出，“每个县要面向全县重点办好一两所中学。全国重点建设 1000 所左右实验性、示范性的高中”。这些政策目标，反映了在教育发展中对于效率价值的重视及其优先地位。

20 世纪 90 年代中期以后，效率优先的教育政策所导致的负面作用和影响日趋明显，教育政策应该效率优先还是公平优先的问题成为人们讨论的话题，教育的公平问题日益受到社会的关注。如何对待教育发展中的效率和公平，成为国家教育政策必须进行的价值选择；处理和兼顾好效率与公平，成为中国教育改革和发展实践中必须解决好的重要问题。

1. “教育公平”的呼声反映了社会对于公平正义的要求

在三十几年的改革取得巨大经济成就的同时，贫富差距、地区差异等社会公平与公正问题日益凸显。近几年来，“教育”、“医疗”、“买房”成为最受公众关注的三大社会热点。“上学”、“看病”、“买房”被形容为压在百姓身上的新的“三座大山”。随着社会的发展，社会的教育水平和公民个体的受教育程度，与人的需要的满足和社会公共利益的实现具有了直接的日益密切的关系。由于知识或受教育程度在当今社会中对就业、收入和社会地位起着决定性作用，教育已经成为一个利益冲突集中的领域，成为衡量中国社会公正状况的一个重要指标。教育资源特别是优质教育资源的有限性，使得人们为寻求和获得优质教育资源而激烈竞争，甚至表现为利益的争夺和冲突。这是中国的高考竞争如此激烈的一个合乎逻辑的解释，也是人们强烈关切高等教育入学机会平等问题的现实原因和社会背景。教育日益成为人民群众最关心、最直接和最现实的利益问题之一，“教育公平”的呼声反映了贫弱群体正当教育利益的合理要求。

党和政府高度重视实现社会公平正义的重要性，将其视为促进社会和谐的重要因素。党的十七大报告指出，“要通过发展增加社会物质财富、不断改善人民生活，又要通过发展保障社会公平正义、不断促进社会和谐”。强调“实现社会公平正义是中国共产党人的一贯主张，是发展中国特色社会主义的重大任务。要按照民主法治、公平正义、诚信友爱、充满活力、安定有序、人与自然和谐相处的总要求和共同建设、共同享有的原则，着力解决人民最关心、最直接、最现实的利益问题”。

中国社会有关“教育公平”的讨论日渐热烈，正是在这样一个背景下出现的。

2. 教育公平已成为衡量中国社会公正的一个重要指标

除了受教育权已经成为现代社会公民的基本人权以外，教育还能够影响人的生存权和发展权，显著地改善人的生存状态。教育的功利性以及机会的有限性，使得人们为获得教育利益而在受教育过程中出现竞争和要求公平。中国市场经济的形成和民主政治的发展，正在使“教育机会的平等享有”成为一个涉及社会公平的极其敏感的问题。生存状态和利益需求不同的社会阶层和群体，对于公平的理解和要求是不一样的，因此，不同利益群体的公平价值观是有差异和有分歧的。有关高等教育入学机会的公平究竟应该满足形式平等还是实质平等的争论，影响和引导着中国的高考制度改革。这个现象反映着不同阶层人群的不同利益和要求。

由于巨大的城乡差别所导致的学校条件差别和教师水平差异，以及从20世纪50年代以来义务教育阶段长期的重点学校政策，严重地影响了农民子女获得高等教育机会的平等。据统计，高等学校每万人录取人数中，城镇青年是农村青年的3倍多；2000年清华大学农村生源仅占17.6%；在1999年北京市高考录取中，艺术院校录取的新生中，城镇生源的比例高达99.01%。① 这些数字比例和中国农村人口与城镇人口的比例严重失调。温家宝总理在2009年1月4日由新华社播发的《百年大计 教育为本》的文章中提道：“有个现象值得我们注意，过去我们上大学的时候，班里农村的孩子几乎占到80%，甚至还要高，现在不同了，农村学生的比重下降了。这是我常想的一件事情。本来经济社会发展了，农民收入逐步提高了，农村孩子上学的机会多了，但是他们上高职、上大学的比重却下降了。这有多方面的原因，要认真分析研究，关键是要缩小城乡差距，推进城乡统筹。很多名人都是苦出身和从农民中来的。”

① 详情请参见：《中国青年报》2004年10月25日A6版报道：《农村教育盛世危言》。

现代社会中，教育发挥着重要的社会功能，调节社会分层结构，增进社会公正。它是促成社会各阶层成员正向流动的重要机制，因而被视为促进社会公平的重要手段和实现社会平等的伟大工具。“平等的受教育机会”应被看成是多侧面、多层次社会保障体系的一部分，通过实现受教育机会的平等，完善社会公平和正义。正是基于这种认识，党的十七大报告指出，“教育公平是社会公平的重要基础”。没有教育公平就实现不了社会公平。教育公平作为衡量中国社会公正状况的一个重要指标，日益为社会所关注。教育公平正在发展成为中国教育现代化的一个重要的基本价值。推进教育公平，正在成为中国教育政策选择的一个重要的价值基点。

3. 把促进公平作为国家的基本教育政策

促进教育公平，是社会主义初级阶段促进社会公平的重要战略选择。我国的基本国情是仍处于并将长期处于社会主义初级阶段，促进社会公平牵涉面特别广，促进教育公平在其中占有极其重要的地位。要在公平的基础上提高效率，通过提高办学效率更有效地促进公平，实现公平和效率的统一。

高等教育入学考试是目前我国决定公民能否进入高等学校接受高等教育的唯一手段，是直接关系公民教育权益的一个重要筛选机制。因此，高等教育入学考试的实施过程是否公平，是否真正符合法律所规定的平等原则，直接关系到我国宪法规定的公民受教育权和平等权。通过改革不断地促进公平，是高等教育入学考试制度改革的重要任务。

中国基本教育政策的基本价值选择，在效率与公平之间终于倾向公平。如果说，1993 年中共中央、国务院颁布的《中国教育改革和发展纲要》，其基本价值导向是效率优先兼顾公平的话，那么，2010 年的《国家中长期教育改革和发展规划纲要》第二轮公开征求意见稿则体现了公平优先，公平与效率兼顾。明确把促进公平作为国家基本教育政策，从实现基本公共服务均等化、扶持困难群体入手，努力缩小区域、城乡教育差距，保障公民依法享有受教育的权利，回应社会的强烈期盼。其中，关注少数人和弱势群体的教育问题，对特殊弱势群体予以特殊关注和特殊保护，是在教育发展中体现以人为本、关注人的发展的重要内容，是社会文明发展和社会公正的重要标志。

4. 高考改革的公平价值应适应后大众化发展阶段的多样化需要

高考改革是否有利于促进教育公平，不仅是高考改革是否符合国家的基本教育政策导向的问题，而且直接关系到高考改革的成败。

首先是基本的平等。高考的各种政策措施，首先应符合基本的形式平等。近年来，我国一亿多进城农民工的基本权利维护和社会保障问题日益受到重视，有关进城农民工（流动人口）子女的教育以及参加高考的同城待遇问题，也是近年来备受关注的话题。中国农民工问题是由中国特殊的国情和经济社会状况决定的。中国农民在城乡间迁移的目的和迁移的过程与外国的不同，尽管中国目前的城市化进程发展很快，但农民在城乡间流动就业，在中国可能是一个长期的过程。因此，流动人口子女能否在城市参加高考，是有关高等教育入学机会基本平等的重要问题。

如果公平是一个目标，那么，公平的内涵是随着时代的发展不断更新的。这种更新反映了人类对于客观物质世界和人类精神世界的认识能力和实践能力的不断提高。在基本实现形式平等的同时，对于实质平等的追求，已成为今日中国教育公平的价值选择。

20世纪末，中国政府明确提出了实现高等教育入学率15%的政策目标①，在随后的短短几年里，中国高等教育经历了从精英化阶段向大众化阶段的快速过渡。无论引发高等教育扩张的直接动力是什么，毫无疑问，促进高等教育规模扩大和发展的真正动力是社会对于高等教育入学机会的需求压力。进入大众化的过程，伴随着高等教育的扩张和多样化特征。高考作为一种人才选拔机制，遴选出最优秀（考分最高）的考生进入北大、清华这样的精英高等教育学校，并依次进入“985”、“211”、省级重点等不同层级的大学，导致中国的高等教育大体形成一个以考生分数为基础的高等教育梯形结构金字塔，精英高等教育和大众高等教育并存，塔顶和塔基的差异巨大。由于精英高等教育和大众高等教育并存，大众高等教育推进平等的实际效果，并不能取代人们对于更高质量高等教育的追求。因为人们对于更高品质目标的追求是无可非议且永无止境的。由于中国高等教育的优质资源集中于“211”、“985”

---

① 详情请参见：国务院1999年1月13日批转，教育部1998年12月24日制定的《面向21世纪教育振兴行动计划》。

大学，这些大学在不同的省区间分布极不均匀，各省区并没有能够复制整个国家高等教育系统的结构。因此，各省区高等教育的大众化进程并没有减弱进入“211”、“985”大学的竞争强度，高考的分省改革也不能降低那些能够进入大众高等教育的学生对于精英高等教育的渴望。在这种情况下，大众高等教育推进平等的实际作用，也就被精英高等教育和大众高等教育间的差异以及人们的不平等感所淹没。由于不同地区精英高等教育机会的差异以及人们对于精英高等教育选择能力的相应区别，使得竞争失败者的不公平感较之精英化阶段时反而更加强烈。精英高等教育入学机会的平等，已经成为大众化阶段中国高等教育入学机会公平问题中更为突出的新问题。

高考改革应在保证基本公平的同时，适应中国高等教育大众化发展后的多样化需求，给予考生更多的选择权利，扩大考生的自主选择机会。不仅在类型上实现多样化，实行分类考试，而且每个考生能够多次选择，改变目前高考一考定终身的状态，打通大众高等教育与精英高等教育间学生的流通渠道，使那些已经进入大众高等教育的优秀学生也能够有新的机会和途径进入精英高等教育，实现多次选择。同时，通过进一步转变政府职能，减少对高校具体招生行为的干预，强化政府的信息公开、服务和监督职能；完善教育考试机构的专业化服务和中介职能；在报名资格的确定、考试科目的选择、录取标准和程序的确定、招生名额的分配等方面，给予高校更多的自主选择权利。类似的改革将有利于改善高等教育进入机会的公平状态。《国家中长期教育改革和发展规划纲要》指出了考试招生制度改革的原则与方向，符合促进公平的目的和要求。

参考文献

E. 博登海默. 1999. 法理学——法律哲学与法律方法［M］. 邓正来，译. 北京：中国政法大学出版社：286－287.

联合国教科文组织国际教育发展委员会. 1996. 学会生存——教育世界的今天和明天［M］. 北京：教育科学出版社：101.

孟德斯鸠. 1997. 论法的精神（上册）［M］. 张雁深，译. 北京：商务印书馆：41－42.

尼古拉斯·亨利. 2002. 公共行政与公共事务［M］. 第八版. 张昕，等，译. 北京：中国人民大学出版社：706.

Equity in Access Opportunity: a Most Topical Issue on Equality in Higher Education in China

Qin Huimin

Abstract: As a topic of concern in education reform in China, college entrance examination reform is always around "equity" and "efficiency". The value choice of college entrance examination reform is closely connected with the social progress in China, the development of higher education, and the problems and predicaments of college entrance examination. During the course, there has been a long time discussion on the issues of "equalization and equity", "quota and equity", and "efficiency first or equity first", and so on. The process of cognition is still going on, in the course of "cognition—practice—more cognition—more practice". And equity in access opportunity is always the focus of most attention in higher education. Nowadays, the access to elite higher education has become a more notable new problem in the age of mass higher education. College entrance examination reform should accord with the basic education policy to promote equity, and it should cater to diversified demands of mass higher education, while ensure the basic equity. Furthermore, for the purpose of equity, college entrance examination reform should give candidates more rights to choose.

Key words: access opportunity to higher education, value choice of college entrance examination reform, opportunity equality, equity and efficiency

作者简介

秦惠民，男，法学博士，中国人民大学公共管理学院党委书记兼副院长、教育研究所所长，教授，博士生导师；研究方向：教育政策与法律制度，教育管理与学校管理，教育法学。

□申素平

中小学校园权利环境现状调查研究①

【摘　要】本文通过对我国四个城市中小学校园权利环境现状的调查研究，认为我国中小学校整体的校园权利环境基本令人满意。具体到问卷的五个维度，以“安全的校园环境”最令学生满意，“学习权的维护”最令学生不满意，“尊重多元与个别差异”、“权益维护与权利申诉”以及“友善的校园氛围”分列第二、第三、第四位。从问卷34个问题的结果来看，无障碍设施的建设、尊重学生的发型与服装穿着打扮、不随便公布考试成绩和排名、提供多样化图书资料以满足学生全面发展的需要，以及在纪律处分中引入“无错推定”原则，是我国中小学校应特别注意加强和改善的方面。

【关键词】中小学，学生权利，校园权利环境

学生权利是教育法学研究的基本命题，也是教育法制关注的重要内容。对包括学生受教育权在内的各项权利的尊重、保护和促进，是现代各国政府和学校

① 本论文得到教育部“211工程”三期子项目“中国特色的公共管理与公共政策学科平台建设”的资助。

必须履行的义务和重要责任。

20世纪80年代以来，随着我国经济社会发展和教育法制的进步，学生权利意识不断萌生并高涨，学生权利保障日益受到重视。时至今日，虽然学校管理实践中仍有忽视学生权利的传统惯性存在，但从理论和社会观念层面，人们已不再将学生视为消极、被动的受教育者和被管理者，而承认他们是一个完整的权利主体。学生在校园内和校园外虽然存在纪律约束形式和程度的不同，但基本地位是不变的。学校作为实施教育教学的机构，不能也不应只关注自身的管理需要，必须充分尊重学生的权利与自由，并在两者之间取得适度的平衡。此外，由于学生权利在学校中具有明显的综合性，其人身权、财产权和受教育权等各项权利交叉重叠在一起，对学生此项权利的侵犯常常会附带影响到彼项权利的实现，因此要求学校对学生权利的保障必须是全方位的，不能割裂开来只强调某种单一的权利，这些都成为现代教育法治发展的必然要求。

学校作为专门的教育机构，应当在保护未成年学生权利方面发挥重要的作用，但遗憾的是，虽然法律层面学生权利日渐得到确认，但现实中学校还存在着各种不能有效保护学生权利、甚至侵犯学生权利的情形。这种状况不仅会损害学生的身心健康，压抑学生个性的充分和协调发展，还会破坏和谐友善校园环境的形成，背离教育的本质属性和要求，对教育目的的最终实现不利。学校权利环境的改善在学生权利保障方面负有不可推卸的责任，在当今创建和谐社会的背景下，必须提倡友善校园环境的建设。学校必须树立尊重学生权利，合法合理行使学校权力，积极履行义务的法律意识，不仅主动遏制各种侵犯学生合法权益的行为，更要从理念、从制度等各方面创建和谐、友善、有利于学生个性发展的校园环境，使学生能够在其中健康活泼地成长，真正成为知识丰富、人格健全的合法公民，成为全面发展的21世纪现代化建设的栋梁。

一、中小学校园权利环境：问题与方法

（一）研究问题界定

本研究从校园权利环境的角度来探讨学生权利的实现状况，在此基础上揭示其存在问题并提出对策和建议。具体是从学生自我感受的角

度、从下述五个维度对中小学校园权利环境的现状进行问卷调查，对校园权利环境在不同地区和不同维度的状况进行比较，以此来发展学生权利理论、为完善我国学生权利保障政策提供理论指导和现实依据。调查涉及的五个纬度如下。

1. 安全的校园环境

安全的校园环境是指学校的各种设施、器材、安全防护系统、学校所实施的安全教育以及危机处理措施等能够很好地保障学生人身及财产安全，维护学校正常的教育秩序，为学生在校园中健康快乐生活学习提供保障。

2. 友善的校园氛围

友善的校园氛围是指校园中的教职员工能够以理性、公平的态度对待学生，不对学生实施体罚以及变相体罚，尊重学生的隐私权，尊重学生的自由表达权（诸如服装、头饰、打扮等），以及平等对待不同性别学生的校园氛围。

3. 尊重多元与个别差异

尊重多元与个别差异是指学校能够尊重少数民族学生的文化和习惯，以多元的方式评价学生的成长，对学校中的弱势群体能够给予额外的关怀和帮助，以及提供各种设备和机会促进学生全面发展。

4. 学习权的维护

学习权的维护是指学校能够创造各种条件促进学生的学习自由、学习条件的保障和个性发展，具体涉及学生阅读与写字、提出问题与思考问题、想象与创造、了解人的环境与编写历史、接受教育信息、发展个人和团体技能等权利。

5. 权利维护与权利申诉

权利维护与权利申诉主要涉及学生在学校能够通过各种方式了解自己所享有的权利，学生反映的各种意见建议能够得到及时有效的回应，学生能够在学校处分中受到“无错推定”和符合正当程序的对待等内容。

为了对学生权利整体状况有一个了解，调查的最后一个指标是快乐指数，由学生自己对在学校生活的快乐程度给出一个分数（0—100 分之间），作为学生快乐感受的综合指数。

（二）研究设计

1. 问卷

本研究的调查问卷原稿来自我国“台湾政治大学”冯朝霖主持的《各级学校人权评估项目之建立与研究》项目中所发展的调查问卷。该问卷设计是以奥斯勒（Osler）、斯塔基（Starkey）与联合国全球治理委员会提供的人权清查（An audit of human rights）为基本架构，草拟出十二项评估范畴，经过多次座谈会、研讨会修改确定的问卷。由于原问卷调查的范围比本课题研究涉及的范围广，而且有些项目彼此间有交叉，加之原问卷所用部分词汇与大陆地区存在明显差异，故研究者对原问卷进行了七次修订，包括最初对问卷结构和语言表述的修订以及试调查后的修订。最终修订完毕的问卷包括六个部分：①安全的校园环境；②友善的校园氛围；③尊重多元与个别差异；④学习权的维护；⑤权利维护与权利申诉；⑥快乐指数。其中快乐指数只是一个评分，其他五个维度各包括5—7个题目不等，完整问卷由35个题目构成，信度和校度检验结果较为理想。

2. 抽样

调查采用便利性抽样、目的性抽样以及随机抽样相结合的抽样方法从样本框中抽取调查样本。

第一，根据目的性抽样原则抽取省（自治区、直辖市）。

为了使得样本具有代表性，研究者根据2000年12月27日国务院发出的《关于实施西部大开发若干政策措施的通知》中关于中国大陆地区东、中、西三个地区的划分，从样本框中抽取西部地区新疆维吾尔自治区、中部地区河南省、东部地区山东省以及北京市作为调查样本。

第二，根据便利性原则抽取县（区）。

根据便利性原则从抽到的各省（直辖市、自治区）抽取所要调查的市（区）。抽取结果分别是：北京市崇文区，河南省南阳市，山东省青岛市，新疆阿勒泰地区。

第三，根据目的性原则抽取县（区）。

根据目的性原则在南阳市、青岛市和阿勒泰地区各抽取两个县（区），这两个县（区）中其中一个经济发展相对较好，另外一个经济发展相对较差。具体操作如下：根据2007年各县（区）GDP排名，分别在上、下半区各抽取一个县（区）。抽取结果如下：

河南省南阳市抽取结果：

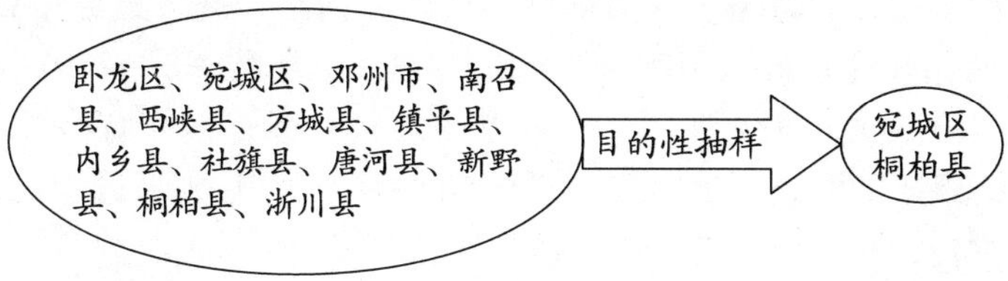

山东省青岛市抽取结果：

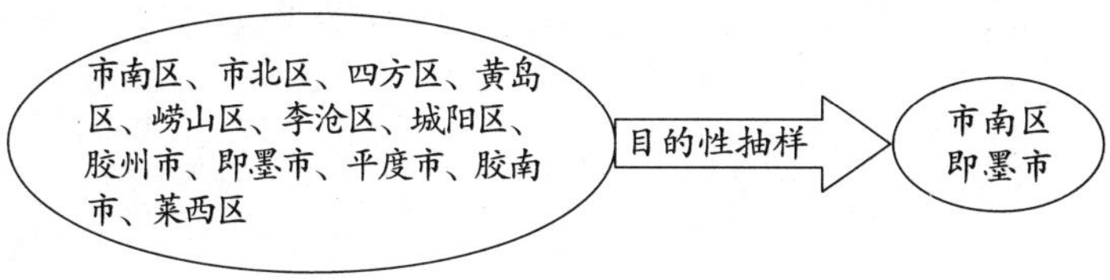

新疆阿勒泰地区抽取结果：

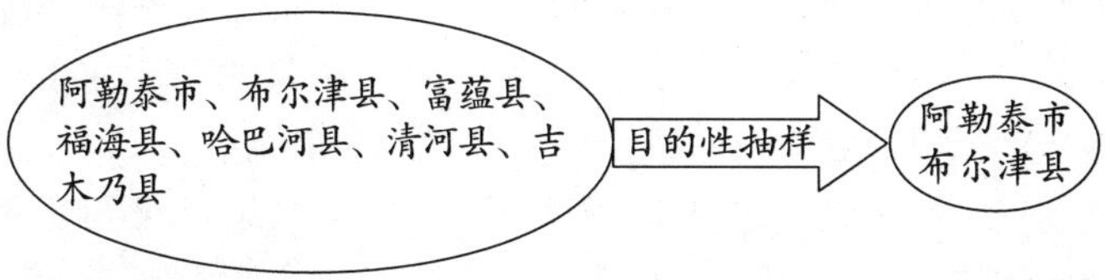

第四，根据随机抽样原则抽取学校。

各县（区）学校的抽取完全遵循随机抽样的原则，将各县（区）学校名单按照高中、初中、小学分为三组各自排序，然后采用随机表在各组随机抽取两所学校，这样在每个县（区）随机得到各两所高中、初中和小学。

第五，根据目的性抽样和随机抽样原则抽取班级。

考虑到入校调查时间安排在暑假后刚开学的10—11月，而我们希望学生对所在学校有较为全面地了解，所以将小学的调查年级定为六年级，初中和高中的调查年级定为三年级。在据目的性抽样原则确定调查年级后，由调查小组进入调查学校后依随机抽样原则从相应年级中抽出两个班进行调查。

3. 调查实施与统计

在调查进行前，课题组先行制定了详细的调查指南并经过五次修订，对参与调查的课题组成员进行了培训和指导，调查最终于2008年10—11月间在北京市、山东省、河南省以及新疆维吾尔自治区共四个省（市、自治区）正式展开。调查由课题组与调查地教育行政干部及教师共同组成的调查小组实施。调查实施过程严格依据课题组制定的调查指南进行，充分保证了调查的科学性和客观性。

本次调查共发放调查问卷3660份，回收3660份，其中有效问卷3592份，有效率为98.14%。本研究采用SPSS11.0对数据进行统计分析，处理方法包括频数分布、列联表分析以及X^2检验等。

二、中小学校园权利环境：现状、问题与建议

（一）中小学校园权利环境整体状况

调查显示（见表1），我国中小学校园权利环境的整体状况基本令人满意（3.64分），说明随着社会进步和教育法制的不断完善，我国中小学校的法治管理水平有了一定提高，学生权利保护有了较大进步。

具体到校园权利环境的五个维度，以安全的校园环境得分最高，为3.76，学生的满意度最高。这与我国各级各类中小学校一直较为重视安全校园环境建设，中央和地方政府及教育行政部门三令五申不断强化校园安全问题有着密不可分的联系，也说明我国中小学校园环境安全的总体状况是良好的。学习权的维护维度在五个维度中得分最低，为3.52。由于此次调查中学习权的维护主要关注的是学生自主学习的问题，因此该结果反映出，虽然随着素质教育的不断落实，我国当前的中小学教育虽已不再唯考试和分数为上，对学习权的维护有了一定成效，但对学生自主学习、主动学习、全面学习的尊重和保护仍然不够，过于强调分数，忽视学生的主体性，学生综合能力不能得到很好锻炼和培养的问题依然存在，值得认真反思和改进。

表1　全国各维度得分情况

维度	安全的校园环境	友善的校园氛围	尊重多元与个别差异	学习权的维护	权利维护与权利申诉	整体情况
平均分	3.76	3.58	3.69	3.52	3.67	3.64

本次校园权利环境调查涉及的五个维度一共包含34个题目（见图1），得分最高的是第18题，即“学校能尊重不同民族学生的民族文化和生活习惯”，得分为4.08。其他超过4分的还有第4、第7、第28、第30题四个题目，说明学校在“平时积极实施安全教育”，使学生“了解安全和防护知识”、“妥善处理学生危机事件”、“关注学生的生活与学习状况并适时给予关怀及帮助”，以及“通过各种方式让学生了解校规校纪”方面有较为令人满意的表现。得分最低的题目出现在第2题，即“学校设有安全以及方便使用的‘无障碍设施’（如残障坡道、盲道、残障厕所）”，得分为2.66分，是唯一得分低于3分的题目，说明学校无障碍设施的建设问题亟待引起包括教育行政机关、学校和全社会的重视，应当以尊重残疾学生平等受教育权为基础，以执行《残疾人保障法》的规定为原则，切实推进中小学校无障碍设施的建设和完善。位列倒数第二的题目是第21题，得分为3.06，刚刚达到及格，说明较多学校还存在着随便公布考试成绩及排名的情况，学生对此有较大的不满。

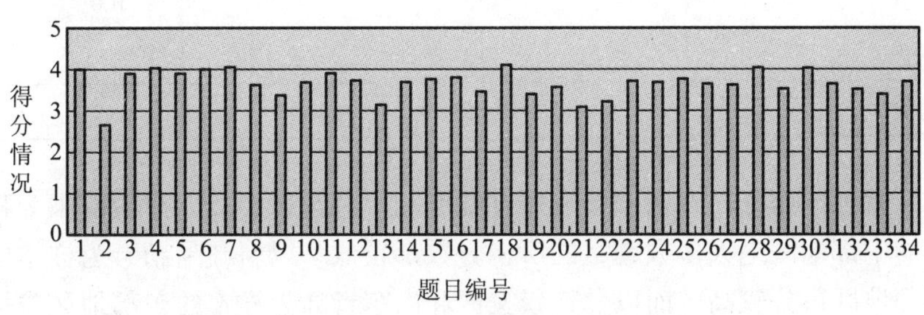

图1　各题目全国平均得分情况柱状图

快乐指数是研究者在五个维度之外单独设置的问题，将学生在学校的快乐程度用1—100的分数量化，由学生根据自己在学校的快乐程度填写相应的分数，分数越高代表学生在学校中越快乐。快乐指数与前面各维度既是并列的关系，也是学生对校园权利环境感受的综合指标，可视为对各维度的综合评价，与前面五个维度的得分具有高度相关性，一个学生在前五个维度的评分越高，其快乐指数得分也越高。

在学生自我评分的基础上，我们将60分以下定义为非常不快乐，60—70分定义为不快乐，70—80分定义为比较快乐，80—90分定义为快乐，90—100分定义为非常快乐。从本次调查的快乐指数得分来看（见表2），非常快乐和快乐的学生将近占到60%，说明多数学生在学校中感觉是快乐的。但不容忽视的是，在学校感觉不快乐或非常不快乐的学生也达到了31.55%，这个数字是非常令人担忧的，而如何通过加强校园权利环境建设，让这些在学校感觉不快乐的学生感觉到快乐，是每一所学校都不容小视的重要和紧迫任务。

表2　快乐指数得分比例表

项　目	人数	百分比	有效百分比
60分以下(非常不快乐)	774	21.71	22.42
60—70分之间(不快乐)	315	8.84	9.13
70—80分之间(比较快乐)	301	8.44	8.72
80—90分之间(快乐)	683	19.16	19.79
90—100分之间(非常快乐)	1379	38.68	39.95
合计	3452	96.83	100
缺失	113	3.17	
总计	3565	100	

就地区而言，在调查涉及所有维度和所有题目中，以河南南阳为样本的中部地区绝大多数题目的所得分数都较低，以新疆阿勒泰为样本的西部地区得分较高，而以北京崇文区和山东青岛为样本的东部地区位居中间（见图2）。这个结果的解释和成因尚待进一步的实地访谈。

（二）“安全的校园环境”维度

加强学校安全工作，为学生营造一个安全、稳定、健康的学习和生活环境，是保障学生受教育权等在内的其他各项权利的基础，没有安全

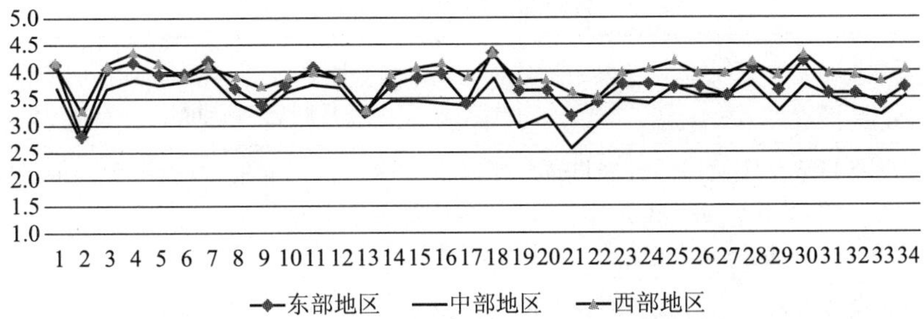

图2　各题目得分东—中—西部地区对比图

的学校环境，也就谈不上学生权利的维护。在本次调查所涉及的五个维度的评价中，安全的校园环境维度得分最高，说明从学生自我感受的角度来看，校园安全得到了学生更多的认可。

调查发现（见表3），在“安全的校园环境”维度包含的7个题目中，得分最高的是第7题，即“当出现有关学生的危机事件时，学校能迅速妥善的处理，维护学生的安全”，说明中小学校的危机处理能力和效果得到了学生较高的认同。得分最低的是第2题，即学校“无障碍设施”的设置，学生选择“非常同意”和“同意”的比例最低，占35.94%；选择“不同意”和“非常不同意”的比例最高，达到48.25%，表明我国目前多数学校还都没有设置方便、安全使用的“无障碍设施”。其他几个问题学生选择“满意”和“非常满意”两个选项的有效选择率都在70%左右。

从各省（市、区）内部的情况来看（见表4），北京、山东、河南和新疆在该维度7个问题上的最低分都出现在第2题，就是“无障碍设施”的设置问题，而且该题目与其他题目得分的差距也非常大。这说明无论在西部欠发达地区、还是中部地区，以至东部发达地区，学校“无障碍设施”的设置都是最不令人满意的方面，东、中、西部各地都需要根据《残疾人保障法》关于“无障碍环境”建设的要求，转变对校园安全环境的传统观念，加大投入，在中小学校设置安全及方便使用的“无障碍设施”，逐渐实现“无障碍学校”的目标，为保障残疾学生权益作出更大努力。

表3　“安全的校园环境”维度各题目的选择率（%）

题　目	同意/非常同意	有点同意	不同意/非常不同意
Q1 我们学校所使用的各项设备与器材（如课桌椅、运动、游戏、实验等器材），学校是否能够确保它们是安全的。	75.23	17.18	7.60
Q2 学校设有安全以及方便使用的“无障碍设施”（如残障坡道、盲道、残障厕所）。	35.94	15.82	48.25
Q3 学校能在校园存在危险的地方设立保护我们的安全防护系统（如照明设施、校园报警设施、护栏等）。	71.00	18.10	10.90
Q4 学校平时会积极地实施安全教育，使我们了解安全和防护知识。	76.79	15.97	7.23
Q5 学校能定期检查、维护校园整体的安全，及时在有安全隐患的地方张贴安全警示标语。	69.79	19.29	9.91
Q6 学校在校门口设立上下学安全警示，并在上下学时间有老师维护秩序。	68.67	16.36	14.97
Q7 当出现有关学生的危机事件时（如校园暴力、勒索、食品中毒、交通意外、外人进校捣乱等），学校能迅速妥善地处理，维护学生的安全。	77.00	14.06	8.94

其他方面，北京和新疆两地得分倒数第二的题目是第6题，即“学校在校门口设立上下学安全警示，并在上下学时间有老师维护秩序”，山东和河南得分倒数第二的是第5题，即“学校能定期检查、维护校园整体的安全，及时在有安全隐患的地方张贴安全警示标语”。说明在无障碍设施建设之外，各地需要根据上述情况有针对性地加强相应的安全应对措施，特别是在学生的上下学安全、校门口秩序的维持，以及定期校园安全检查和危险警示等方面有所侧重。

表 4　“安全的校园环境”维度在不同地区的平均分

项　目	Q1	Q2	Q3	Q4	Q5	Q6	Q7
北京崇文区	4. 19	2. 52	3. 97	4. 04	3. 85	3. 72	4. 20
山东青岛	4. 11	2. 76	4. 05	4. 15	3. 93	3. 96	4. 17
河南南阳	3. 69	2. 29	3. 54	3. 75	3. 65	3. 75	3. 85
新疆阿勒泰	4. 10	3. 17	4. 12	4. 28	4. 15	3. 81	4. 08
F	46. 128	31. 620	36. 321	58. 124	24. 659	7. 49	15. 667
Sig.	0. 000	0. 000	0. 000	0. 000	0. 000	0. 000	0. 000

（三）“友善的校园氛围”维度

友善的校园氛围首先应该是人与人之间的平等，不管是学校的校长、主任或者教师，都应该与学生保持平等的关系。这种平等的关系其实就是人与人之间最基本的尊重，这种平等不仅仅是建立在法律的基础之上，更多的是出于一种对于爱和关怀的人本教育方式的追求。和谐社会的建设要以人为本，校园环境的建设更要以人为本，既然是以人为本就必须保证学校“大人”和学生之间的实质的平等，而不只是形式上的平等。即使在教与学的关系中，教师与学生之间的关系也应不存在地位的高低之分，而应当是在人格平等基础上的“教学相长”，这样所形成的“教与学”才是一种基于对知识共同讨论研究的气氛而不是充满上对下、管理与强迫的“填鸭式”的教育。

调查发现（见表 5），在“友善的校园氛围”维度包含的 6 个题目中，学生最满意的是第 11 题，显示我国中小学校对于学生的隐私、通信自由和秘密的权利足够的尊重，随意检查学生信件、搜查书包或书桌的侵权行为很大程度上得到杜绝。学生最不满意的是第 13 题，即对学生发型、服装、穿着打扮的尊重问题，选择“非常同意”和“同意”的比例最低，仅占 46. 51%；选择“不同意”和“非常不同意”的比例最高，达到 34. 05%。说明随着时代的发展，社会和学校对学生个性的尊重和对相应权利的保护虽有了一定进步，但中小学校仍然普遍对学生发型、衣着、打扮方面实施着较严格的限制政策，对学生外表表达自由的干预较多，受到学生较低的评价，成为该维度中最值得引起学校反思和改进的问题。

对于其他题目，有大约60%的学生认为学校的“大人”能够以一种友善、平等公平的态度对待学生，20%的学生则对“大人”对待学生的态度感到“非常不满意”或者“不满意”，这说明学校教师在对待学生的态度方面还需要有很大的改进。其次，调查显示，不管是“体罚”、“变相体罚”，还是“连坐式”的惩罚在校园中还依然存在，也是该维度中学生满意度较低的原因。

表5　“友善的校园氛围”维度各题目选择率（%）

题　目	同意/非常同意	有点同意	不同意/非常不同意
Q8 校园内所有的大人都能以理性、公平及友善的态度对待我们。	60.70	20.18	19.13
Q9 校园内所有的大人都不会对我们进行各种形式的体罚或变相体罚（如辱骂、讽刺、挖苦、威胁）。	52.77	19.99	27.23
Q10 校园内所有的大人都不会因为少数同学的不当或违规行为，就处罚全班或大多数学生。	64.48	17.86	17.65
Q11 学校能尊重个人的隐私，除非急迫性的需要（如出于安全考虑），不会任意检查个人信件、搜查我们书包或书桌。	73.01	11.70	15.29
Q12 男女同学使用的设备与空间（如厕所）能有合理的比例，即不会出现女生上厕所需要排队，而男生不用排队的现象。	67.54	14.18	18.28
Q13 学校能尊重我们的发型（除了卫生与安全的要求外）与服装穿着、打扮。	46.51	19.44	34.05

从各地区在“友善的校园氛围”维度6个题目的得分情况看（见表6），最低得分的题目也一致集中在第13题，即“学校能尊重我们的发型（除了卫生与安全的要求外）与服装穿着、打扮”。这充分说明，无论是东部发达地区还是中西部欠发达地区，都需要共同面对如何认识

学生的表达自由、如何对学生外表进行合理要求的问题。我们建议中小学校在提倡穿校服、营造良好校风的同时，应当尊重学生合理正当的外表表达自由，寻求在学校统一化要求与学生在发型、服装穿着、打扮等方面的个性化需求间的适当平衡。

表6　“友善的校园氛围”维度在不同地区的平均分

项　目	Q8	Q9	Q10	Q11	Q12	Q13
北京崇文区	3.65	3.61	3.58	4.12	3.55	3.31
山东青岛	3.66	3.33	3.74	3.98	3.93	3.11
河南南阳	3.38	3.18	3.55	3.67	3.51	3.07
新疆阿勒泰	3.86	3.63	3.80	3.95	3.89	3.24
F	29.087	22.210	7.711	15.670	29.087	22.210
Sig.	0.000	0.000	0.000	0.000	0.000	0.000

（四）“尊重多元与个别差异”维度

“世界上没有两片相同的叶子”，这是因为我们的外界环境的因素造成的。学生之间存在差异是必然现象，一个班级中总有可能存在不同民族、不同家庭背景、不同宗教信仰、不同智力水平、不同学习态度、不同理解能力等各种情况的学生，在这种多元的文化背景之下，教师以及学校管理者首先要认识到多元的存在，其次要站在不同背景下分析理解学生的行为习惯，做到尊重不同背景的学生。套用一位中学教师的话说，尊重多元与个别差异其实就是公平地对待每一位学生。我们可以理解，这里所谓的公平对待是指作为学校管理者，在对待与自己不同背景的学生时能够理解学生所在的文化背景，站在与学生一样的角度考虑问题，这是一种更高水平的公平对待。

调查发现（见表7），在“尊重多元与个别差异”维度包含的6个题目中，学生最满意的是第18题，即“学校能尊重不同民族学生的民族文化和生活习惯”，满意率达到81.56%，说明我国广大中小学校都能较好地执行国家的民族政策，做到尊重不同民族学生的民族文化和生活习惯。学生最不满意的是第19题，即“学校提供多种类型的图书资料，可以满足我们的学习和发展需要”，学生选择“非常同意”和“同意”的比例最低，占54.84%；选择“不同意”和“非常不同意”的比例最高，达到27.58%。说明现有中小学校在多样化图书资料的配置和提供方面还远远不能满足学生发展的需要，如何根据学生全面发展和个性发展的需求而为其提供丰富的图书资料，是学校在该维度中最需要努力改进的方面。

表7　“尊重多元与个别差异”维度各题目选择率（%）

题　目	同意/非常同意	有点同意	不同意/非常不同意
Q14 学校能在保障我们德智体全面发展的同时，尊重我们的差异和各自的学习习惯，促进我们的个性发展。	62.88	18.20	18.92
Q15 老师能依照各门学科的需要，以多种方式评价我们的各项表现。	66.00	18.83	15.17
Q16 学校能对各类弱势学生（如学习成绩差、家庭贫困、少数民族等）进行必要的辅导和帮助，以保证他们的权益。	66.24	17.22	16.55
Q17 学校能尊重我们放学后的时间安排，我们可以自己选择留在学校接受课后辅导或课外活动。	57.13	17.92	24.95
Q18 学校能尊重不同民族学生的民族文化和生活习惯。	81.56	12.19	6.24
Q19 学校提供多种类型的图书资料，可以满足我们的学习和发展需要。	54.84	17.58	27.58

从各地区在“尊重多元与个别差异”维度6个题目的得分情况看（见表8），北京和青岛得分最低的是第17题，即“学校能尊重我们放学后的时间安排，我们可以自己选择留在学校接受课后辅导或课外活动”。河南和新疆得分最低的是第19题，即“学校提供多种类型的图书资料，可以满足我们的学习和发展需要”。这个结果表明，东部发达地区，如北京、青岛的学生，更加关注自己的自主和自由空间，而中西部欠发达地区，如河南、新疆的学生，比较关注个性发展的基本条件保

障。因此，东部发达地区的学校，应当在满足学生基本发展条件的基础上，侧重保障学生的自主学习和自我发展的自由，而中西部地区的学校，则首先要满足为学生提供足够的可供其学习、发展和创作的图书、设备和资料。

表 8　“尊重多元与个别差异”维度在不同地区的平均分

项　目	Q14	Q15	Q16	Q17	Q18	Q19
北京崇文区	3.72	3.84	3.93	3.29	4.39	3.81
山东青岛	3.73	3.87	3.96	3.42	4.27	3.54
河南南阳	3.39	3.39	3.33	3.22	3.64	2.85
新疆阿勒泰	3.89	4.01	4.11	3.87	4.26	3.74
F	28.218	55.631	88.446	50.231	64.414	93.023
Sig.	0.000	0.000	0.000	0.000	0.000	0.000

(五)“学习权的维护”维度

按照联合国教科文组织的定义，学习权是指阅读与写字、提出问题与思考问题、想象与创造、了解人的环境与编写历史、接受教育信息、发展个人和团体技能的权利。学习权概念的提出是人们对受教育权反思之后的结果，学者们认为学习权是由学习自由权、以受教育权为核心的学习条件保障权、个体的发展权构成的统一体。认为学习权和受教育权相比较涵盖的范围更广，含有自由学习而非被动接受的意义。学校作为学生接受教育、学习文化知识以及社会化的重要场所，其存在的意义就是要保证学生的学习权能够得到全面的实现。但是从调查结果来看，我国中小学校对于学生学习权的保障还有很大的提升空间，和其他四个维度相比较，这个维度的得分最低，权利保障状况最差。

调查发现（见表9），在“学习权的维护”维度包含的6个题目中，得分最高的是第25题，即“学校不会经常调课或停课，耽误我们的课堂学习”，满意率达到68.34%。得分最低的是第21题，即“学校不会随便公布我们的考试成绩及排名”，选择“非常同意”和“同意”的比例最低，占44.71%；选择“不同意”和“非常不同意”的比例最高，达到38.65%。这个数字暴露出，尽管学界近些年来不断以多方面的事例揭示随意公布考试成绩和排名的负面效应，呼吁尊重学生考试成绩和排名的私密性，并倾向于将其认定为隐私权保障范围，但这种不良现象依然在当前中小学校中存在，而且还较为严重，成为该维度中学生评价最低、最不满意的方面。因此要继续呼吁广大中小学校认识到纠正这种不当行为的必要性和紧迫性，特别是当未来学生考试分数被认定为隐私权保障范围之后，若非基于公共利益的需要而随便公布学生考试成绩和排名，学校就会构成违法侵权，必须承担由此造成的侵权损害后果，包括向学生赔礼道歉、支付精神损失费以及其他相关费用，因此特别要在此问题上多加考量，慎之又慎。

表9　“学习权的维护”维度各题目选择率（%）

题　目	同意/非常同意	有点同意	不同意/非常不同意
Q20 学校不会因追求升学率而忽略或放弃我们其他才能发展的机会。	57.49	20.48	22.03
Q21 学校不会随便公布我们的考试成绩及排名。	44.71	16.64	38.65
Q22 学校不设任何形式的重点班（如实验班、特长班、示范班等）。	54.01	11.53	34.45
Q23 我们在学习活动中能充分而自由地表达自己的意见，不会受到学校或老师的阻碍、不公正对待。	63.56	19.35	17.09
Q24 我们能依自己的想法决定是否代表学校参加各项课余文艺表演或竞赛活动。	63.78	18.66	17.56
Q25 学校不会经常调课或停课，耽误我们的课堂学习。	68.34	15.24	16.43
Q26 学校能依照规定对不适合担任教学的老师有效地处理，以保障我们的学习。	64.55	19.30	16.15

从各地区在“学习权的维护”维度7个题目的得分情况看（见表10），北京、山东和河南得分最低的是第21题，即“学校不会随便公布

我们的考试成绩及排名”；新疆得分最低的是第 22 题，即“学校不设任何形式的重点班（如实验班、特长班、示范班等）”。同时，第 21 题是新疆得分倒数第二的题目，第 22 题则是北京、青岛和南阳得分倒数第二的题目。说明在学习权的维护方面各地存在的问题比较集中，随意公布学生考试成绩及排名、设置重点班的不良现象是最为严重的问题。这些行为既侵犯学生平等受教育权的实现，与义务教育要达成的教育目的和宗旨不符，而且因其容易对学生、特别是后进学生的心理和个性发展造成不利影响，也已被我国教育法所明文禁止，必须坚决地加以反对和驳斥。教育部在《关于贯彻〈义务教育法〉进一步规范义务教育办学行为的若干意见》（简称《意见》）中已明确提出，要严格控制学生在校的考试次数，不得随意公布学生的考试成绩，不得按照考试成绩对学生进行排名。《意见》还要求省级教育行政部门要对本地区义务教育阶段举办的各类实验班进行全面清理，进一步明确审批权限和程序。《国家中长期教育改革和发展规划纲要（2010—2020 年）》已明确将实现区域内的教育均衡发展作为国家未来的教育战略重点，因此，我国的中小学校必须切实转变观念，痛下决心，杜绝随便公布学生考试成绩及排名的不当行为，贯彻义务教育均衡发展的原则和培养有责任心的社会公民的任务，裁撤各种形式的重点班，坚决维护学生平等的学习权。

表 10　“学习权的维护”维度在不同地区的平均分

项　目	Q20	Q21	Q22	Q23	Q24	Q25	Q 26
北京崇文区	3.73	2.92	3.08	3.59	3.72	3.50	3.47
山东青岛	3.66	3.23	3.45	3.79	3.74	3.69	3.73
河南南阳	3.14	2.53	2.81	3.43	3.33	3.65	3.44
新疆阿勒泰	3.81	3.54	3.44	3.95	4.00	4.15	3.90
F	54.571	102.404	28.100	33.673	53.039	41.201	22.673
Sig.	0.000	0.000	0.000	0.000	0.000	0.000	0.000

（六）“权利维护与权利申诉”维度

2003 年，教育部印发了《关于加强依法治校工作的若干意见》，这是新中国成立以来教育部首次发布的关于加强依法治校工作的重要文件。其要求“建立完善的权益救济渠道，使教师和受教育者的合法权益依法得到保障，形成良好的学校育人环境”。指出“学校要健全学籍管理制度，按照有关法律的规定，严格保护学生的受教育权，中小学一般不得开除未成年学生；对学生的处分应做到事实清楚、证据充分、依法合法，符合规定程序；建立校内学生申诉制度，保障学生申诉的法定权利”。《关于加强依法治校工作的若干意见》还要求“要依法健全和规范申诉渠道，及时办理教师和学生申诉案件，建立面向社会的举报制度，及时发现和纠正学校的违法行为，特别是学校、教师侵犯学生合法权益的违法行为”。这些都说明当学生在学校的合法权益遭受侵犯时，应当有有效、公正的渠道申诉，并且能够得到及时有效的处理。但是，现实中的状况如何呢？

调查发现（表11），在“权利维护与权利申诉”维度包含的8个题目中，学生最满意的是第30题，即“学校能通过各种方式（如学生手册、主题班会等）让我们了解学校的校规、校纪”，满意率达到76.24%，说明中小学校在向学生宣讲校规、校纪内容方面做得较为成功。学生最不满意的是第33题，即“在被证实有过失之前，老师都会认为我们是清白的”。学生选择“非常同意”和“同意”的比例最低，占53.45%；选择“不同意”和“非常不同意”的比例最高，达到24.90%。说明在我国目前的中小学校的学生管理中，特别是在学生处分环节中，多数学校还没有根据刑法“无罪推定”的原则或精神引入对违纪学生的“无错推定”，容易先入为主地认定学生做了坏事，只关注如何去找证据。这种思维模式很容易在证据认定时出现偏颇，容易偏信一面之词，给学生以不公正的感受。因此，目前我国的中小学校学生管理、特别是学生违纪处分事务中，非常有必要引入正当程序，给学生公正的抗辩机会，而实现“公正”的前提，就是先对学生作“无错推定”，也就是在被证据证实有过失之前，学生应当被认为是清白的，应当在教学和其他活动中得到老师和同学们的公正对待。

从各地区在“权利维护与权利申诉”维度8个题目的得分情况看（表12），北京地区得分最低的是第27题，即“老师能上课不迟到，并能按时下课，尊重我们的学习、休息和游戏的时间安排”。这个结果与其他几个维度的结果具有很大的内在逻辑一致性，体现出北京地区学生对自由支配时间和自主学习与活动方面不满意程度最高。山东、河南和新疆得分最低的都是第 33 题，即“在被证实有过失之前，老师都会认为我们是清白的”，表明这些地区的学校尚未切实引入学生处分的“无错推定”原则。

表 11　“权利维护与权利申诉”维度各题目选择率（%）

题　目	同意/非常同意	有点同意	不同意/非常不同意
Q27 老师能上课不迟到，并能按时下课，尊重我们的学习、休息和游戏的时间安排。	60.48	19.01	20.51
Q28 老师能关注我们的生活与学习状况，并能适时给予关怀及帮助。	73.35	17.68	8.97
Q29 学校能告诉我们在校内享有的各种权利。	58.40	21.00	20.60
Q30 学校能通过各种方式（如学生手册、主题班会等）让我们了解学校的校规、校纪。	76.24	15.79	7.97
Q31 我们感觉老师的教学、管理或评价不适当时，能有表达意见的机会。	62.69	19.21	18.10
Q32 我们向学校反映的意见能够获得及时公正的处理和有效的权益弥补。	56.40	23.18	20.43
Q33 在被证实有过失之前，老师都会认为我们是清白的。	53.45	21.65	24.90
Q34 在我们犯错误受惩罚之前，学校和老师能给予我们说明的机会。	63.74	19.73	16.53

其他方面四地的选项差异较大，说明在学生权益维护和权利申诉方面，各地存在的问题比较分散，应当针对各地的具体情况作出有针对性地调整。但同样作为东部发达地区的北京和青岛还是具有更多的相似性。综合来看，全国各地学校在“权利维护和权利申诉”维度存在的共同不足是学生处分中的“无错推定”，是该维度中要优先考虑和处理的问题。除此之外，北京和青岛地区需要更加尊重学生对自由时间的安

排，青岛和南阳的学校需要在及时公正处理学生意见方面作出改进，阿勒泰的学校则要注意告知学生所享有的权利，如此不断推进校园权益维护和权利申诉建设。

表12　“权利维护与权利申诉”维度在不同地区的平均分

项　目	Q27	Q28	Q29	Q30	Q31	Q32	Q 33	Q 34
北京崇文区	3.28	4.09	3.60	4.04	3.54	3.53	3.34	3.60
山东青岛	3.53	4.08	3.61	4.14	3.56	3.52	3.39	3.66
河南南阳	3.51	3.77	3.18	3.69	3.46	3.22	3.16	3.53
新疆阿勒泰	3.92	4.17	3.84	4.27	3.95	3.89	3.78	3.97
F	32.528	29.772	50.047	60.052	31.372	38.808	42.404	25.036
Sig.	0.000	0.000	0.000	0.000	0.000	0.000	0.000	0.000

三、反　思

研究者对本次调查力求客观和准确，但因为理论基础、调查经验以及时间和经费的各种限制，仍存在各种不足和缺陷，当继续加以完善。

第一，从问卷内容来看，尽管进行了长达半年的七次修订，但仍存在个别语言不当、个别题目所归属维度的恰当性问题，这在一定程度上会影响到调查能否有效说明“校园权利环境”的完整状况。

第二，从调查取样来看，研究者虽然很想在更多的环节进行随机抽样，以保证取样的代表性和结果的真实全面性，但鉴于现实操作难度较大，遂只能根据与相关省份地市教育行政部门的协调结果，根据便利性原则抽取北京崇文区、山东青岛、河南南阳、新疆阿勒泰四个地区，其他环节再采用随机抽样原则进行取样。现有城市抽样结果虽分别属于东中西部，有首都、东部沿海发达城市、中部地域和人口较大的地区和西部少数民族地区，保证了样本的多样性，但从地理位置来讲它们都属于北方，这可能会在一定程度上影响到对总体情况的说明。此外，从校园权利环境现状调查的理想角度看，样本学生应当分散分布在更多的学校和班级，但这样取样的成本会非常大，鉴于调查的经费、时间和可操作性的限制，研究者最终是在每个学校选取两个班级进行整群取样调查，这就会使调查样本具有较高的同质性。

第三，从调查实施来看，虽然研究者事先拟好了详细的调查指南，并对课题组的调查人员进行了培训，但由于一些地方对调查内容较为敏感，教育行政机关和学校对调查过程非常“重视”，导致虽然根据调查指南的规定，问卷的发放和回收都是由课题组成员进行的，但却无法避免当地教育行政机关工作人员、校长或班主任的在场，这可能会在一定程度上影响学生填写问卷，影响数据结果的真实性。

第四，从数据统计和结果解释来看，由于研究者初次接触运用统计分析工具，尽管付出了很大努力，也有专业人士进行指导，但仍然存在很多问题。另外在结果的解释上本次调查也存在一些不足，如对东、中、西部学校权利环境差异的解释，是事实情况的确如此还是学生权利意识的强弱起到了决定性的作用，或是其他什么其他因素的影响参与了进来，由于缺少实地访谈而未能作出有信服力的解释分析。

Investigation Research on the Status of Human Rights Environment of Chinese Primary and Secondary Schools

Shen Suping

Abstract: Based on questionair investigation to four cities in China, the paper holds that the human rights environment of Chinese primary and secondary schools is satisfied by students. As for the five dimentions of the questionair, the safe school campus is highest satisfied, the safeguard to the right to learn is highest unsatisfied, the respect for pluralistic and individual divesity, the rights protection and rights complain, and the friendly school enviroment list second, third and fourth respectively. According to the results of all 34 questions, Chinese primary and secondary schools should pay special attention to improve the following aspects: (1) construction of barrier-free facilities; (2) respecting for students hair style and clothing; (3) not randomly publishing students test score and rank; (4) providing multi kinds of books and learning materials to meet the demands of students to develop allroundly;（5）applying the principle of presumption of innocence in disciplinary procedure.

Key words: primary and secondary schools, school students right, campus human rights enviroment

作者简介

申素平，博士，中国人民大学教育研究所教授，副所长；研究方向：教育法律与政策、高等教育、比较教育等。

□巫志刚

自考助学机构学生权益法律保障的现状、问题与完善[①]

——以江西为例

【摘　要】目前自考助学学生权益法律保障存在规范性文件层次低、惩罚力度轻、方法手段少、法律内生机制难等不足，需要对自考助学学生性质、各种法律关系、学生权益类型、救济渠道等进行条分缕析，并着重从提升法规层次、保障学生知情权、推行格式合同、明确合同效力规则、助学过程管理、加大处罚力度、支持学生起诉等方面完善法律制度。

【关键词】自考助学，学生权益保障，法律完善

通过社会助学参加自学考试是许多青年成才的一条重要途径。近年来，江西自考助学学生规模日益扩大。2008 年，江西各高等教育机构内共有自考助学学生 87373 人，与同期全省高等教育在校生比为 1∶10，规模和比例都比较大。随着自考助学事业的发展，自考助学学生权益受到侵害的现象时有发生，

① 本文系 2009 年度江西省教育科学规划课题《自考助学班学生权益的法律保障问题研究——以江西为例》的部分成果，课题编号：09YB045。

纠纷日渐增多，加强对自考助学学生相关权益法律保障问题的研究，理论、实践上均有意义和价值。

一、江西自考助学机构学生权益法律保障的现状

在江西，保障自考助学学生权益的法律法规、规章文件主要如下。(1)《中华人民共和国民办教育促进法》及《民办教育促进法实施条例》、《江西省民办教育促进条例》对民办自考助学机构的审批设立、学生权益保障作了一些原则性规定。(2) 国家教委1995年《关于高等教育自学考试社会助学工作的意见》，对自考助学机构的审批登记、助学范围、助学行为、招生宣传、监督管理等进行了规定，发挥了一定作用。(3) 2006年《国务院办公厅关于加强民办高校规范管理引导民办高等教育健康发展的通知》，对民办高校的招生、宣传等行为提出了规范性要求。(4) 2007年《教育部关于进一步做好高等学校各类招生管理工作的通知》，对自考助学提出"须报所在地省级教育行政部门备案，未备案的不得安排招生"，强调要明确办学属性，不得虚假宣传、模糊宣传。(5) 2007年《教育部关于加强成人高等教育招生和办学秩序管理的通知》，提出要完善"自学考试社会助学班的审批、备案和监管制度，加大信息公开力度，及时向社会公布名单"。(6) 2007年《中共江西省委、江西省人民政府关于进一步加强和改进民办普通高等学校工作的若干意见》，对民办高校自考助学进行了专条规定，"民办高校自主招收非学历教育学生，必须报教育行政部门核定①年度招生规模，纳入自学考试管理。严禁虚假招生、误导招生，学校招收非学历教育学生，在招生和学生入学时必须明确学生入学自考身份，在收费票据上注明'自学考试'"。(7) 国家发展和改革委员会、教育部、劳动和社会保障部2005年3月2日下发的《民办教育

---

① 此处的"核定"，笔者推测，是为了避免审批用语。因统招招生计划需要经过审批，且已经《民办教育促进法》第二十七条"招收接受高等学历教育的学生应当遵守国家有关规定"作例外规定。为加强自考助学管理，文件作了此种规定。其内在的法理矛盾凸显了权益保障的难度和法规层次提升的迫切需要。

收费管理暂行办法》，以及省教育厅及其他部门下发了36个文件①。对涉及自考助学行为中可能出现的侵害学生权益、降低办学质量、影响社会稳定等问题进行了规范，比如强化计划管理，加强统招生、自考生、三校生②等政策的宣传，安排招生工作组进行监督，在通知书制作、学生收费单据、分窗口报名、分班教学、分开住宿等细节方面分类管理，对学校资质、师资力量、学科专业、招生广告、录取通知书样式等信息上网公示，明确退学退费标准，学生信访、申诉等处理程序等。应当说，这些规定，覆盖了自考助学学生从入学、考试到毕业的全过程，对助学学生的权益保障起到了一定作用。

但我们也可以看到，权益保障仍有许多不尽如人意之处。一是规范性文件层次较低，政府部门有时难得到授权。从前述文件来看，大都局限于政府规章和规范性文件，而且江西目前没有一个专门全面保障自考助学学生权益的规范性文件。这是近年来自考助学学生权益受侵害的重要原因之一。"法无明文允许即禁止"，对行政机关来说，有时行为也受限于法律规定的不清晰。提高规范性文件层次，比如在地方性法规中细化行政审批项目，处罚种类、对象、幅度等，可以加大对学校招生、专业开设、课程教学等行为规范的力度，更好地保障学生权益。二是各方权利义务内容不明晰，特别是助学质量标准模糊造成学生权益易受侵害。由于缺少对助学班学生权益的具体化和类型化，常常是规定太抽象，无法适用，或者规定太个案，又不具有反复适用性，加上学生入学时不签订就学合同，双方权利义务内容不明晰，造成学生权益维护较困难。在具体解决纠纷时也较多从政治、道德角度考量，而很少对双方签约过程的意思表示、合意达成等法律行为进行认真仔细的判定，从而影响纠纷解决的信度与效度。特别是助学质量标准，各方莫衷一是。而实践中，影响助学机构质量提升的因素却大量存在（林金辉，等，2007)，往往是学生付了费用，却并没有得到相应质量的教育服务。三

---

① 这里仅列了较为主要的一些规范性文件。另要谈及的是，助学班学生付费接受助学服务，是否可列入《消费者权益保护法》中的"消费者"？从《消费者权益保护法》第二条"消费者为生活消费需要购买、使用商品或者接受服务，其权益受本法保护"的文义来看，较难纳入，实践中还未见有学生适用此法律。如对"生活消费需要"作目的性扩大解释，当可适用。

② 三校生，在江西是指普通中专、职业高中和技校的毕业生参加高考，与普通高中毕业生的高考不同的是，他们单独组织考试，单独计划，单独设分数线。

是惩罚力度过轻，难以震慑侵害者。助学机构违规违约一旦被发现，当前主要的法律后果有两个：退学退费，这主要是承担合同解除的责任，对学校影响不大；受到行政处罚，如通报批评、发布不良信息、扣减统招计划指标、取消评先评优机会、吊销助学许可证等，现实中实际发生的并不多。因此，与其巨大的利益相比，显然违规成本过低。四是学生维权正式救济渠道运用较少，法律内生机制尚难形成。在侵害行为发生后，学生更多的是依赖于上访、媒体曝光等非正式渠道加以解决；对调解、申诉、复议、诉讼等正式渠道，由于成本较高、程序较长等原因运用很少。法律制度是内生的（吴敬琏，2003），其内生于助学机构与学生间法律关系的特殊性基础上，即权益保障的法制制度应当根据不同的法律关系，用不同的调整方式，采取不同的救济渠道。而且，“一切法都是经过斗争得来的”（鲁道夫·冯·耶林，2004），只依靠媒体、行政的力量，自我维权的法律内生机制难以生成，最终影响学生权益保障。

二、自考助学机构学生权益保障中相关法律问题分析

要进一步探讨如何更好地保障自考助学学生权益，需要对其中一些基本法律问题进行分析，为较理想的法律制度框架提供一定的理论基础。

（一）自考助学学生的性质

这一问题是权益保障的逻辑起点，涉及权益内容、保障手段、救济方式等法律制度的不同建构。首先，助学机构招收的“学生”确实与高等学校招收的统招全日制学生和成人教育学生有差异之处，但这种差异主要表现在外部，如身份的获得方式、毕业的派遣、毕业证书的样式、毕业生的社会认同度，等等。就招生、管理、教学等关系中发生的学生权益保障而言，应当与统招生具有同质性，助学机构帮助学生参加考试的过程，既是对学生开展德育、智育、体育和美育的过程，也是健全学生人格、传授学生知识、提升学生技能的过程，这种过程和普通高校学生的培养过程并没有本质上的差异。因此，对自考助学学生权益的保障，更多可采取与普通高校学生相一致的解决办法。这与“同等情况

同等对待”的法精神是一致的（哈特，1996）。

(二) 自考助学学生与助学机构的法律关系

自考助学机构与学生之间的法律关系，既有机构对其所属成员的管理关系，又有机构与学生的服务合同关系。（1）管理关系，是机构产生和存在的重要理由与表征，也是现代社会对机构课以社会责任的一种组织载体。管理关系必须尊重两个权利维度：一是学生的基本权利，主要是宪法、法律中规定的学生权益，如人身权、自由权、婚姻权、财产权等；二是学生的受教育权益，即管理是为了学生的自由全面发展。这两个维度是判断学校管理行为、管理手段、管理方式是否合法合理的重要依据。助学机构获得管理权的来源有二：一是学生的同意，即入学允诺；二是法律的授予，即助学机构依照法律规定，通过行政机关许可设立后获得合法性，并对章程、部分制度等进行报备后加以管理。（2）服务合同关系，其权利义务内容来源为：一是相关法律法规的规定；二是教育行政部门发布的一些规定，如有关规模控制、专业设置、退学退费等规定；三是因一方的承诺而产生，如助学机构对部分优秀学生所作的奖励承诺。法律关系的产生，主要是因法律行为而发生。学校寄送通知书的行为是要约，学生报名是承诺。承诺后形成服务合同关系，同时产生管理关系。

(三) 自考助学学生与教育（考试）、工商、物价等行政机关的法律关系

学生与教育（考试）、工商、物价、公安等行政机关在助学过程中形成的是行政法律关系，其核心是行政机关履行各自职责，保障学生权益。如果因行政机关不作为造成学生权益损害，则可能引发行政诉讼和行政法律责任。

(四) 助学机构与招生人员的法律关系

涉及以下情形。（1）职务上的委托行为。招生人员如与助学机构有劳动关系，即受雇而从事招生行为，其行为的后果，不论合法与否，均应当由助学机构承担。至于招生人员行为是否违法违规，系行政法律关系中的判断，对第三人法律关系成立没有影响。比如私刻学校印章，

可能违反治安处罚和刑事法律规定。这种违法行为是否需要第三人承担相应的鉴别义务，我们分析认为是不需要的。理由在于：一是加重学生及其家长的义务；二是受益方主要是学校。（2）代理。即并非学校人员，而只是一般的委托代理。其行为后果与职务上的委托行为并无太大区别。（3）表见代理。招生人员与助学机构没有劳动关系，也没有委托代理关系，而只是让学生足以相信其为学校利益行事的，应当认定为表见代理情形。（4）隐名代理。招生人员并未说明其与学校的代理关系，但当学生到学校后，向其推荐的，可以认定为隐名代理，在签订合同时转为显名代理。

（五）自考助学学生权益的类型化

对自考助学学生权益的类型，既要看到有关统招学生权益保障的规定，又要看到统招学生与助学班学生存在不同之处。笔者试着将自考助学学生权益作如下的类型化。（1）作为自然人的一般人格权利和财产权利。如人身权、财产权（不得乱收费、乱摊派、乱罚款）、通信自由与通信秘密权、隐私权等，其主要来源于宪法、民法、教育法中的规定。（2）作为受教育者的一般权利，即与高等院校统招生共同享有的权利，如入学、升学、就业等方面的平等权①；上课及参加课外活动的权利；使用图书资料、设施设备等教学条件的权利；获得公正评价和学业证书的权利；表达个人意思的权利；对有关教学信息的知情权利（李晓燕，2008）。（3）作为行政相对人享有的权利，上述行政机关的职责对应的即为助学学生的权利。（4）作为助学服务合同中的权利，如自由选择权、知情权、教学监督权、教学建议权、退学退费权（部分合同解除权）、合同无效确认权、其他合同上的权利（如单方承诺而获得的权利、因双方约定而获得的权利）等。

三、完善自考助学机构学生权益法律保障的思考

基于以上分析，我们提出以下法律制度建构，以更好地保障自考助

① 有些部门在招收研究生和招收员工时，经常注明不招收自考毕业的学生，显然侵害了自考毕业生的权益。

学学生的权益。

（一）提升法规层级，制定办学基本规范

尽快发布助学机构办学基本标准和行为规范，主要内容应当包括助学条件、招生管理、教育教学和安全管理等方面的规定，特别要强调机构的开办需要审批、助学专业开设的备案①、招生规模的核定等。要使这些标准和规范有相当约束效力和权威性，应由地方立法机构发布。有关部门依据此地方法规加强监管，确保办学条件合格，为学生权益保障创造条件。

（二）完善信息发布机制，保障学生知情权②

真实、准确、全面的信息，是学生自由选择、真实意思表达、签订服务合同的前提。从学生来讲，以下信息是必需的：一是办学主体的资质，这是助学机构取得合法性的前提，是保障学生权益的重要环节；二是招生规模，学校办学资源条件的多寡、优劣决定着助学质量高下；三是助学专业信息；四是自学考试性质的信息；五是助学机构的信誉度③。保障的途径有以下几种。一是信息的审核，主要是行政机关通过审批、备案、监督、检查、评估等行政行为对上述信息进行审查，以使信息准确。二是信息的发布，行政机关应及时向社会发布上述审查的信息；对存在招生违规行为或者学生反映问题较多的学校，及时在信誉登记系统进行公告等。三是信息的申请。学生需要时，教育行政部门应当依学生申请积极提供，使学生能够正确选择。四是信息发布不准确、不真实或故意隐瞒时的法律责任，既有行政机关的，也有助学机构；既有

---

① 《中华人民共和国民办教育促进法实施条例》第二十二条“民办学校应当将其所设置的专业、开设的课程、选用的教材报审批机关备案”针对的是统招专业，与此类比采用同一做法。

② 教育部最近制定了《高等学校信息公开办法》，涉及学校基本情况、发展规划、学生招生考试、学位评定、就业资助、学科专业与教学、师资建设、财务资产管理、自然灾害等突发事件的调查和处理，以及对外交流与合作等十二类信息的公开，可资参考。

③ 《江西省民办教育促进条例》第二十七条“招生简章和广告的内容应当真实、准确。招生简章应当载明学校名称、学校性质、办学层次、办学形式、办学地址、办学条件、培养目标、招生专业、招生办法、收费项目、收费标准、证书发放等事项”针对的是统招生。自考助学的招生信息应主要强调本文五类。

行政责任，也有民事责任。

（三）签订格式合同，明确双方权利义务

助学机构应当与学生签订助学协议书，协议书的主要条款包括助学性质特别提醒、助学的目标、内容、时间、师资、证书、收费、退费、双方的权利及义务、协议的效力（无效、解除、终止）、不可抗力情形、重大情事变更[①]、机构终止时的处理、违约责任和争议解决方式等事宜。合同的标准格式由审批机关统一制定，并免费提供。

（四）细化合同效力规则，畅通退学退费渠道[②]

《江西省民办高校学生退学退费办法》第二条、第三条、第五条对招生欺诈、特定事由两种情形造成的退学退费程序、标准进行了规定[③]，但还可作如下完善。（1）增加几种情形，一是因不可抗力导致合同无法履行，学生又不愿意调整其他专业，应允许学生退学，并按实际发生额退费；二是学生单方提出退学且无规定特殊情形的，在据实结算并缴纳一定违约金后应当允许；三是因学校的重大过错（故意、重大过失）导致合同无法履行或合同目的难以实现时，如课程设置错误、教学管理混乱、无法安排教师上课、学校关闭等，应允许学生退学，全额退费，并支付违约金。（2）采概括性方式界定“欺诈”，《江西省民办高

① 如国家政策调整，导致专业取消，这种情形与双方过错无关，应当允许双方通过协商进行纠正。但又不同于不可抗力。

② 退学退费是《江西省民办教育促进条例》和其他规范性文件中的术语，如果从合同的角度来看，更规范的提法应当是确认合同效力（无效、可撤销、可解除等）。

③ 其第二条，民办高校通过发布虚假招生简章或者广告，欺诈招收的学生，查实后由学校无条件办理退学，并全额退还学生所交学费、住宿费等各项收费。第三条，民办高校学生入学报到注册后，如有以下情况，可以提出申请退学、退费。（一）学生因患有传染病、严重疾病不能坚持学习的，凭本人退学申请书和医院有关诊断证明申请退学。（二）学生因应征入伍，凭入伍通知书和退学申请书申请退学。（三）学生因家庭发生意外重大事故或重大经济困难而不能坚持学习的，凭乡（镇）以上人民政府有关证明和本人退学申请书申请退学。（四）属高等教育自学考试社会助学的学生和非学历教育学生，被其他高校统招录取，凭本人退学申请书和统招录取通知书申请退学。第五条，民办高校办理学生退学退费，凡属本文第三条情况的，应根据学生实际学习时间和住宿时间，按月计退剩余的学费和住宿费（每学年按10个月计算，实际学习时间或住宿时间不满1个月的按1个月计算），并对代收代支费用进行清算，对未发生的代收费用全额退还，对已使用的代收代支费用，剩余部分予以退还。

校学生退学退费办法》只对“发布虚假招生简章或者广告”、“以统招或入学后可代转为统招等名义欺诈”两种情形纳入，难免有疏漏，可用概括性方式，将“欺诈”界定为：一方当事人故意告知对方虚假情况，或者故意隐瞒真实情况，诱使对方当事人作出错误意思表示的行为。欺诈行为成立，需要有欺诈之故意、欺诈之行为实施、欺诈之目的在于签订合同。（3）规定欺诈招生的法律后果，合同无效，双方各自回复原状，即学校应当全部退还所有费用，且包括一次性用品费用（因此费用的支出系学校欺诈而导致学生直接利益损失）。

（五）健全助学质量保障机制，强调助学过程管理

助学机构内部应当建立日常教学检查、教学质量保障制度并进行日常档案记录。自考助学机构必须依法进行正常的教育教学活动，建立教学管理、任课教师和参加助学考生的档案。助学机构不得擅自减少教学内容、环节和课时，确需减少的，应当征得学生同意，并将减少的事由、与学生协商情况记录在案，以便管理检查和司法举证。

（六）加大处罚力度，支持学生起诉

一是细化处罚措施，主要有：对一年内各学科、专业通过率都达不到全省平均50%的机构，予以整改并停止招生；单项学科、专业达不到全省平均50%的，不予批准该专业招生计划；对招生行为较乱、管理较乱的助学机构，根据情况不同，分别给予通报批评、暂停招生或者吊销办学许可证的行为；惩罚性赔偿①。二是探索建立调解制度，由教育行政部门发挥行政调解作用。三是应当支持学生起诉，增强法律的执行力和权威。通过这些举措，提高助学机构的违规违约成本。

① 《消费者权益保护法》第四十九条：经营者提供商品或者服务有欺诈行为的，应当按照消费者的要求增加赔偿其受到的损失，增加赔偿的金额为消费者购买商品的价款或者接受服务的费用的一倍。但因实践中并未发生，究竟能否适用此条并发生效力，有待观察。如在江西的地方性法规中规定，则具创新意义。

参考文献

哈特. 1996. 法律的概念［M］. 张文显，等，译. 北京：中国大百科全书出版社：156.

李晓燕. 2008. 学生权利和义务问题研究［M］. 武汉：华中师范大学出版社：7－12.

林金辉，刘志平. 2007. 高等教育自学考试社会助学系统若干问题及其对策［J］. 教育与考试（4）：49－52.

鲁道夫·冯·耶林. 2004. 为权利而斗争［M］. 胡宝海，译. 北京：中国法制出版社：1.

吴敬琏. 2003. 比较（第8辑）［M］. 北京：中信出版社：117－128.

The Current situation，Problems and Improvement of the Legal Gurantee of Students' Rights and Interests in the Society Institute in Aiding-students：on the Basis of Jiangxi Province

Wu Zhigang

Abstract：There are some problems in the guarantee of students' rights and interests of the society institute in aiding-students to pass the self-taught exam in Jiangxi province at present，such as，lower level of normative files，lighter punishment，lack of means to protect，less endogenous law mechanism，etc.. We should analyze such things that the nature of those students，many legal relations around aiding-students，the style of those students' rights and interests，the legal relief channels. According to these point，the legal system should be perfected from the following perspectives，for instance，higher law level，protecting the right to know，signing format contract，confirming the invalid contract，managing the aiding process，strengthen the punishment，supporting students' suing.

Key words：aiding-students to pass the self-taught exam，the guarantee of students' rights and interests，perfecting the legal system

作者简介

巫志刚，华中师范大学教育学院2009级博士生；研究方向：教育法学。

□姚金菊

高等学校学生法律问题研究

【摘　要】明确高校学生的权利义务是确定高校权力边界、解决争议的有效途径。我国目前教育法规范对高校学生权利重视不够，义务强调不足；忽视高校学生作为一般公民身份与作为学生特定身份，对高校学生权利和公民权利在发展中的趋势体现不足。应当明确高校学生的公民身份与高校有限成员地位。高校学生享有公民权利，但该公民权利也受到高校学生身份的限制，不得与高校目的相抵触；高校学生享有一般公民所不享有的权利，同时也负有相应义务。我国教育法有关高校学生的规定应当进行相应的结构调整和修改。

【关键词】高校学生，公民有限成员，学生权利义务

从田永案、刘燕文案到女大学生怀孕开除案，从甘德怀事件到大学生结婚、校外租房等争议，高等学校（以下简称高校）与学生发生的种种都容易成为社会关注的话题。高校逐渐进入法治视野，学生开始高扬权利旗帜，我们既要肯定依法治校、保障学生权益，同时也要避免“矫枉过正”，从高校学生权利的弱势化、虚无化走向了权利极端化、过度化。

一、高校学生的内涵[①]及其法律地位

本文所称高校是指由政府依法设立的在固定场所对固定人数有目的、有组织、有计划实施高等教育活动的公立全日制教育机构。高校学生是指“经过高校注册、正式取得学籍、在高校接受高等教育尚未取得学历学位证书的受教育者”。高校学生不包括申请入学者，也不包括已经毕业的校友。仅有目前在学的学生才是法律意义的高校学生。[②]

高校学生一般实行分类管理。以生源为标准，可分为留学生和本国学生；以学习时间为标准，可分为全职学生和在职学生；以培养类别为标准，可分为统招学生、自主招收学生等；以学历学位为标准，可分为本科生、研究生，其中研究生又分为硕士研究生和博士研究生。不同种类学生权利义务不同。

从法律上明确高校学生的内涵及范围，是明确高校学生权利的前提，有利于区分明确学生权利与公民权利的界限，明确高校学生权利的内容。高校学生的权利是学生针对高校所享有的权利。这取决于高校学生的法律地位。学生在高校的法律地位取决于高校的法律性质及其与高校的法律关系。

在田永案和刘燕文案中，法院将大学定位为“法律法规授权组织”，解决了高校作为行政诉讼被告的法律问题，高校不同于政府的公法地位得到了学界较为普遍认同。由于“并未解决法律法规为什么要授权，在何种情况下授权、对谁授权等基本理论问题”，有学者进一步提出“公务法人”理论（马怀德，2005），但这仍未明确高等学校的社团

---

① 有关高校学生内涵的法律界定可参见：姚金菊．2009．高校学生的法律界定［J］．河南教育学院学报（1）．

② 在德国，作为大学成员的学生是指依照联邦法律规定已经注册的学生。仅取得入学许可尚未办理注册手续仍不属于学校成员。休学学生因有注册行为属于大学成员，但是旁听生、选修生并不具备大学成员的资格。参见：董保城．1997．德国学术自由与大学自治［G］//董保城．教育法与学术自由．台北：月旦出版社：139．

法人或财团法人性质①，而“人合”“物合”的不同性质直接决定着高校学生的地位。②

英美国家普遍将大学定位为社团性质的公法人③，大陆法系国家和地区有所不同。法国承认大学的公务法人（公共团体）性质，德国认为高校具有公法设施与公共团体两种性质，立法强调其物的性质，学界则更普遍倾向于人的性质；日本强调大学的行政法人构建，但传统的营造物概念并未完全消除。本文认为，高校固然是“人与物的持续的稳定的集合”，但不能单纯以物或人的要素决定。在根本上，高校中人的因素重于物的因素，高校对财产的使用和管理以及在设立后所获得的财产及公法上的优益，都是出于高等教育目的，物最终以要服务于人为目的。在性质上，应当将高校定位为公法上的社团法人而非财团法人。

高校学生以注册取得学籍为前提，因此高校学生与学校的法律关系指在学法律关系，不包括招生法律关系，但新生在注册之后、正式取得学籍之前与高校的关系一般也视为在学法律关系。关于学生与高校之间

---

① 大陆法系国家在行政主体类型化的基础上，一般将行政主体分为国家、地方公共团体和公务法人，而公务法人又可以进一步分为社团法人和财团法人。社团法人，是以人的集合为基础而成立的法人，以职业协会、行业协会为典型；财团法人，是以财产的集合为基础而成立的法人，以基金会、图书馆为典型。公法人上的社团法人有身份组合和地域组合两大类，前者是指共同身份之人民因共同需要而组成，后者则往往是县市乡镇等就某项业务而联合组成的“目的事业公法人”。对此，可以参见：黄锦堂．2002．行政组织法之基本问题［G］//翁岳生．行政法．北京：中国法制出版社．293．

② 大学在产生之初没有固定的校舍，需要租赁房屋，宿舍、餐厅和教师由城市或地方业主所有，而且正是这种财产上的匮乏为大学争取自治提供了斗争的良好契机，以迁移为手段同当地的政府作斗争，并且往往最终能够取得胜利。参见：哈罗德·J. 伯尔曼．1993．《法律与革命——西方法律传统的形成》［M］．贺卫方，高鸿钧，张志铭，等，译．北京：中国大百科全书出版社：147．

③ 如美国密歇根州立大学在其有关学生权利义务的规章中开篇首先明确了自身学术共同体的地位，其学术成员包括 faculty，staff，students and administrators，即教师、行政人员、管理者和学生。牛津大学对此也有类似规定。大学的拉丁文词源 univertas 就具有社团的意思。

的法律关系有不同学说：特别权力关系说、契约关系说、信托关系①、混合关系说。混合关系说认为高校与学生之间既有公法关系，又存私法关系，是一种混合关系。学生在接受高校所提供的教育服务及为此目的利用高校设施时与高校之间发生的关系，为公法上的关系，此时学生服从高校所制定的利用规则，如服从大学制定的纪律规则与学术规则等，利用图书馆等都属于公法关系。学生利用大学所提供的不属于教育范围的设施，如公寓与食堂等，则应当按私法上的关系处理。即高校与学生之间的教育给付关系为公法关系，其他则应当为私法关系。两种不同性质的关系决定了高校学生的不同法律地位。本文采该学说。

二、高校学生的权利义务

（一）高校学生的权利

高校学生的公民权利在高校内不同于一般公民对于政府所享有的权利，享有一般公民所不享有的权利，也受到相应高校规则的约束。

1. 学习权

学习权是高校学生的核心权利。与主体性相应，学生学习权的说法较受教育权更为科学。可以从自由和权利两个层面考虑学习权问题。

第一，学习权是有限的学习自由。高校学生的学习自由表现在选择院系、专业、科目和学习场所的自由，但这种学习自由受到客观条件和程序的限制。高校应当保障高校学生的学习自由，但也不能过分强调。为保障教育的有序进行，高校有权规定学生选择院系、专业、科目和学习场所的资格和程序。一般学生选择院系和专业自由受限较大，选课和选择学习场所的自由则因选修制和高校设施的开放性受到限制较少。

第二，学习权包括活动参加权和资源使用权。为实施高等教育，高

① 将学生与学校关系视为信托关系，不仅在我国介绍较少，在美国也较少提及。在信托理论下，委托人基于对与受托人的信赖，委托受托人如遗嘱执行人掌管财产，受托人并非为了自身利益，而是为了委托人的利益掌管财产。关于信托理论，可以参见：Robert M. Hendrickson. 1991. The College, Their Constituencies and The Courts, National Organization on Legal Problems of Education（NOLPE）［M］. 132－136. New York University School of Law. 1968. Student Conduct and Discipline Procedure in a University Setting［M］. 6－7。

校需要制订相应的教育教学计划，安排各种教育教学活动，设置各种设备、设施等。高校学生有权参加教育教学计划安排的各种活动，该权利因教育教学活动的强制性有所不同。属于法律法规规定和高校教育教学计划安排参加之列的教育教学活动如军训、体育课等，由于直接关系到能否达成高等教育目的，参加这些活动既是权利也是义务，学生无权拒绝参加，否则可能会受到相应惩戒；对非计划内的教育教学活动，如高校为扩大学生视野、丰富学生知识举办的各种讲座，学生有权不予参加，不必承受任何风险。资源使用权是指对于教育教学资源的利用。教育教学资源包括教育教学设施、设备，图书资料等。资源使用权一般并不包括请求权内容，如对教育设施的请求权、教育设施完善的请求权。资源请求权可以通过学生的有限成员权利（决策建议权和参与权）等实现。

2．获得公正评价权

高校有权对学生进行学术评价和道德纪律等相关评价；学生有要求高校予以公正评价，高校制定的评价标准、行为规则应当客观、公正、公开，学生有权进行查阅。

第一，学业获得公正评价权。学生有权要求高校对课程和学业完成情况予以定期评价。学业评价应当客观、公正，评价标准应当客观、连续、公开、公平、多元化，评价程序应当公开；学生完成相应学业，符合相应标准，高校应当颁发学业和学位证书。高校学生认为高校应当进行而不进行学业评价或者学业评价不公正的，有权进行申诉。高校学生获得学业学位证书的权利在我国因刘燕文和田永案已受重视，但在日常评价、综合评价、考试评价等方面享有的公正权利强调不足，如教师关于学生能力的评语可能会存在偏见，从而直接影响学生的权益。

第二，道德获得公正评价权。学生接受高等教育除知识这一智育目的外，还有德育等目的。高校道德评价主要体现在高校的纪律惩戒权。道德评判标准难以确定、难以量化，实际操作存在困难，高校应当公开行为评价标准，其道德评价标准不得明显异于一般理解①。学生有权要

① 如媒体曾报道高校两名学生因在教室接吻、拥抱，被学校以发生“非法性行为”为由勒令两人退学。在此学校评价标准采取了明显高于社会一般理解的标准，学生行为不属于性行为，学校的处分因有悖于合理解释而缺乏法定依据，应予以撤销。

求高校公开其道德评价过程，有权质疑道德评价结果的客观公正性，高校对此负有解释义务。

3. 有限成员权利①

第一，有限校务参与权。学生作为高校的成员，享有参与高校事务的权利，高校的有关校务决策过程应当吸收学生参与，听取学生意见。这是一般公民所不享有的学生权利，是高校学生有限成员地位的主要体现。当然，由于学生作为高校成员，流动性较大，加之在高等教育事务方面缺乏足够知识储备，在参与校务范围、参与幅度方面有别于教师等高校成员。

第二，有限参与社会权。学生有权参加社会活动，高校无权禁止，但得予以一定限制，明确该权利不得与其高校成员身份相冲突。如高校学生有权参与社会服务和勤工助学活动，但应当在课余时间进行，不得影响学业任务的完成。

高校学生权利是一般公民所不享有的权利。一般公民非经高校同意，不得主张利用高校资源，请求高校颁发学业学位证书，也无权要求参与高校决策。高校学生的权利受到高校侵犯时，属于公法争议，一般通过公法途径如行政复议和诉讼等解决，审查这类案件时审查强度应当低于高校与学生之间有关公民权利的审查标准。

（二）高校学生的义务

高校学生作为公民的一般法定权利受到学生身份的限制。高校学生在享有高校学生权利的同时，也要履行相应义务。

1. 公民权利受到高校学生身份的限制

高校学生不因学生身份而丧失公民地位，仍受公民宪法权利保障，但其公民权利因学生身份受到更多限制。高校学生除了要遵守法律法规等有关公民权利义务的规定之外，还要遵守有关教育法律法规及高校规

---

① 有关高等学校学生作为有限高校成员的法律地位以及高校学生身份与一般公民身份的区别，可参见：凯尔森. 1995. 法与国家的一般原理［M］. 沈宗灵，译. 北京：中国大百科全书出版社：114；Kern Alexander, Erwin S. Solomon. 1972. College and University law［M］. the Michie Company：414；金耀基. 2001. 大学之理念［M］. 北京：生活·读书·新知三联书店：21；蔡元培. 2004. 北大十月二十五日大会演说词［G］//马燕. 蔡元培讲演集. 河北：河北人民出版社。

章制度。如高校学生的言论、出版、集会、结社、游行、示威等宪法自由不得妨碍高校的教育目的及正常秩序。作为公民，高校学生可以在校外行使公民的有关权利，但不可能在课堂之上在以言论自由为名扰乱课堂秩序。

2．接受高校管理，遵守高校规章制度

这是高校学生义务的核心。从消极意义上来说，高校学生公民权利的行使不得违背高校目的；从积极意义上来说，高校学生应当接受高校管理，遵守高校规章制度。高校有权制定学生行为规范、进行纪律惩戒，学生有义务遵守行为规范、服从学校管理。当然，“规范学生的规章不应是学生应当遵守的各项行为的法典，而应当限于安足于复杂群体的实际需要的程序描述，以及不能容忍的行为，因为这些行为与基本的目的、必要和学术团体的过程或者团体成员的必要权利相冲突”①。

3．交纳学费及有关费用

高等教育并非义务教育，学生对高校负有相应的交费义务。学生不交纳相应费用的，高校有权采取相应措施。

4．在规定年限内完成规定的学习任务，接受高校的学术评价

高校学生在校期间应当完成相应的学习任务。对于不履行相应的学习义务、或者未能按规定完成学习任务的高校学生，高校有权进行相应的学术评价；对于学业成绩评定不合格的，高校有权拒绝颁发学业学位证书。

5．接受高校的道德评价

高校学生接受高校教育不仅是知识养成的过程，也是人格健全、道德培养的过程，因此高等学生有尊敬师长、养成良好的思想品德和行为习惯的义务，这也是高校学生行为守则的内容。对此，高校享有相应的道德评价权，高校学生有义务接受高校的道德评价。

6．其他义务

高校学生义务与高校权力联系密切，高校有关学生行为规范和纪律惩戒的权力如校园酗酒、毒品等，直接关系到高校学生义务的具体内容，是需要进一步研究的课题。此外，高校学生还负有如在住宿、餐饮等方面遵守合同约定等私法方面的义务。

---

① 参见：密歇根公立大学学生权利与义务第一款。

（三）发展中的高校学生权利

高校的学生权利义务是一个不断发展的过程，尤其在高校与社会发展紧密联系的当代。随着高等教育实践的发展，高校学生的权利内容也日益丰富，愈来愈多的公民权利开始进入高校学生权利领域，但并非所有的公民权利都能够成为高校学生权利，而二者之间的界限往往在个案发生之后才能明确。

1. 知情权

学生获得公正评价的权利是以知情权为前提的。公民知情权已经日益普遍，学生知情权也需要尊重。学生的知情权与匿名评审中的学术自由相联系，不同于公民的知情权，高校需要在制度上予以特殊保障。高校应当在对学生档案保密的同时为学生提供机会和途径了解自身有关信息。如美国担心因大学教授协会没有对学生档案保密的书面道德规定，国会可能会以公开保密档案法规的方式侵占业务部门的职能，这将“不仅侵犯道德事务方面的学术自治权，而且也是学者们无力作出控制公众的道德判断的不幸反映”（约翰·S. 布鲁贝克，1998）。

2. 隐私权

“大学生怀孕开除”案以及此前高校对学生宿舍的检查及学生成绩的广泛公开引起了对高校学生隐私权的高度关注。其实，隐私权不是学生作为高校成员的权利，而是公民的基本权利，因此问题不在于学生是否享有隐私权保护问题，而是高校权力界限问题：高校要把学生作为“人”来对待，否则同样要承担侵权责任。

3. 财产权

高校学生当然享有财产权，但高校为维持宿舍安全没收学生财物以及为整顿学风予以罚款①等提出了高校学生公民权利问题。高校享有维护校园秩序的权力，但无论是对教学还是安全秩序的维护都不应以侵犯公民人身权或者财产权的方式进行，高校权力不能限制或剥夺公民

---

① 参见：武科大整顿学风“土政策”逃课一次罚二十［EB/OL］. http：//edu. sina. com. cn/l/2004-03-12/62533. html.

权利。①

4. 人格尊严权和个人情感权利

高校曾经有过禁止大学生谈恋爱、校园禁吻令、不允许留长发等规则。影响学习的论据并不具有说服力，生活方式本身就应该是个性化的，只要行为不违反法律和公序良俗，校方就无权横加干涉。这些规则与人性不符，目前都为时代所淘汰。

5. 学习保障权

我国教育法规定学生有按照国家规定获得奖学金、贷学金、助学金的权利②，但这种权利的性质和内容有待论证。奖学金、贷学金和助学金性质不同，而这些资金又有国家、高校等不同来源，学生对国家奖贷助学金和高校奖贷助学金享有的权利也有所不同，需区别对待。

6. 住宅权

高校学生对宿舍能否主张权利以及该权利性质仍有争议。③ 对此，本文认为，问题不在学生对宿舍是否享有住宅权，而在于高校对学生住宿如何管理。从我国目前推行高校后勤社会化的改革来看，高校完全可以通过私法调整为学生提供食宿的问题。当然，高校通过私法方式管理学生食宿问题，仍然要承担责任，但却是私法上的责任。

7. 评价权

这里的评价权主要是指在世界范围内随着学生权利运动深入而兴起的学生对教师的评价问题。学生对教师的打分评价是近年来高校流行的教师考评方式，但这应否成为学生的权利有待商榷，至少在我国目前有关教师评价制度并不完善的情况下需慎重考虑。不能将学生评价作为教师评价的唯一依据或者根本依据，这是由学生的有限成员地位、学生自身仍然欠缺客观全面的评价能力以及高等教育性质决定的。如学生可能出于教师评分高低、考试难易程度而非教育质量评价教师。因此，肯定

---

① 参见：学生吃“大餐”需先写申请　江西一高校校规引争议［EB/OL］. http://news.xinhuanet.com/edu/2007-01/07/content_5575704.htm.

② 参见：《教育法》第四十二条第二项；《普通高校学生管理规定》第五条第三项。

③ 如夫妻同上大学，学校怕破先例拒绝同房申请；湖南某高校一名男生连续三晚留宿其女友，因室友不堪其扰到学校保卫科告发，被勒令退学。该校规定：男生寝室，女生不得入内。对后者评价可参见：杨支柱. 留宿异性就该勒令退学［EB/OL］. http://www.yangzhizhu.com/yangzhizhu4.htm.

学生评价的价值，但不能学生评价至上，而要慎重对待。

三、我国高校学生法律制度的反思与重构

（一）我国高校学生法律制度的反思

1. 学生法律内涵有待明确

随着我国目前高校与学生争议数量的增加、争议类型的多样化，明确学生的权利内容及其范围也已经成为重中之重，而作为权利主体——学生——内涵的模糊性，使得高校在与学生有关争议的问题上处于一种无序失范状态。因此，有必要区分公民、受教育者和学生这三种身份，从法律意义上明确“高校学生”这一概念：公民享有受教育权，接受高等教育的公民为受教育者，经过高校注册、正式取得学籍、尚未毕业的受教育者是高校学生。

2. 高校学生的法律地位有待明确

《教育法》在第五章以《受教育者》为题，采取了受教育者、未成年人、公民、从业人员等多个名词，在某种程度上体现了逻辑的混乱。而在《高等教育法》有关高校学生一章则仅以高校学生权利义务为题，未见有关高校学生作为成年人以及公民的法律规定。应当明确：学生是公民和受教育者。高校学生，一般已经年满十八周岁，是“正在高校接受教育的具有法律身份的公民”（彭希林，等，2006），具有“国家公民”和“高校有限成员”的双重身份，既享有公民的一般法定权利，又享有受教育者的特定法定权利。

3. 高校学生的权利义务有待强调和细化

《高等教育法》在《高等学校的学生》一章不是首先明确高校学生的法律地位或者权利，而是首先规定了高校学生的义务。在该章中有关高校学生对国家享有的公民权利和对高校享有的有限成员权利区分不明。在高校学生权利的具体内容上存在缺失，如有关学习自由、校务参与等权利。以学生的转学和转系自由为例，《教育法》和《高等教育法》对此都未作规定，规章虽有所规定①，但由于我国高等教育资源总

① 参见：《普通高等学校学生管理规定》第三节《转专业与转学》。

体仍然处于稀缺状态，学生选择院系和专业的自由受到的限制很大，以至于有学生为了重新选择理想的专业不得不退学重新参加高考。这固然有着专业过细、考生报考志愿时的信息不对称等原因，在很大程度上也是由高校对学习自由不够重视、缺乏相应制度保障造成的。因此，有必要对《高等教育法》相关部分予以重构。

（二）条文建议稿

高等学校的学生

第一条　【高等学校学生的法律内涵及范围】

经依法录取、注册取得高等学校学籍的受教育者是高等学校学生。

高等学校学生包括在普通高等学校接受普通高等学历教育的研究生和本科生、专科（高职）学生。

在高等学校接受成人高等教育的学生、港澳台学生和留学生可以参照本章有关规定。

第二条　【高等学校学生的法律地位】

高等学校可以依据章程，在不与法律、法规相抵触的情况下，具体规定有关高等学校学生的权利义务。

第三条　【高等学校学生的权利】

高等学校学生依法享有公民权利，但公民权利行使不得妨碍高等学校的教育目的。

高等学校学生在高等学校内享有下列权利：

（一）参加教育教学计划安排的各种活动，使用教育教学设施、设备、图书资料；

（二）依照高等学校规定选择院系和专业的自由；

（三）在学业成绩和品行上获得公正评价；

（四）在规定的年限内完成规定的学业后获得相应的学业证书、学位证书；

（五）依照高等学校的有关规定参与高等学校决策和有关社会活动；

（六）法律法规和高等学校规定的其他权利。

高等学校学生依法享有公民权利的正当程序保障和申诉权利。

第四条　【 高等学校学生的义务】

高等学校学生应当履行下列义务：

（一）遵守有关法律、法规；

（二）依法交纳学费和有关费用；

（三）遵守高等学校学生行为规范和高等学校的各项管理制度；

（四）尊敬师长，养成良好的思想品德和行为习惯；

（五）在规定的期限内完成规定的学习任务。

学生团体在法律、法规规定的范围内活动，服从高等学校的领导和管理。

获得贷学金及助学金的高等学校学生，应当履行相应的义务。

第五条　【国家对学生的义务】

国家设立奖学金，并鼓励高等学校、企业事业组织、社会团体以及其他社会组织和个人按照国家有关规定设立各种形式的奖学金，对品学兼优的学生、国家规定的专业的学生以及到国家规定的地区工作的学生给予奖励。

国家设立高等学校学生勤工助学基金和贷学金，并鼓励高等学校、企业事业组织、社会团体以及其他社会组织和个人设立各种形式的助学金，对家庭经济困难的学生提供帮助。

第六条　【高等学校对学生的义务】

高等学校应当保障高等学校学生的权利。

高等学校应当对学生的社会服务和勤工助学活动给予鼓励和支持，并进行引导和管理。

高等学校应当为毕业生、结业生提供就业指导和服务。

高等学校应当完善体育、卫生保健设施，保护学生的身心健康。

参考文献

马怀德．2005．公务法人问题研究［G］//马怀德．中国行政法的崛起．北京：北京大学出版社．

彭希林，肖平，汤帮耀．2006．高校与学生的法律关系研究［J］．中国农业教育．

约翰·S. 布鲁贝克．1998．高等教育哲学［M］．王承绪，郑继伟，张维平，等，译．浙江：浙江教育出版社．

Research about Legal Issues on Students in Higher Education

Yao Jinju

Abstract: It is good way to ascertain the boundary of university authority and handle the issues through defining the rights and obligation of university students. In China, the provisions of educational law concerning university students are neither clear nor enough. Neither enough attention has been paid to students' rights, nor enough emphasis has been imposed to students' obligation. Students could act as student or citizen or both. University students are in the status of citizen and limited university member. Asanuniversity student it is different from common citizenship, which may mean more rights or more obligation. The provisions concerning university students should be amended.

Key words: college and university students, citizenship, limited membership, students' rights and obligation

作者简介

姚金菊，博士，北京外国语大学法学院副教授，硕士生导师；研究方向：行政法学、教育法学。

□余雅风

探寻权力与契约的最佳契合[①]

——对公立中小学教师聘任合同的再思考

【摘　要】 教师聘任合同体现了契约的平等性、合意性，是法律赋予教师对抗权力、对权力运行加以限制的方式。作为国家发展教育、完善教育管理的手段，教师聘任合同同时又体现了必要的权力因素，作为签约人一方的学校、教育行政部门单方行使监督和指挥合同履行权、单方变更或解除合同权、对违反合同规定的教师的制裁权等。立法上，一方面要通过程序和制度规范和控制权力；另一方面，要确立教师聘任合同订立与实施中的基本原则，既要坚持契约伦理，又要恪守公共行政精神。

【关键词】 教师聘任合同，权力，契约精神

根据《教师法》的规定，教师聘任的重要程序之一就是订立教师聘任合同。公立中小学校教师聘任合同（以下简称教师聘任合同）是指学校或教育行政部门依据教育法律和政策，与教师通过协商的方

① ［基金项目］北京市教育科学“十一五”规划2007年度重点课题“规范学校运作的法律研究”（课题批准号：AHA07122）。

式，在意思表示一致的基础上达成的协议。教师聘任合同是教育体制改革的产物。在以行政命令为主的计划体制下，政府包揽教师任用的所有权力。随着教育体制改革的深入以及教育民主理念的建立，原本以强制、支配和命令为中心的教师任用模式已经难以为继，教师聘任合同这种柔和、新型的管理手段应运而生，并成为我国教师管理的重要方式。教师聘任合同一方面体现了契约本质。采用教师聘任合同的方式实施教师管理，目的在于进一步体现教育行政的民主精神，以更有利于教育行政目的的实现。另一方面，实施教师聘任合同制不是将教师聘任自由意志化和经济目的化。作为教育体制改革过程中代替或者补充行政命令的一种教师管理方式，教师聘任合同又必然体现一定的权力因素。教师聘任合同是国家推行教育政策、实现教育公益的一种手段，是不能简单用民事合同及其制度来涵盖和规范的（余雅风，2008）。在教师聘任合同制度的设计与实施过程中，必须充分认识教师聘任合同中权力与契约的诉求，协调谋求公共利益的行政权力与契约精神的冲突以实现两者的最佳契合。

一、教师聘任合同的契约精神

契约最初出现在民事关系中，尽管大陆法系和普通法系的国家对契约的理解有所不同，但契约成立的两个要素却是共同的：一是契约双方彼此平等相待，即契约双方的权利对等、义务对等和地位对等；二是契约双方自愿、自由地彼此施加约束，即契约双方彼此达成同意和允诺。契约体现了不同利益个体在维护自身权利（权力）过程中的博弈、合作、协商和对话。“迄今为止，所有进步社会的运动，都是一个‘从身份到契约’的运动”（亨利·梅因，1959）。在现代社会中，契约理念在吸收了近代契约自由观念的基础上已发展为社会契约观念。其内涵有二：一是一切社会关系都可以由契约关系来概括，社会的一切关系都具有契约关系的属性；二是契约必须以社会利益为依托，以社会利益为参考。目前有学者所谓的广义综合契约，就是“运用契约规则的方式和效力来表现人际中的正义、合理、公平的伦理理念”（梁慧星，1997）。

所谓教师聘任合同的契约精神，是指在签订与履行教师聘任合同的过程中，所体现与遵守的契约规则。“契约的形式表达的是一种‘合意’，这种合意既发生在个人与个人之间，也发生在个人与团体、个人与国家、集团与集团、集团与国家之间，只要涉及到人类关系范畴的事物和行为，都存在着一个通过契约达到合意的问题。”（刘作翔，1999）契约不仅是私法的缩影，也是公法的精神所在。“私法上的‘契约自由’既为公法提供了‘自由’的精神，又为公法提供了权力制约模式的原型。”（孙笑侠，2001）契约在公共领域的引入，具有平衡权利与义务、统一效率与公平、结合自由与秩序的功效。合同形式在教师聘任中的引入，是社会契约观念在教师管理领域的体现，要求教师聘任合同应具有两个基本特性。

（一）平等性

社会契约观念主张社会的全体公民都是平等的，在社会体系中具有平等的地位。契约的缔结以主体地位平等为前提，身份已不再起作用。教师聘任合同体现了契约的平等精神。在教师聘任合同缔约过程中，学校或教育行政部门与教师的地位是平等的，双方必须遵循平等协商的原则。如果学校或教育行政部门在缔约上凌驾于教师之上，教师处于服从的地位，那么教师就不可能作出基于自己意志的有效承诺。无论在缔约过程中，还是在履行合同过程中，学校或教育行政部门与教师发生意见分歧均可以通过协商解决，而协商的过程是双方交流的过程，这与行政命令的单向、不可协商性是不同的。通过合同形式来达到教师管理目的，比行政命令更尊重相对人的利益，也体现了学校或教育行政部门与教师的平等关系。

（二）合意性

合意性指的是经过要约和承诺，就合同的必要条款达成意思表示一致，这是合同存在不可或缺的条件。合意体现的是合同双方的相互沟通，没有意思表示的合同或者没有真实意思表示的合同是无法成立的。社会契约观念主张契约关系的当事人是相对独立和平等的个体，而地位平等的个体之间缔结契约是一种自由的行为。人们共同遵守契约的依据就在于契约是合意的结果，合意是契约合法性的来源。在教师聘任合同中，学校或教育行政部门与教师之间的交流与沟通是建立在平等、自由的基础上的。合同双方权利义务的不对等并不排斥合意的可能性，教师聘用合同已改变了以往建立在单方权威和服从关系上实施教师管理的单向性行政行为方式，须以管理者与被管理者双方协商为前提，政府相关职能部门和学校没有强制教师必须接受聘约的权力，聘用合同法律效力的产生取决于双方意思表达的一致。教师聘任合同主体双方的合意性，一方面可以避免不必要的对抗，避免纠纷，降低行政管理成本；另一方面可以调动教师的积极性和主动性，提高其责任感和主体意识。

由于立法的不确定性，导致了实践中公立义务教育阶段教师聘任在合同主体、合同内容、解聘与法律责任承担等各方面的混乱与分歧，不但难以有效实现教师聘任合同制所倡导的教育民主和权利保障，而且也使教育公益的实现大打折扣。学校或教育行政部门与教师在教师聘任上达成合意，能够平等地订立契约，这是对过去政府与教师之间单一命令服从关系的重大突破。契约精神已成为教师聘任合同的根本属性，并成为限制行政权力、防止行政权无限扩大与滥用的重要手段，对我国教师聘任制的完善起着指引作用。

二、教师聘任合同的权力因素

《教师法》第十七条第一款规定：“学校和其他教育机构应当逐步实行教师聘任制。教师的聘任应当遵循双方地位平等的原则，由学校和教师签订聘任合同，明确规定双方的权利、义务和责任。实施教师聘任制的步骤、办法由国务院教育行政部门规定。”那么，教师任用采取合同形式是否意味着教师聘任合同就是民事合同，合同内容的确立以及法律责任的承担要遵循意思自由原则？由于《教师法》及相关规定并未明确定位教师聘任合同的性质，也未就教师聘任合同作进一步规范，导致教师聘任和管理实践存在较大的混乱，也使《教师法》的适用性和权威性受到极大挑战。现实中我们看到的是：同样是公立义务教育阶段学校，教师或由政府考试并与政府签订聘任合同，或由学校招聘并与学校签订聘任合同，或由政府招聘、教师同时与政府和学校签订合同，合同的形式以及合同订立、履行、责任承担以及合同的变更、终止都存在很大的随意性。

（一）教师聘任合同应属于行政合同

公立中小学校教师聘任合同应定位为行政合同（余雅风，2008），是通过一种比行政命令更为缓和的形式来实现教师任用的。教师聘任合同是我国教育体制改革过程中代替或者补充教育行政命令的一种教师管理方式，是国家发展教育这一行政目标的具体体现，立法设定教师聘用合同制度的目的就是通过学校与教师签订契约的形式，履行教师管理职责以期实现国家的公共教育目标。《教育法》第二十八条授予学校“聘任教师及其他职工，实施奖励或者处分教师”的权力，《教师法》第八条规定了教师“贯彻国家的教育方针，遵守规章制度，执行学校的教学计划，履行教师聘约，完成教育教学工作任务”的义务。可见，教师聘任合同是学校或教育行政部门干预教师教育教学行为的一种方式，介入的目的是要保证实现国家、社会预期的教育目标。要实现这样的目标，必须在合同中赋予学校或教育行政部门以必要的权力。

教师聘任合同中的主体一方是学校或教育行政部门，它具有国家强制力作保障的教师管理权力。在合同订立时，学校或教育行政部门为了推行本区或校的教育、管理的政策、目标，需要保持在合同订立中的主导地位和优势地位。合同中权利义务的配置也必然是向学校或教育行政部门倾斜。学校或教育行政部门与教师权利义务的不对等还体现在学校或教育行政部门对合同的履行具有教育法上的监督权力和变更、解除合同上的优先权，如学校可以管理者的身份对教师的教育教学行为行使监督管理权。

（二）教师聘任合同中的权力因素

从教师聘任合同设立的基础看，它与一般民事合同有着本质的不同。执行国家公共教育事务、实现国家公共教育目标是其首要价值。不可否认，对教师而言，更多地体现为私益，但教师的薪酬、待遇均不属于教师聘用合同协商的范畴，教师的教育自由权要受学校管理当局的指导，执行公共教育事务在教师聘用合同中是最上位的功能，实现私益应在其次。为实现教师聘用合同的制度目标，必然要求赋予学校或教育行政部门以特定的、与教师权利不对等的特殊权力。所谓教师聘任合同中的权力因素可这样理解：作为签约人一方的学校或教育行政部门不以通常的民事合同主体权利义务对等关系而存在，而是保持其原有权力主体的身份，单方行使行政优先权，如监督和指挥合同履行权、单方变更或解除合同权、对教师违反合同规定行为的制裁权等。

1. 监督和指挥合同履行权

即由学校或教育行政部门对教师聘任合同的履行进行指导和监督，引导教师聘任合同的实施向着有利于教育教学秩序的方向发展，同时对教师行为进行监督，以防止损害教育教学和公共利益的情况发生的权力。教师聘任合同履行的目的是维护教育教学秩序、实现国家的教育目标，其履行本身也必须符合公共利益。学校或教育行政部门是公共利益的代表者和执行者，对合同的履行是否符合公共利益、如何履行才能实现预定教育教学目标具有决定权。所以，学校或教育行政部门对合同的履行应当享有指挥权和监督权。

2. 单方变更或解除合同权

即当客观情况发生变化，使教师聘任合同的继续履行有较大的困难，或者教师能力不足以满足正常的教育教学的需要，不能保证合同目的得以实现时，由学校或教育行政部门依照其权能对教师聘任合同的内容作出变更或者直接解除合同的权力。由于社会条件的变化、教育管理过程的发展，或者为了避免或消除公共利益可能遭受的严重不利，尚未履行或正在履行的教师聘任合同没有必要或不可能再履行时，学校或教育行政部门可单方面对合同的内容加以改变或解除合同。如强调继续履行合同，可能造成显失公正，或者有碍于教育发展而损害社会公益，在这种情况下，教师聘任合同应当依照法定程序解除。由于存在不确定性，如何确立单方变更或解除教师聘任合同权力的行使条件就成为一个复杂的问题，否则容易造成学校或教育行政部门行为合法性争议。

3. 对教师违反合同规定行为的制裁权

即对教师违反合同义务、有损公共利益的行为给予制裁，以确保教师管理目的全面实现的权力。这种制裁权是单方面的，与民事合同中的制裁手段只能是经济责任，如承担违约金、损害赔偿责任等不同。学校或教育行政部门基于职权和公共利益的要求，有权对教师适用特定的行政制裁措施，主要包括警告、记过、记大过、降级、撤职和开除等行政处分。学校或教育行政部门的制裁权是教育立法规定的当然的权力，不论教师聘任合同中有无规定，学校或教育行政部门都可以依照职权行使。需要明确的是，实施制裁权以后，并不解除或减轻教师履行合同的责任。但《教师法》的上述规定并不能全部涵括教师所有的违反合同义务、有损公共利益的行为，这也造成了实践中人们对学校或教育行政部门制裁权合法性的质疑。

三、探寻契约与权力在教师聘任合同中的最佳契合

必须充分认识教师聘任合同中权力因素与契约精神的诉求，明确教师聘任合同的本质，既是国家用来加强教育管理的手段，又是教师对抗权力、对权力运行加以限制的方式。由于权力天然具有侵略与扩张的本性，如果没有有效的约束，教师聘任合同这种柔性的教师管理手段极有可能异化为行政命令，失去教师聘任合同的制度目标，失去对教师的吸引力，走向教师聘任合同制度预期目标的反面。如不加以法律规制，就会因权力者的个性因素和环境因素的影响导致滥用裁量权行为的出现，损害公共利益及相对人合法权益。必须从程序和制度上来规范和控制教师聘任合同双方，尤其是管理者一方，以防止不对等的扩张和保障合意的实现。

（一）通过程序和制度的规范和控制

应规定学校或教育行政部门作为管理者一方较多的程序上的义务，而赋予教师较大的程序上的权利，使教师能在程序上与管理者相抗衡。运用程序控制行政权力已成为法治的基本内容。行政程序所具有的防止行政恣意和保证理性选择的特点，正好解决了教师聘任合同中教育行政部门、学校与教师地位的不对等性。可以说，设定正当的程序对教师聘任合同权力的行使过程进行控制将是今后我国教师聘任合同制度建构的重点。所谓通过程序控制教师聘任合同权力，就是着眼于权力行为的过程，确定公正的权力行使的程序。根据我国教师聘任合同的现状，尤其要引入以下的具体措施。

第一，公示。教育行政部门、学校在缔结教师聘任合同之前，应将有关事项如聘任教师的数量、类型、条件等信息通过公示向社会公布。立法应确立公示的时间、形式和内容以及公开招聘的方式，以便公开竞争，防止以权谋私、徇私舞弊。

第二，说明理由和告知。教育行政部门、学校在单方面行使变更和解除合同权或作出与教师有关的决定时，应向教师说明理由，将决定的内容和理由以书面形式告知教师，并告知教师相关的救济性权利。

第三，听证。教育行政部门、学校行使行政优先权的行为如果涉及公共利益或对教师权益有重大影响时，应给教师申请听证的机会，听取教师的意见，确保决定的科学、民主。例如，美国的教师解聘程序（dismissal procedure）是通过立法形式明确规定的（邹琪，2004），在教师被正式辞退之前，必须提前给予通知，让教师明白被辞退的原因且可以有机会提前作好找新工作的准备；另外提供给教师以听证程序保护，让教师有自我辩护的机会。

第四，回避。在聘任教师过程中，遇有权力人与竞聘人之间有利害关系或者有其他关系可能影响教师招聘公正的情况，如权力人与竞聘人为亲属关系等，应当经过法定程序退出该次教师聘任的活动，不得参与相关决定的作出，以防止偏私。

（二）确立教师聘任合同适用的基本原则

实施教师聘任合同的目的在于以契约的形式强化和落实学校与教师的权利、义务和法律责任，保证教育教学活动正常进行，实现公共教育的功能。因而，在教师聘任合同中存在着行政特权，体现的是教育行政法律关系。教师聘用以契约不自由为原则，其内容在性质上属于教师管理行政行为而不是民事行为。必须在明晰教师聘任合同的行政性的基础上，通过公法与私法原则的有机结合，有效控制和解决教师聘任合同中的各种问题。

1. 公共利益原则

即缔结教师聘任合同应是出于维护正常的教育教学秩序、实现教育公益的需要，学校或教育行政部门必须做公共利益的忠实代表，在行使行政优先权时不能违背公共利益。教师聘任合同主要是为公共利益而存在的合同，是国家发展教育这一目标落实于教师管理层面的具体体现，立法设定教师聘任合同制度，目的在于进一步体现现代教育行政的民主精神，以更有利于教育行政目的的实现，以期实现国家的公共教育目标，而不是将教师聘用自由协商化和经济目的化。教师聘任合同行政优先权的行使不是没有限制的，它的行使必须以公共利益为最高准则，这也决定了教师聘任合同的缔结与履行必须符合公共利益。

2. 公正竞争原则

即聘用教师的过程中要公开公平，保证在公正竞争的基础上择优选取教师。教师聘任合同的目的决定了教师合同行为的附从性。教师聘任合同虽冠以合同或协议的称谓，但其目的、功能、法律关系要素的特性均与民事合同存在根本的区别。虽然《教师法》确立了教师的任职资格，但基于法定的教师管理职责，教育行政部门和学校拥有教师聘任合同的发起权和决定权。但这些权力的行使，必须要遵循严格的、公开的程序。这也是教师聘任合同不同于民事合同私密性的重要特点，即它是在独特的原则下进行的。公正竞争原则是行政公开原则和平等原则在教师聘任合同订立过程中的体现，是教育行政部门、学校通过教师聘任合同有效地实现教师管理职能的基本保障，也是维护教师合法权益的重要原则。遵循公正竞争原则，有助于教育行政部门和学校提高管理效益，也有利于防止腐败。

3. 信赖保护原则

即当教师对教师聘任合同过程中某些因素的不变性形成合理信赖，且这种信赖值得保护时，教育行政部门、学校不得变动上述因素，或只能在给予合理补偿信赖损失的前提下才得变动。在该原则之下，教育行政部门、学校对自己作出的行为或承诺应守信用，恪守合同义务，不得随意变更、反复无常。除非是因为公益的需要才可以改变合同内容，但须补偿教师的合同信赖利益。信赖保护原则最大限度地保护了教师的合同利益，有效地限制行政优先权的滥用，在教师聘任合同中实现了行政优先权与教师权益的协调保护。

4. 合意原则

即教师聘任合同的订立应通过协商，双方意思表示一致。教师聘任合同仍属于契约的一种，是学校或教育行政部门与教师之间的双方法律行为，教师聘任合同的合意性区别于一般行政命令的单方性，并受契约一般原理的指导。学校或教育行政部门应当提供有关教师聘任合同的所有信息，与教师协商，征求教师的同意。教师聘任合同的合意性除了体现在合同双方意思表示的一致性外，还体现在教师聘任合同订立的协商性，即学校或教育行政部门与教师订立教师聘任合同时应进行协商，不得将自己的意志强加于对方。

5. 诚实信用原则

即在教师聘任合同的订立和履行中应恪守承诺、积极履行契约义务。从教师聘任合同的行政性来看，诚实信用原则适用于教师聘任合同有利于规制行政优先权的恣意行使。具体适用时，须注重诚信原则对教育行政部门、学校在教师聘任合同中进行公益裁量、行使行政优先权时的有效约束。必须改变单纯强调权力机关的优越地位、忽视个人权利保护和平等地位尊重的传统做法，建立合同双方相互信赖和协作的关系。全面履行是教师聘任合同依法成立的必然结果，并构成了教师聘任合同法律效力的核心内容和教师聘任合同消灭的主要原因。而诚实信用是教师聘任合同得以全面履行的道德基础。如果缺乏或丧失这一道德基础，教师聘任合同的全面履行将无法落实，教师聘任合同的具体目的就难以达成，最终影响公共教育目标的实现。

教师聘任合同的最大特点就在于权力因素与契约精神的结合。一方面它保证学校或教育行政部门作为行政主体仍保持其行使公权的地位，享有充足的权力资源，以有力保证行政目的和公共教育目标的实现；另一方面，它凸显了体现私法原则的契约精神，通过合同双方的交流与沟通而达成协议，发挥教师的积极性和主动性，体现其民主性，为学校或教育行政部门与教师提供了自由协商的空间，双方的意志与所追求的利益得到了最大化的实现。因此，教师聘任合同的订立与实施，既要坚守契约伦理，又要恪守公共行政精神，保证实现教师聘任合同中契约精神与权力要素的有效契合。

参考文献

亨利·梅因. 1959. 古代法［M］. 沈景一，译. 上海：商务印书馆：97.

梁慧星. 1997. 民商法论丛（6）［M］. 北京：法律出版社：275－281.

刘作翔. 1999. 迈向民主与法治的国度［M］. 山东：山东人民出版社：79－80.

孙笑侠. 2001. 法的现象与观念［M］. 山东：山东人民出版社：16.

余雅风. 2008. 教师聘任合同的公法规范与控制［J］. 教育发展研究（22）.

邹琪. 2004. 中美中小学教师聘任合同比较［J］. 教育科学（1）.

Probe into the Power and Contractual Spirits in Teacher Appointment Contracts

Yu Yafeng

Abstract: The contract for teachers not only portrays the spirit of equality and acceptability, but also serves as a form of limitation to the execution of power. As a form of developing and improving education level, the contract for teachers contains some ingredients of necessary power. The school and the educational administrative department have the right to supervise and control the performance of contract, modify and cancel the contract, take sanctions against teachers and so on. In legislation, on one hand procedures and institutions are necessary to specify and control power; on the other hand, some basic principles in making and implementing the contract should be drawn up in order to uphold contract ethics and keep public administration spirits.

Key words: teacher appointment contracts, power, contractual spirits

作者简介

余雅风，博士，北京师范大学教育学部副教授，博士生导师；研究领域：教育法学、未成年人法学。

□胡林龙

公立学校教师聘用合同的解除事由

【摘　要】目前，教师聘用合同解除纠纷经常见之于各学校，但是鲜有人研究它的事由。不同的国家有不同的事由体系，一个国家规定的事由在另一个国家可能就不是事由，即使在同一个国家不同地方立法机关规定的事由也不完全一致。构建由教师事由、学校事由和其他事由组成的事由体系；在教师与学校事由方面，以教师事由为主。在教师故意或过失与非故意或过失事由方面，以故意和过失事由为主。

【关键词】学校，教师聘用合同，解除事由

目前，我国教师聘用合同的改革实践不断深入。在聘用合同的履行过程中，教师聘用合同解除纠纷经常见之于各学校。它们不但因学校的解聘行为而引起，而且也因教师辞聘行为而产生。其解决需要研究教师聘用合同的解除事由。① 现阶段，我国教师聘用合同解除事由的法律规定缺欠，理论研究阙如。因

---

① 有的学校以“教师授课少”为由解聘教师，参见：张寒．北大光华管理学院教授邹恒甫被辞退［N］．新京报．2006－04－02；有的学校以“年终考核不合格”或者“不服从教学安排”为解聘事由，参见：王文鸾．学校拒聘教师引发的纠纷［N］．中国教师报．2003－07－02．本文主要研究法定的解除事由，当事人约定的解除事由一般不予讨论。

此，对它的研究具有理论与实践的意义。

一、我国与美国教师聘用合同解除事由的比较

（一）中美教师聘用合同解除事由的法律规定

我国《关于在事业单位试行人员聘用制度的意见》（以下简称《意见》）第六条规定，受聘人员有下列情形之一的，聘用单位可以随时单方面解除聘用合同：（一）旷工；（二）擅自出国或者出国逾期不归；（三）违反工作规定或者操作规程，发生责任事故，或者失职、渎职，造成严重后果；（四）扰乱工作秩序；（五）被判处刑罚或者被劳动教养。对在试用期内被证明不符合本岗位要求又不同意单位调整其工作岗位的，聘用单位也可以随时单方面解除聘用合同。受聘人员有下列情形之一的，聘用单位可以单方面解除聘用合同，但是应当提前30日以书面形式通知拟被解聘的受聘人员：（一）患病或者非因工负伤；（二）考核不合格；《中华人民共和国教师法》（以下简称《教师法》）第三十七条规定，教师有下列情形之一的，由所在学校、其他教育机构或者教育行政部门给予行政处分或者解聘：（一）故意不完成任务；（二）体罚学生；（三）侮辱学生。《关于深化高等学校人事制度改革的实施意见》（以下简称《实施意见》）第十四条规定，聘方所提供的条件发生重大变化时，可以通过解聘、辞聘等形式，解除聘用合同，终止聘用关系。

关于美国各州教师聘用合同的解除事由，要者如下。第一，不道德。它大致包括以下几种情况：一是与未成年学生发生性行为；二是教师校外不当生活；三是未婚怀孕；四是同性恋；五是其他有敌意的相关行为，如不当言论、不诚实、触犯刑律①、服用禁药与酗酒等。第二，不服从。关于不服从的分类如下：一是体罚，它在不服从中占据重要地位，包含用棒击打、掌掴、捏与踢打；二是双方交恶，教师坚拒与校长

① 不当言论，如教师上课发表污辱黑人学生的言论，在教室公然指责学生是“贱货”和“妓女”；不诚实，如教师谎报病假，教导学生在比赛中作弊；触犯刑律，如教师的偷电行为，校长的逃税行为。

讨论其缺课之事，不愿解释其教学所造成的问题，经常用挑衅语言与校长交战；三是不响应和遵守学区政策，让因犯错误而被勒令管教的学生回班上课，无故缺课，拒绝遵照校方改善教学的程序，执意在教室中传教，以及其他诸多行为，如滥用复印机，未及时通知校方不来上课、排课及与其他教师一再冲突。第三，不能胜任。关于不能胜任，主要有下列几点：一是学生成绩方面，学生成绩欠佳或标准化成就测验分数过低；二是学生管教方面，教师无法维持纪律，对学生的管教过当，如罚学生站厕所，拉学生的头发和耳朵；三是欠缺专业知识方面，教师专业知识的贫乏，使用不正确的英文，拙劣的教学方法等；四是其他，诸如教师要求学生写粗话1000次，挥动赛跑用的手枪来控制学生，在重大事务上拒绝回答行政长官的问题，校长对应聘者加以性骚扰等。① 第四，玩忽职守。教师不能履行分派的任务时，便构成"玩忽职守"，如上课时喝酒，拒绝进修等。第五，强制裁员。其主要为：一是学生注册人数减少；二是财政危机；三是学区重划；四是职位或计划的删除（秦梦群，2006）。

（二）与美国相比，我国教师聘用合同解除事由的缺欠

第一，事由对象不明确。《意见》第六条是目前我国聘用合同解除事由的主要规定，其适用对象是我国庞大的、界线模糊的事业单位人员。而美国解除事由的适用对象则为专门从事教育教学活动的教师，它界线分明，范围确定。第二，事由欠缺分类与分层。美国聘用合同解除事由既分类又分层，大类之下有小类，大层里面含小层。这与我国事由对比反差强烈。第三，事由较少。美国聘用合同解除中的许多事由是目前我国法律尚未规定的，如与未成年学生发生性行为、教师校外不当生活、未婚怀孕、同性恋、服用禁药与酗酒、学生人数减少、财政危机、学区重划、职位或计划的删除等。第四，缺欠概括性事由。我国采取只列举不概括的立法模式，难于囊括现实生活中各种解聘的情况，从而造成适用法律的困难。而美国某些州使用"充分正当的理由"、"其他"条款，以备不时之需，值得我们借鉴。第五，抄袭与搬用。从我国事由

① 关于性骚扰，参见：Nathan，L. Essex. 2002. School Law and the Public Schools-A Practical Guide for Educational Leaders［M］. Boston：Ally and Bacon：240－243.

规定的来源看，《意见》在“聘用单位可以随时解除聘用合同方面”规定五项事由，主要来源自于《全民所有制事业单位辞退专业技术人员和管理人员暂行规定》（以下简称《暂行规定》）第三条和《中华人民共和国劳动法》（以下简称《劳动法》）第二十五条。《意见》在“聘用单位预告解除聘用合同方面”规定两项事由，基本上照搬《劳动法》第二十六条的内容；① 从我国事由构成看，主要为：旷工、擅自出国、出国逾期不归、违反工作规定或者操作规程、失职、渎职、严重扰乱工作秩序，被判处刑罚、被劳动教养、不符合岗位要求②、患病、非因工负伤、考核不合格、聘方条件发生重大变化、故意不完成任务。它们的基本欠缺是缺少教育教学活动的内容，完全可以适用于企业劳动合同的解除。

（三）美国教师聘用合同解除事由存在的问题

第一，事由体系未能依照一定的标准构建，事由之间存在重复与被包容的现象。例如，美国不服从类型中的“体罚”，它包括用棒击打、掌掴、捏与踢打，与不能胜任类型中的“罚学生站厕所、拉学生的头发和耳朵”；不道德中的“酗酒”与玩忽职守中的“上课时喝酒”；不服从中的“不遵守学区政策”与不能胜任中的“在重大事务上拒绝回答行政长官的问题”和玩忽职守中的教师“拒绝进修”。第二，事由不分故意或过失和非故意或过失。“在重大事务上拒绝回答行政长官的问题”、“校长对应聘者加以性骚扰”是行为人的故意而非过失行为；“学生成绩欠佳或标准化成就测验分数过低”、“欠缺专业知识”，一般地说，是教师能力弱、素质差的非故意或过失的问题。我认为，不仅故意或过失事由应坚持法定原则，不能随意滥用，而且非故意或过失事由更应严格控制，除教师能力和身体原因外，我国学校一般不能以教师非故

---

① 目前，我国许多学者在论述教师聘用合同的解除事由时，只是在变换主体称谓之后，完全或者基本上援用《劳动法》或者《中华人民共和国劳动合同法》的规定。请参见：林雪卿．2006．订立、解除、终止教师聘任合同应注意些什么［J］．人民教育（19）；罗彬彬，罗均友．2007．教育类法律文书范本与制作详解［M］．北京：中国法制出版社：298－299.

② 此处的“不符合岗位要求”与外国“不能胜任”两者既有相同之处，也有其差异。“不符合岗位要求”既有“不能胜任”中能力弱的内容，又有“不能胜任”中所没有的性格、道德与岗位不相符的意义。

意或过失事由为由将其解聘。第三，事由内容太宽泛。一是除工作事由之外，尚有非工作事由。如“教师校外不当生活”、“未婚怀孕”、“同性恋”、“服用禁药与酗酒”；二是裁员事由较多。如“学生注册人数减少”、“财政危机”、“学区重划”、“职位或计划的删除”。

二、我国大陆与台湾地区教师聘用合同解除事由的分析

关于大陆与台湾地区教师聘用合同的解除事由，我们拟从以下两方面进行分析。

（一）解除事由的法规构成

目前，《意见》集中规定学校在何种情形下可以或者不能解聘教师的事由。除此之外，事由的其他规定散见于《教师法》、《实施意见》、《教育部关于高等学校教师职责及考核的暂行规定》和《企事业单位评聘专业技术职务若干问题暂行规定》。台湾地区聘用合同解除事由的规定主要是“教师法”、“教师法施行细则”、“教育人员任用条例”、“公立学校教职员成绩考核办法”（洪祥，2004）、“大学法”和“专科学校法”（林纪东，等，1986）。

与台湾地区相比，大陆解除事由的法规构成存在以下问题。第一，法规不健全。《教师法》欠缺聘用合同解除事由的规定，未能起到基本法的作用。同时，缺欠与《教师法》实施相配套的“教师法实施细则”和其他单行法规。第二，法规之间冲突。《意见》规定，受聘人员连续旷工超过10个工作日或者1年内累计旷工超过20个工作日的，聘用单位可以单方面解除聘用合同。《暂行规定》规定，无正当理由连续旷工时间超过15天，或者1年内累计旷工时间超过30天的，单位可以辞退。可见，《意见》规定的旷工期限是10天或者20天，而《暂行规定》是15天或者30天。在教师旷工超过15天或者30天的情形下，学校既可以采取辞退措施，也可以使用解聘方法；但是，在旷工仅超过10天或者20天的情况下，学校只能解除聘用合同，而不可以辞退教师。

（二）解除事由的法规内容

大陆的解除事由主要是旷工、擅自出国、出国逾期不归、违反工作规定或者操作规程、失职、渎职、严重扰乱工作秩序，被判处刑罚、被劳动教养、不符合岗位要求、患病、非因工负伤、考核不合格、聘方条件发生重大变化、故意不完成任务、体罚学生、侮辱学生；台湾地区“教师法”第14条规定：（1）受有期徒刑一年以上判决确定，未获宣告缓刑者；（2）曾服公务，因贪污渎职经判刑确定或通缉有案尚未结案者；（3）依法停止任用，或受休职处分尚未期满，或因案停止职务，其原因尚未消火者；（4）褫夺公权尚未复权者；（5）受禁治产之宣告，尚未撤销者；（6）行为不检有损师道，经有关机关查证属实者；（7）经合格医生证明有精神病者；（8）教学不力或不能胜任工作，有具体事实或违反聘约情节重大者。“教育人员任用条例”第31条规定曾犯内乱、外患罪，经判决确定或通缉有案尚未结案者。①

与台湾地区相比，大陆法规内容的基本问题是对教师权益保护的力度较小，分析如下。第一，非故意或过失的事由较多，大陆包括“不符合岗位要求、患病、非因工负伤、考核不合格”，而台湾地区仅有“不胜任工作或教学不力”。这未能体现“劳动法”应有的对劳动者倾斜保护的思想。第二，教育教学活动的事由较多，大陆共有12项解除事由，其中与教育教学活动有关的有以下9项：（1）旷工；（2）擅自出国、出国逾期不归；（3）违反工作规定或者操作规程、失职、渎职；（4）严重扰乱工作秩序；（5）不符合岗位要求；（6）考核不合格；（7）故意不完成任务；（8）体罚学生；（9）侮辱学生。在台湾地区规定的9项事由中，关涉教育教学活动的只有以下3项：（1）行为不检有损师道；（2）依法停止任用，或受休职处分，或因案停止职务；（3）教学不力或不能胜任工作。教育教学活动的事由越多，教师权益保护的力度就越小。

---

① 该“条例”第31条规定7项事由，除该事由外，其余6项与上述“教师法”的事由相同，被省略。

三、我国解除事由体系建立的基本问题及其构想

（一）我国聘用合同解除事由体系建立中的基本问题

要解决我国聘用合同解除事由体系建立中的基本问题，就应借鉴外国和我国台湾地区聘用合同解除事由的成功经验，吸取其经验教训。这是创建我国特色聘用合同解除事由体系的基础。

1. 事由体系的构建问题

以何种标准建立我国的事由体系？这是建构逻辑严密、结构合理事由体系的基础。考察现行各国法律，教师经常因教师自身事由和学校事由两种事由而被解聘，以前者为主。美国各州最常见的聘用合同解除事由是不道德、不服从、不能胜任、玩忽职守和强制裁员。前四项属于教师事由，后一项为学校事由。《日本学校教育法》第9条规定，聘用合同解除事由主要是禁治产人和准禁治产人、被处以监禁以上刑罚、受吊销许可证处分、组织或参加主张以暴力破坏宪法或政府的政党及其他团体、工作成绩不佳、身心不健康、其他缺少任其官职必备条件、出现废职或人员过剩。除“出现废职或人员过剩”外，其余均为教师事由。在教师自身事由方面，根据行为人行为时的心理状态，其又可分为故意或过失事由与非故意或过失事由，法律规定以前者为主。韩国《私立学校法》第58条规定以下5项事由：（1）身体或精神上的障碍，（2）工作成绩极差，（3）加入并帮助以破坏政府为目的的团体，（4）进行政治运动或劳动运动、集体拒绝授课、为支持或反对某政党教唆、煽动学生，（5）在人事记录中进行不正当的计分、记载或加以虚假的证明或陈述。其中第（3）项、第（4）项、第（5）项是教师的故意或过失行为，第（1）项属于教师非故意或过失行为。俄罗斯和苏联的聘用合同解除主要事由是：严重破坏教育机构章程、使用体罚和虐待方法、工作中处于醉酒、麻醉和中毒状态、工作量缩减、违反劳动纪律、无故旷工、资格不够、不健康、不道德。除“资格不够”和“不健康”为非故意或过失事由外，其他基本上为故意或过失事由。

综上所述，各国在教师与学校事由的规定方面，以教师事由规定为主；在教师故意或过失与非故意或过失事由的规定方面，以故意或过失

事由规定为主。“两个为主”表明教师是聘用合同解除的主要主体，反映法律对教师故意或过失行为的否定性评价，同时体现各国对被解聘教师权益保护的高度重视。以教师聘用合同主体和教师故意或过失与否两个属种关系标准作为建构我国聘用合同解除事由体系是我的基本思考，它解决了中外事由体系中的一系列逻辑问题。

2. 范围的扩张与收缩问题

教师聘用合同解除事由的范围是动态的，它要服从于我国教育改革的大局，服务于我国教师聘用合同解除的实践。根据目前我国聘用合同解除实践的需要，借鉴外国聘用合同解除事由的规定，我认为在教师方面，应增加以下事由：第一，精神病事由。它基本上是各国法律规定的教师聘用合同解除的事由，如美国密苏里州的“身体或精神不适合教育学生或与学生进行联系”（茅锐，等，2004）；《日本学校教育法》规定的“禁治产人和准禁治产人”；韩国的“身体或精神上的障碍”；苏联的“因健康情况而不宜任职”；台湾地区“教师法”中的“经合格医生证明有精神病者”以及我国《民法通则》关于精神病人的规定。第二，学术不端行为。[①] 它是我国教育体制改革不断深入的情况下出现的新问题。目前，学术不端行为常见诸报刊，并愈演愈烈，如北京大学博士生导师王铭铭抄袭案（田畔，2002），浙江大学贺海波学术造假事件[②]，“西安3教师抄袭论文被通报”（柯昌万，2009）。学术不端行为被确定为我国教师聘用合同的解除事由，有利于加强学术道德和学风建设，有利于预防和惩治学术不端行为；在学校方面，应加进下列事由。第一，学校合并与集中。[③] 理由如下：一是目前我国被高校录取的学生“不报到”，已成为一个较为普遍的社会现象。随着我国人口出生率的降低，大学入学人数的减少，不报到现象将会愈加突出，校际尤其是地方院校之间的生源竞争将愈益激烈，竞争的结果就是学校的合并与集中。与此

---

① 学术不端行为是许多国家解聘教师的事由，如在加拿大，董事会可以解聘那些实施不道德学术行为的人。请参见：许庆豫，葛学敏．2004．国别高等教育制度研究［M］．徐州：中国矿业大学出版社：52．

② 请参见：http：//www. moe. edu. cn/edoas/website18/34/info1237107567051434. htm.

③ 我国的“学校合并与集中”与美国的“学区重划”既有联系又有区别。“学区重划”涉及“学校合并与集中”的问题，但是也有其没有的内容，如学校的归属问题、学校的分立问题、学校的布局调整问题等。

相适应，教师的解聘就成为题中之事。二是民办学校已成为我国教育发展的重要力量，其办学资金主要来源于其举办者的投资，当其资金运作困难的时候，可能出现被其他学校兼并的现象（卢彩晨，2008）。第二，学校改制。目前，有的地方政府为减轻财政压力将公办职业技术学院转制为民办学院。在该种情形下，也出现教师的解聘与辞聘问题（周辉，2009）。

要建构符合我国国情比较科学的事由体系，必须对我国现行法定事由及其体系进行梳理，以减少和消除事由之间的逻辑混乱现象。这关系事由的减少问题。在我国事由中，我认为应删除“擅自出国、出国逾期不归、违反工作规定或者操作规程、严重扰乱工作秩序、不符合岗位要求、故意不完成任务、聘方条件发生重大变化”事由。分析如下：一是事由太具体，未有包容性。如“擅自出国”、“出国逾期不归”，它们实际上可以被归入无故不请假的“旷工”一类。二是事由太抽象，包容性太大。如“违反工作规定或者操作规程”是一个内涵丰富、外延较大的概念，它就像一个大筐可以装下旷工、擅自出国、出国逾期不归、失职、渎职、严重扰乱工作秩序、故意不完成任务、体罚学生、侮辱学生等事由。因此，它不宜作为一个具有操作性的事由概念。① 三是事由之间可以相互代替。如“考核不合格”可以替代“不符合岗位要求”。四是事由之间的关联度较高，难以确定哪个事由是聘用合同的解除事由。如“严重扰乱工作秩序，致使聘用单位、其他单位工作不能正常进行”可能是因“违反工作规定或者操作规程，发生责任事故，或者失职、渎职，造成严重后果”所致；“故意不完成任务”可能是“旷工”行为造成的后果。② 五是事由的规定不符合学校的情况。如“聘方条件发生重大变化”，它与《劳动合同法》第四十一条经济性裁员中的第（四）项“其他因劳动合同订立时所依据的客观经济情况发生重大变化，致使劳动合同无法履行”规定基本相同。除民办学校之外，公立学

① 台湾地区的“行为不检有损师道”亦然，它也涵盖上述列举的事由。同时，“行为不检”也是英国解聘教师的事由。请参见：孙霄兵. 1991. 外国教师法选编［M］. 贵阳：贵州教育出版社.

② 美国也存在事由之间的关联度较高，难以确定哪个事由是聘用合同的解除事由问题，如“教师校外不当生活”可能是造成“未婚怀孕”的原因，也可能包括“与未成年学生发生性行为”或者“同性恋”。

校有稳定的办学经费来源，不存在因财政危机而解聘教师的问题。同时，学校是公益性法人，不能实施营利行为，更不能以教育教学财产抵押贷款，因此也不存在因经营风险而解聘教师的问题（胡林龙，2008）。于是，经上述梳理后的我国解除事由及其体系为：旷工、失职、渎职①、被判处刑罚、被劳动教养、患病、非因工负伤、考核不合格、体罚学生、侮辱学生。它们基本上也是其他国家法律规定的事由，如旷工，美国有“无故缺课”的规定，苏联规定“无故旷工”，波兰是“未任教已达六个月者”；如失职、渎职，美国和英国都规定“玩忽职守”；如“被判处刑罚”，美国的“触犯刑律”，英国的“违法犯罪”（孙霄兵，1991），日本的“被处以监禁以上刑罚”，俄罗斯的“因某种罪行犯有前科”；如考核不合格，与美国的“不能胜任”②、日本的“工作成绩不佳”，韩国的“工作成绩极差”有相同之处；如体罚，美国和俄罗斯均有体罚规定；如侮辱，美国有“不当言论”。上述事由的减少使我国教师聘用合同解除事由更趋科学化和合理化，为以下构建我国事由体系奠定了较为坚实的基础。

（二）我国聘用合同解除事由体系的初步建立

循着上述的思路，我国《教师法》应增加事由体系的规定，使其在聘用合同解除中起到基本法的作用。除此之外，还应颁布包含解除事由规定的“教师法实施细则”和系列单行法规。

1．我国聘用合同解除事由体系的构成

根据主体关系的不同，聘用合同解除事由可以分为教师自身事由、学校事由和其他事由。第一，教师自身事由。依据不同的标准，它又可分为两种。一是从行为人的心理状态分析。A．故意或过失事由，a．故意事由，旷工、体罚学生、侮辱学生、学术不端行为。b．过失事由，

---

① 按照我国《刑法》规定，渎职罪的主体是国家机关工作人员，是指国家立法、行政、司法、军事等部门的公职人员，还包括中国共产党的各级机关、中国人民政治协商会议的各级机关的公职人员。教师不是国家机关工作人员，不可能是渎职罪的主体。但是，他可能实施一般的渎职行为。所以，“渎职”与“被判处刑罚”事由之间并不冲突。

② 美国的“不能胜任”（Incompetency）主要指教师的能力；“无能力”（Incapacity）则包括精神和身体两方面。请参见：Michael Imber，TyllVan Geel. 2004. Education Law［M］. New Jersey：Lawrence Erlbaum Associates：404－414.

失职。c．故意或过失事由，渎职、被判处刑罚、被劳动教养。它们可能因行为人的故意，也可能因行为人的过失而发生。B．非故意或过失事由，患病、非因工负伤、考核不合格、精神病。它们主要是教师身体或者能力等客观而非主观上的事由。该分类的意义在于故意或者过失不仅与行为人是否承担责任以及承担多大责任有关，而且与权利的行使及其限制密切相关。二是从行为指向的主体利益分析，它包括三大类：学校利益、学生利益、他人利益。在学校利益项下，有旷工、失职、渎职、患病、非因工负伤、考核不合格、精神病；在学生利益项下，有体罚学生、侮辱学生；在他人利益项下，有学术不端行为、被判处刑罚和被劳动教养。[①] 该分类的目的在于明确谁是责任人，谁是权利人。三是从行为规范的内容分析，A．刑事规定，如判处刑罚；B．行政规定，如被劳动教养；C．劳动人事规定，如旷工、失职、渎职、体罚学生、侮辱学生、患病、非因工负伤、考核不合格、精神病和学术不端行为。该分类表明教师聘用合同解除规定主要是关于劳动人事工作的规定，适用的主要是劳动人事法规。第二，学校事由。除《实施意见》第十四条规定的聘方条件发生重大变化外，我国学校事由的规定阙如。根据现实需要，增加学校合并与集中和学校改制两项事由。[②] 第三，其他事由。这是一项概括性事由，主要是为满足现实和适应未来发展需要增加的事由。除上述未列出的事由之外，它包括教育法律的制定、修改和废除以及教育政策的变化等。

2．新的聘用合同解除事由体系的基本特点

第一，体现“两个为主”的思想。在教师与学校事由方面，以教师事由为主。新体系共有 14 项事由，其中教师事由 12 项，学校事由 2 项；在教师故意或过失与非故意或过失方面，以故意或过失事由为主。在新体系中，教师事由为 12 项，其中故意或过失事由 8 项，非故意或过失事由 4 项。第二，分类标准较为科学，逻辑性强。首先以聘用合同关系主体的教师和学校为划分解除事由第一层次的标准，其次以教师故

---

① 在学术不端行为、被判处刑罚和被劳动教养的情形下，一般地说，教师行为侵害的是他人利益，但也有可能损害学校的利益。

② 在我国现行教育管理体制下，学校合并与集中和学校改制，除民办学校之外，属于政府行为而非学校行为。

意或过失与非故意或过失为解除事由分类的第二层次标准，再次具体事由的外延既不能大也不能小，太大存在事由的包容与被包容问题，太小容易产生事由重复与交叉的现象。这种由层次分明、逻辑性强的标准建构的事由体系，基本上囊括教师聘用合同的解除事由，内涵比较确定，外延比较周延，基本上解决美国因“不道德、不服从、不胜任”划分标准不一引发的事由之间逻辑混乱的问题。第三，倾斜保护教师的权益。与外国相比，新体系的事由数量较少。按照事由范围大小与教师权利保护成反比的原理，有利于教师权益的保护。关于美国、苏联“不道德”和韩国“生活作风不良”事由，在我国现阶段，一般地说，不能作为解聘教师的事由，尤其是“与非学生间的不良性行为”、“师生恋的不良行为”、“教师校外不当生活”等，除非这些行为严重影响学校的声誉或者产生较大的不良社会影响。教师职业决定教师道德是重要的，但是不能因此侵犯其合法权益；关于美国“服用禁药与酗酒”和俄罗斯“工作中处于醉酒、麻醉和中毒状态”事由，我认为在目前我国教师权益被普遍侵犯、未有切实保障的情况下，这些不良行为或者习惯不宜列入我国教师聘用合同的解除事由。教育行政部门和学校应加强对教师行为规范的教育工作，加大道德规范、治安管理法规对这些行为的调整；关于美国“学生注册人数减少”、“职位或计划的删除”、苏联“工作量缩减”、日本“出现废职或人员过剩”和加拿大“大学教师过剩”事由，我认为在我国现行教育管理体制下，它们不能作为公立学校解聘教师的事由。政府可以通过维持或者减少学校编制的数量，公立学校可以通过控制新教师的进校解决这些问题，从而达到教师与学生、教师与职位、教师与工作量的平衡；关于美国和加拿大的“财政危机”（许庆豫，等，2004），可以作为我国民办而非公办学校解聘教师的事由。国家对公立学校的投入是它应该履行的法定义务，人民群众接受教育是其依法享有的权利；关于政治事由，我国《刑法》规定了由12种具体犯罪组成的危害国家安全罪，《意见》对被判处有期徒刑以上刑罚收监执行的人员，规定聘用单位可以随时单方面解除合同。因此，在我国政治事由没有单独列入解除事由的必要。第四，满足我国的现实需要。在体系中增加外国和台湾地区没有但又为我国教师聘用合同解除实践所需要的“学校合并与集中”、“学校改制”的事由。第五，在借鉴外国事由和参照我国民法规定的基础上，加入精神病事由。

四、结　语

教师聘用合同解除纠纷普遍存在于各所学校。在纠纷中，不仅学校的权利受到侵犯，而且教师的权利也未得到保障。目前，它尚未引起社会各界的关注，不仅立法阙如，而且理论研究也尚属空白。为建立我国比较科学的事由体系，对我国大陆与美国、我国台湾地区的事由进行比较，以借鉴它们的成功经验和吸取其经验教训。建构由教师事由、学校事由和其他事由组成的事由体系；在教师与学校事由方面，以教师事由为主。在教师故意或过失与非故意或过失事由方面，以故意或过失事由为主。这层层递进的分类标准基本上解决事由体系的逻辑问题。通过增加和减少事由的方法使我国事由及其体系既能满足现实需要，又能具有较为科学的逻辑体系。增加各国共同具有的精神病事由、为解决我国目前学术道德问题的学术不端行为事由、为适应改革需要的学校合并与集中和学校改制事由。

参考文献

洪祥．2004．教育法规汇编［M］．台北：鼎茂图书出版股份有限公司．

胡林龙．2008．公立高校收费权质押贷款法律问题［J］．法学（8）．

柯昌万．西安3教师抄袭论文被通报［N］．中国教育报，2009-02-02．

林纪东，郑玉波，蔡墩铭，等．1986．新编六法参照法令判解全书［M］．改订版．台北：三角图书出版公司：1079-1080，1081-1082．

卢彩晨．2008中国民办高校倒闭问题研究［J］．中国教育科研参考（21）．

茅锐，范文，张文青．2004．美国密苏里州教师解聘状况研究［J］．教育科学（2）．

秦梦群．2006．美国教育法与判例［M］．北京：北京大学出版社：183-195．

孙霄兵．1991．外国教师法选编［M］．贵阳：贵州教育出版社：141，191，187．

田畔．王铭铭抄袭案何以成为“全国性媒体事件”［EB/OL］．（2002-04-08）［2010-07-21］．http：//www.acriticism.com．

许庆豫，葛学敏．2004．国别高等教育制度研究［M］．徐州：中国矿业大学出版社：52．

周辉．2009．教师队伍建设稳定性与安全性的基本法律问题——教师地位变迁引发的思考［J］．现代教育管理（5）．

Probe into the Causes of Terminating Teachers' Employment Contract in Public Schools

Hu Linlong

Abstract: At present, the disputations that schools and universities cancel the employment contract quite often happen, but few people study their causes. Different countries have their cause systems, a cause of a nation may not be the cause in another one, even in different parts of a country are the causes different. Construct the cause system formed by the causes of the teacher, the school and other. Between the teachers and the schools, the teacher causes are more than school ones; between the intention or negligence causes and no intention or negligence causes, intention or negligence are more than ones of no intention or negligence.

Key words: school, employment contract of teachers, cancelling Causes

作者简介

胡林龙，江西宜春学院经管学院院长，教授，中国人民大学博士，硕士生导师；研究方向：教育法学、劳动法学等。

□孙丽昕

英国 2008 年《学校招生录取规章》的主要内容及对我国教育立法的启示

【摘　要】英国《学校招生录取规章》主要规定了四章的内容，分别是立法宗旨、公正的超额选录标准的制定、合作招生与公正招生协约及公正招生体制的保障。该规章对我国的教育立法的完善有如下几点启示，即在教育立法中应有相应的立法咨询以广泛征求社会各界对立法草案的意见，坚持以生为本，尊重教育的民主性，加强教育行政部门与学校的服务性，遵守正当程序，规范内容明确具体以使教育立法具有可操作性，确立相应的保障机制，尤其是中立的第三方的监督与制约。

【关键词】招生录取，规章，启示

1979 年以来，增加家长选择学校的机会是英国教育改革的主题之一，这是促进教育民主化、开放化与社会公平的一项非常重要的举措，然而这一举措在实践过程中所遇到的困难与障碍对于英国立法者而言也是非常巨大的。由于家长择校意愿能否得到实现，在很大程度上是掌握在学校手中，故对学校招生录取工作进行改革与规范构成了英国教育立法活动中非常重要的内容。2008年12月4日递交议会备案的《学校招生录取规章（修订）》已于2009年2月10日起实施，可谓是近年对英国学校招生录取工作及家长的择校权影响最重大的一部教育立法，承以社会厚望。无论是立法者还是社会，都希望该法的实施能够有效解决当前在英国中小学招生录取中所存在的各种问题，以期家长的择校权利能够切实得以实现，增进社会公平。本文围绕英国《学校招生录取规章》的规定，将其主要内容作一介绍。

一、《学校招生录取规章》的主要内容

《学校招生录取规章》（下简称规章）共分为四章，此外还包括教育大臣的致辞、前言与附录1至附录6等。第一章规定了本法的立法宗旨，即实现学校招生工作的公平与公正；第二章规定了公正的超额选录标准的制定；第三章规定了合作招生与公正招生协约；第四章规定了公正招生录取体制的保证。这四章内容构成了规章的主体部分，其所确立的招生原则与制度包括以下几点。

（一）立法的宗旨与目的

教育对儿童人生具有非常重要的意义，且是政府儿童事务署（the Government's Every Child Matters）的战略核心。儿童的健康成长不仅受到学校之外因素的重要影响，同时还受到学校的教育状况的影响，如童年时期与成年时期的健康、犯罪、反社会的行为及经济上的竞争能力等。因此，让来自于不同家庭背景、种族、信仰的儿童有同等机会接受优质的学校教育具有重要的意义。故规章的宗旨是促使政府在家长的影响下建构一个卓越与公平的且能发掘每位儿童才智与潜能的学校制度，而这一切都与儿童的家庭背景无关；并使所有的家长都会感受到在为自己的孩子申请所要上的学校的学位时，他们有相同的机会。简言之，规章的宗旨与目的就是促进学校招生工作的公平与公正。

为此，规章在第一章中规定如下原则或要求，以使立法宗旨得以明确及遵循。

第一，地方教育当局有权确保条件极其恶劣的学校更迅速与决定性

地好转。

第二，增加处于不利境地的儿童在优质学校接受教育的机会。

第三，无论儿童处于何年龄阶段，当父母表达出其对某一适合自己孩子的学校的喜爱时，地方教育当局应向其提供建议与帮助并对最需要帮助的家庭提供一种独立的服务。

第四，直接拨款学校（maintained schools）必须根据其学校容纳能力来提供学位。所提供学位低于其容纳能力时，学校应当向前来咨询招生细则的家长公布有关此方面的信息；所提供学位可超过其容纳能力，但涉及幼小班（infant class）时，应当与幼小班的容纳限度相符合。

第五，招生部门一旦确定并公布了本年度招生人数后，不得超过招生人数进行招生，除非学校与地方教育当局达成一致意见认为，扩大招生不会对学校的长期发展起负作用及不会对附近学校不利。

第六，咨询是制定与决定招生方案的重要程序之一，但并非每一年招生都要进行咨询，如当年招生方案与上一年或两年相同时则不用。咨询时间应当至少持续八周（时间段是每年 11 月 1 日至下年的 3 月 1 日），以保证所有前来咨询的人都能得到答复。

第七，父母如果未能成功申请某一学校的学位时，应告知其未申请成功的原因及其有权就此提出申诉。

第八，尊重儿童选择学校的权利，同时儿童就其申请学位未成功时也享有申诉权。

（二）招生选录的标准

当申请人数超过学校计划招生人数即申请超额（oversubscription）时，学校将不得不进行选录。规章强调制定公正的招生选录标准是公正的招生方案的关键所在，因为不公正的选录标准会使一些社会成员置于比其他社会成员更不利的境地。

1. 制定招生选录标准的基本原则

在招生方案中，制定招生选录标准时应遵循以下原则：

① 标准应清晰与客观；

② 尊重父母的选择权，即在父母不能得到某所学校的学位保证时，有权表达对其他学校的喜爱，不论是一所还是多所。

2. 禁止使用的选录标准

招生部门在制定招生方案时禁止使用下列选录标准。

① 捐资助学。招生部门不得要求申请入学的父母捐资助学，即使父母同意也不允许。此外，其他具有实际性的方式及以促使父母承诺其本人或子女参加正常上学之外的活动作为确定录取优先权的条件也是被禁止的。

② 面试。禁止通过面试来确定儿童是否符合招生选录的标准。

③ 根据父母选择学校的先后顺序来确定儿童的优先权，包括“第一志愿优先”（first preference first）的规定。

④ 根据父母的职业、经济状况、婚姻状况、受教育程度或家庭背景等来确定儿童的优先权，但不适用于寄宿制学校给予父母为军人的儿童以优先权的情形。

⑤ 参考学生过去在学校里的行为表现、出勤情况、态度（attitude）、成绩等。

⑥ 考虑儿童的其他家庭成员行为举止是否好或坏，及儿童所在家庭其他子女的出勤记录是优或差等。

⑦ 根据父母现在是或曾是学校员工、地方长官或与学校有某种关系。但若过了公布的申请期限，儿童的父母才被任命为学校的职员时则例外。

⑧ 根据儿童或其父母的特别兴趣、专门知识或业余爱好等确定儿童的优先权。但不包括可能考虑的宗教学校所组织的宗教活动的会员资格或参与此类活动。

⑨ 根据收到申请的顺序确定儿童的优先权。

⑩ 文法学校根据儿童之前的考试分数将学生分类，并将学位派给分数最高的学生，同时优先考虑现在或曾经就读本校的学生的兄弟姐妹。

⑪ 寄宿学校考虑学生对寄宿生活的适应能力。

⑫ 根据儿童的姓或名的字母表顺序、出生日期等来分派学位。

3. 制定公正的招生选录标准的指导方针

指导方针实际上是一份招生部门在招生选录时常用的标准清单。指导方针意在说明在何种情形下依此标准进行选录是一种不错的、可为人们所接受的或是公正的做法，仅起一种指导性作用，最终应由招生部门根据其所在区域的情况来决定是否及如何适用某一项标准；但这并不意味着招生部门可以违背这些指导方针而自行选择。指导性方针主要包括以下几点。

① 对已在本校就读的学生的弟或妹以优先权，且未对其他家庭产生不公正的影响。但在适用时小学与中学会略有不同，对于入读小学的弟妹而言，其独立上学的能力还不强，政府希望小学招生部门能够考虑有年幼弟妹的家庭的需要来决定招生选录的标准，家庭必须是招生体制的核心。

② 对于有社会或医疗方面需求的儿童或家庭（如父母一方或双方或儿童有残疾，以致到较远的学校去上学有更大的困难的情形），招生部门对其给予较低的优先权是被禁止的，但给予其较大的优先权则是被允许的。

③ 电脑派位（Random allocation）。电脑派位可以扩大在学校附近无法购买房屋的家庭的入学机会与促进更大的社会公平，但仅对城市区域及中学适用，对乡村学校不适合；同时必须在对需要照顾的儿童与提出特殊教育需求的儿童给予优先权之后才能适用。

④ 考虑家校距离、公共交通的便利性及上学路线的安全性。在制定招生方案时，除了要考虑上学时间外，还要考虑鼓励骑单车、步行或乘便捷的公共交通工具上学之目的。需要注意两点：一是如果儿童乘公共交通工具即可到达某一所学校而不是其他学校，或者不允许他在最近的学校上学则其就要坐很久的车去另一所学校上学，那么给予其优先权是不错的做法；二是招生部门使用距离作为选录标准时，要确保其招生方案在整体上并未将不能在学校最近地点购买房产的家庭排除在外。

⑤ 划分学区（Catchment areas）。禁止招生部门对学区的家长承诺提供学位，以免其不能满足所有申请人的意愿。在划分学区时应注意：要考虑到学校所服务的社区的多样性；若某一特定居住区被排除可能对特定的社会群体不利时，则不得进行此类学区的划分；被划为某一学区的家长仍然有权选择其居住区域之外的学校；地方教育当局必须向家长说明，其分到的所住区域的学位可能不是他们所喜欢的学校的学位。

⑥ 分组化（Banding）。分组化可以保证招生部门招收的具有不同能力的学生均衡分布。但将分组化作为招收不合比例地具有高能力（high ability）的学生的一种手段，则是违法的。学校不能对被分配到

某一组的申请人再进行其他能力测试，也不能根据测试成绩而给予申请人在组内的优先权；各组学位的分派应采用其他选录标准，如电脑派位来进行。分组化的标准可由学校独自或两个甚至更多的学校一起实施，也可由当地机构来实施，资质是常用的分组标准，但基于资质选拔的学生比例不应超过10%。

⑦测试。测试可以作为招生选录的一种标准，但主要用于分组与诸如文法学校的选拔。在适用此测试标准时应遵循如下要求与规则。

一是为分组与基于资质而进行部分选拔的测试，应注意三点。第一，由招生部门决定采取何种测试方案对学生进行分组，并应就测试方案包括测试理由、测试地点及测试时间向家长作出清楚的解释与充分的告知。第二，若数所学校属于同一地段（area band），则要使用同一测试方案，且学生只能参加一次测试。同时，若两个或两个以上的学校在本科目中进行相同的测试则应采用相同的智能测试。第三，无论何种测试，其设计须对孩子的能力予以精确的反映，而不论孩子的性别、种族或残疾与否。第四，测试的方式可以有考试（tests）、评估（assessments）或视听（auditions）等，依此来辨别儿童是否对某门学科具有资质，但评估仅就儿童对某一学科的智能进行，而非能力或其他才智或在本学科的优先学习经验。无论采取何种测试方法，都必须客观、目标明确。

二是适用于所有测试的一般规则。共有四项规则：第一，招生部门应安排可选择的测试时间档以方便不同工作时间表的家庭，同时要考虑到居住地距离学校较远的家庭（如军人家庭）的或其所居住区域也在进行相应测试的儿童；第二，招生部门不得为适用招生选录标准而调整任何一个孩子的测试成绩；第三，不得收取任何测试费用，即使是为了支付招生时的成本或对于被录取的学生予以返还都是不允许的。第四，招生部门应当保证测试对有特殊教育需求及残疾儿童也是适用的，并根据《2005年残疾人歧视法案》（the Disability Discrimination Act 2005）的要求作出合理的调整，如在可调的模板上使用考试材料、延长时间，或为有依赖帮助之需的儿童配备抄写员。

此外，对于文法学校及其他学校或招生部门进行选拔性测试时，应在家长向其他学校提出申请之前通知其入学测试的成绩，但对于为分组化安排的测试不适用。

4. 例外规定

由于英国的中小学类型比较复杂，故规章还对一些类型的学校如宗教学校、寄宿制学校、小学、中学等作了例外规定。如对于小学的幼小班（infant class）的班额不能超过30人，师生比最高为1∶30。但法律允许在特定情况下扩大班级规模，如从学区外搬进来，且对于该名儿童在合理的距离范围内无其他学校可读（在此种情形下，招生部门须与地方教育当局在判断该名儿童属于此类情形时进行相应调查）等。另外，关于中学招收特长生问题，规章明确界定了特长的领域：体育或运动，一项或一项以上的运动、表演艺术、现代外语、设计与技术、信息与技术共五种，同时要求招生部门在招收特长生时应判断该学生是否具有在该领域学习或发展的特殊潜能及该名学生能否在学校所提供的特别专门知识及设备上受益。规定招收特长生的比例不应超过10%，并强调此比例是各类特长生合计，而招收各类特长生的比例则由招生部门自己决定。

（三）协同招生计划（Co-ordinated admission schemes）

为了简化家长入学申请的程序及减少任何儿童在分派学位过程中被遗漏的可能性，根据《学校标准与框架法》（SSFA）第88节及《合作规则》的规定，所有地方教育当局每年都应适当地制定适用于其所辖区域的合作招生部署计划，本计划适用于所有直接拨款学校，包括直接拨款的全日制寄宿学校与寄宿学位，但不包括直接拨款的特殊学校和保育学校（nursery school），对六年级的学校的学位没有协调的要求。本规定自2010—2011学年招生时适用。

1. 协同招生计划的适用

根据规章的规定，协同招生计划是地方教育当局辖区内学校进行招生时应予以遵守的，自2011—2012学年起招生部门无论于何时收到入学申请及申请何年龄组，都应基于同一计划进行招生工作。

协同招生计划不影响捐助受援助学校（voluntary aided schools）与基金会学校的学校管理委员会制定与应用其招生方案及超额选录标准的权利与责任；也不影响院校（Academies）与教育大臣就其招生方案达成一致意见。招生部门不必确定相同或相似的超额选录标准，但应保证学校的招生方案不违背且不会危害到其所在区域的协同招生方案。

2. 协同招生计划的编制与实行

关于协同招生计划的编制与实行，包括如下几个方面。

① 编制时间与咨询程序。地方教育当局每年应于招生年度的1月1日之前编制好协同招生计划，如果想继续使用上一年度的招生计划，也应履行编制计划的相应法律程序。地方教育当局每年都应向招生论坛咨询，受计划影响的学校招生部门及其他地方教育当局至少每三年应向招生论坛咨询。

② 通知。地方教育当局在招生年度的4月15日之前应通知教育大臣本年度协同招生计划已经实施，否则教育大臣可以强制地方教育当局实行一份协同招生计划。如果教育大臣所推行的计划在上一年度适用效果良好，则可通知地方教育当局该项计划会在下一年度继续实行。①

③ 编制要求。协同招生计划除应遵守全国中小学的入学申请截止时间、法律法规（包括所有的程序性要求）及不得不公正地对待非辖区的公民提出的入学申请外，还应遵守如下几点要求。

第一，一般申请表在制作时，应允许家长至少填写三个志愿（按先后顺序），其所选择的学校是否在居住区域不限，但应说明选择的理由。申请表还应包括家长姓名、住址（附相应证明文件），子女的姓名、住址及出生日期。

第二，同一区域的地方教育当局与招生部门应在计划所确定的截止日期之前就已提交的入学申请及日后可能提出的入学申请的信息进行沟通。

第三，居住地教育当局（home authority）应将其辖区内入学申请的信息向其他地方教育当局进行告知，直接拨款学校应在计划确定的日期之前以正常方式来处理入学申请，如果有学位则应告知居住地教育当局，但不应向家长告知学位提供情况。

第四，当孩子可以取得一个以上的学位时（但最终只能分得一个学位），居住地教育当局在合理可行的情况下，应保证所分派的学位是家

---

① 根据2008年《学校招生录取规章》的规定，如果教育大臣所强制实行的招生没有撤销，则地方教育当局及其所辖学校可以决定在未来仍实行此计划，这被视为履行了计划编制的职责；同时地方教育当局应向在每年4月15日之前向教育大臣递交确认函，但不必递交计划的副本。如果地方教育当局与其他招生部门达成了下一年度的招生计划，则应通知教育大臣以使已实施的招生计划得以撤销。

长最佳选择。

第五，关于学位分派的时间，中学是 3 月 1 日之前，小学则由地方教育当局确定具体时间。

第六，小学与初中学位分派应由居住地教育当局负责。学校在家长收到最终结果之前不得就学位最终分派结果与家长联系。只有居住地教育当局能够发出正式的学位分派公函。

第七，若无法给予家长所报志愿的学校的学位，在还有其他学校学位的情况下，应再给其分派一个其他学校的学位。

第八，虽然招生部门第一学年中分两或三个入学时间，但应在同一时间进行学位的分派。已分到学位的家长若推迟入学，该学位也不能给予其他孩子，除非该家长撤回其学位申请。

3. 几类特殊情形下的招生录取

规章就几类特殊情形下的招生录取进行了规定，包括非正常招生期间的入学申请、英国军人及皇家工作人员（包括外交部人员）的子女、两次被永久性拒绝入学的儿童（children who have been permanently excluded twice）及具有反叛性行为的儿童（children with challenging behavior）。下面仅介绍后两种儿童的招生录取的规定。

① 两次被永久性拒绝入学的儿童。永久性拒绝入学是指在开学第一天校长就告知该儿童不能再来上学。对于被两次永久性拒绝的儿童学校可以拒绝接收，同时社区学校或捐助受管理学校（voluntary controlled school）的管理委员会有权对地方教育当局作出的让其招收该儿童的决定提出申诉。同时家长在其子女最后一次被拒绝入学后满两年，可表达希望其子女入读某所学校的愿望。但对有特殊教育需要且作出声明的儿童、因未达入学年龄被拒绝的儿童、被永久拒绝后又被重新接收的儿童等不适用。

② 具有反叛性行为的儿童。对于具有反叛性行为的儿童招生部门在任何时候都不得拒收，也不得基于第一次评估认为该儿童具有潜在分裂性行为或反叛性行为、需要接受特殊教育而对其予以拒绝。但具有反叛性行为的儿童符合被两次永久性排除的情况时则不适用此规定。当具有反叛性行为的儿童被界定为残疾人时，也可适用《1995 年残疾人歧视法》（the Disability Discrimination Act 1995）并满足其相应的特殊教育需求。

但上述规定并不意味着学校在任何时候都不能拒收具有反叛性行为的儿童。根据规章的规定，在非招生期间学校管理委员会若认为接收具有反叛性行为的儿童会损害有效教育（efficient education）或教育资源的有效使用原则时，即在该校具有反叛性行为的学生或之前有过被排除（excluded）经历的学生的比例已经相当高时，或具有第三章第三十二条规定的五种情形之一或以上的时候，即使在有学位的情况下学校也可以拒收该儿童。

（四）公正招生体制的保障

为了保证中小学招生工作的公平公正，在规章中确立与加强了相应的保障机制，主要包括学校裁判所、招生部门、地方教育当局、招生论坛、家长及下院议员等。

1．学校裁判所（the School Adjudicator）

学校裁判所通过实施包括规章在内的法律法规而在公正招生体制的保障方面起着非常重要的作用。学校裁判所的重要职能就是对学校招生方案的合法性进行审查，其获得学校招生方案的途径有很多，如通过地方教育当局、招生论坛或教育大臣递交的相关报告或文件，或收到对直接拨款学校的招生方案的异议，或家长、下院议员等的异议等。只要学校裁判所认为招生方案不符合法律或规章的强制性规定，就可对招生方案的合法性进行审查。对学校招生方案合法与否，学校裁判所享有决定权。学校裁判所可以对异议作出支持、拒绝或部分支持的裁决，该裁决具有法律约束力与强制执行力，故招生部门在收到学校裁判所的裁决后应立即对其招生方案作出修正。

2．招生部门

所有的学校招生部门应确保其负责确定的招生方案符合招生法律并遵守规章的相应规定。若招生方案违反招生法律、不符合规章的强制性规定或指导性规定具有正当理由时，招生部门有权向学校裁判所表达其异议。

3．地方教育当局

地方教育当局在保证儿童有公正的接受教育的机会及在保证学校招生方案合乎法律与规章的强制性规定方面起重要作用。地方教育当局应保证其辖区所制定的符合法律规定的招生方案清楚、客观与公正。具体来说，地方教育当局负有以下义务或职责。

第一，对辖区的招生方案的合法性、公正性与可行性向学校裁判所进行报告。地方教育当局应于每年6月30日前向学校裁判所报告其辖区招生方案的具体情况，同时辖区内所有招生部门、申诉专门小组的委员和书记员等应对地方教育当局所作的报告提供相应的信息与建议以使其完善。

地方教育当局报告的内容主要包括：公正入学协约在其辖区如何实施及根据协约每所学校的招生人数是多少；小学是否符合学前班规模立法规定；辖区内各学校已举行听证与未举行听证的招生申诉案件各是多少；招生论坛成员的详细情况；各学校享受免费校餐的学生比例及其他影响招生方案公正性的事项；若报告在开学后确定还应包括学校招生方案共使多少福利院的儿童、残疾儿童、有特殊教育需要的儿童及军人子女受益等；若报告在四月份才确定，则还应包括直接拨款学校的招生方案是否符合规章及招生法律的要求等。

第二，向学校裁判所提出异议。地方教育当局如果认为或收到对招生方案的投诉时认为招生方案有不符合规章的强制性规定或指导原则、明显不公正、不清晰或激发社会隔离（social segregation）时，在知晓有此种情形存在时就应及时向学校裁判所提出异议。异议可以与其报告一起提出或分别提出。

4. 招生论坛（Admission Forums）

招生论坛是为各地方教育当局、招生部门与其他主要利益团体提供的可对当地招生方案的可行性进行讨论、处理复杂招生问题及通过多种途径建议招生部门完善其招生方案的一个媒介。招生论坛的主要职责是对其所在区域的招生方案的公正性进行审查，对招生论坛所提出的任何建议，招生部门在招生时都应予以考虑。各地方教育当局都应设立一个招生论坛，也可由几个地方教育当局联合组建一个招生论坛。

① 招生论坛委员的组成。《地方当局检举规则》（the Local Authority Reports Regulations）就招生论坛委员的组成进行了规定，要求委员的组成应能够反映所属辖区的学校的类型。一般而言，招生论坛的委员应包括：各宗教团体各派一名代表，以代表其所属的宗教学校；家长与社区代表；地方教育当局代表，最多两名；本地员工代表；其他代表，如

军人代表、选择顾问等。招生论坛委员的总人数不超过20人。①

② 招生论坛的职责。招生论坛的重要职责就是确保促进社会公平的公正招生体制的建立，主要包括：审查与讨论招生方案如何制定与建议怎样改进才能更有益于儿童与家长；促进招生问题争议各方达成一致；对招生方案的全面性与有效性、地方教育当局对家长所作的建议与指导的有效度（accessibility）（包括是否通过公开出版的综合小册子及邮寄择校建议书等）进行检查；审查招生程序是否完善及如何保证实际招生人数与对外公告的招生人数相协调；向学校裁判所提出异议，如认为学校的超额选录标准可能不公正、违法或违反本规章的强制性规定等；对当地招生政策对公正入学所产生的影响进行检查；将所有直接拨款学校的当年招生情况制作一份年报并递交给学校裁判所。

5. 家长的异议权

家长若认为招生方案不符合法律或规章的强制性规定时有权向学校裁决所提出异议。为了保证家长能够充分地行使其异议权，地方教育当局应在辖区所有学校的招生方案确定下来后，立即在当地报纸及其网站上发布通知，表明这些招生方案已处在地方教育当局各相关部门的监督之下，以确保家长能够了解已确定下来的招生方案及考虑是否提出异议。

6. 下院议员

家长除了向学校裁判所提出异议外，还可能通过多种社会途径来寻求支持与建议，如地方教育当局招生组（Local Authority Admission Teams）、选择顾问（Choice Advisers）、市民咨询局（Citizens Advice Bureaux）等，也可以向其选举的下院议员（Member of Parliament，MP）寻求支持、建议或帮助。下院议员要考虑怎样为其选民提供最好的帮助，也可帮助家长完成从学校裁判所领取的表格（proforma），或帮助选民制作向教育大臣提交的有关招生方案的异议。下院议员就家长所提出的异议可以表示支持的言论或评论及提出相应的证据，这些都是学校裁判官在作决定时需要考虑的。

① 对招生论坛委员组成情况地方教育当局应向学校裁判官汇报。对招生论坛委员组成情况及人数如有不符合本法规定的情形时，学校裁判所应向教育大臣汇报（《学校招生录取规章》第四章第三十条）。

二、《学校招生录取规章》对我国教育立法的启示

英国《学校招生录取规章》是近年在英国影响比较大的一部教育立法，其对我国的教育立法的主要启示如下。

（一）立法咨询期

虽然这仅是一部由英国教育与科技部所制定的规章，却也有一个相应的立法咨询期。最初规章草案是于 2006 年 9 月向社会公开进行咨询的，其咨询期截至 2006 年 12 月 1 日，计划于 2007 年生效，但因社会各界对草案反响热烈，故在吸纳各方合理建议对草案予以完善后，规章推迟至 2009 年 2 月 10 日才生效，比预计生效时间足足晚了两年。立法咨询，就是向社会公开征求对立法草案的意见，以便于社会公众对立法的参与及促进立法的进一步完善。对于教育立法过程而言，其更应贴近教育的实践者与教育的利益相关者，如学校、教师、家长、学生与社区等，这对于教育立法的完善与施行都是非常必要的。我国教育立法实施效果不佳的原因是多方面的，其中之一便是在教育立法过程中缺少教育实践者与教育利益相关者的充分参与，而使教育法律要么未能真正地解决现实的教育法律问题，要么近乎成为一种理想而无法真正实施。

（二）以生为本

规章自始至终体现与表达了对儿童的关爱，充满了人性的关怀——从上学方式的倡导性建议到上、下学途中的安全性之考虑，从班级额度到儿童被拒绝入学后的妥当安排等，都可见规章以儿童健康成长为优先考虑的基本理念。第一章第八条规定：政府倾向于推动可承受的、健康的方式上学，如步行或骑单车。因为中小学阶段是年幼的儿童确立终身习惯的时期。如果儿童在年幼时习惯于步行或骑单车，那么我们就可以扩大他们在未来进行健康旅行的选择范围。如果可能，小学招生部门可在其招生细则中鼓励儿童安全步行或骑单车上学；其他学校可在其招生细则中支持可行的、健康的方式（travel）上学。第二章第二十一条规定家庭是招生体制的核心，故给予有兄弟姐妹在学校就读的儿童以优先

权，可免除父母对子女徒步上学安全性的担忧、在学校里年长的孩子即兄姐会帮助年幼的弟妹，并可促进家庭之和睦。与此同时，在第二章中还就招生部门制定招生方案时要考虑到家校之间的距离及公共交通的便利性，并要考虑上学路线的安全性的指导性方针。对班级容纳力的规定，主要是考虑到教育最佳效果的取得，尤其是对于幼小班的班额予以严格限制。对于被拒绝入学的儿童，地方教育当局有责任在儿童被永久性拒绝入学的第六天起为其提供合适的全日制教育，也可运用行政权力指示学生服务处（a Pupil Referral Unit）或其他相应职能机构为其提供学位，当然也可运用行政权力指示辖区内某所学校接收该儿童。对于已达初中年龄的儿童而言，地方教育当局、学校与学生服务处应通过当地机构合作来为其安排学位使其能够完成义务教育。此种举措体现了对儿童的一种负责的教育精神，而不是将其简单地推向社会。

（三）体现与尊重教育的民主性

规章规定咨询是学校制定招生方案的重要程序之一，且参与咨询的主体范围广，包括地方教育当局、招生论坛、邻区地方教育当局的招生部门、有关宗教部门、有关家长及其他与当地利益有关联的其他群体（如社区成员），还可能包括邻区的招生论坛、家庭服务部门、旅行者社团、少数民族团体、市民咨询局、残疾人团体等，都可以对招生方案提出自己的意见或看法，以促使招生方案中某些不公正的地方予以完善，且规章明确规定咨询时间应当至少持续八周，以保证所有前来咨询的人都能得到答复。在英国，招生论坛作为学校公正招生的保障之一，其委员是由辖区内各界人士的代表组成的，充分反映了所属区域的学校类型，使招生论坛真正能够发挥确保社会公平的公正招生体制之建立的作用。这些规定都充分体现与尊重教育的民主性。

（四）服务性

服务性是对现代行政或公共部门职能的概括性描述。规章第一章第二十八条规定，招生部门应当对已通过的招生方案予以公布，并应告知招生方案将于何时何地派发，向所在区域的家长及其他利益相关群体告知有关招生方案具体规定的渠道可以是网站地址（如果有的话）、当地报纸（但要保证这些报纸能够被浏览）、通过当地的幼儿园、小学、家长团体或写信给个人团体（或举行公开的会议）等方式来进行。体现了地方教育当局或招生部门服务于家长与儿童的意识与观念。还比如招生部门在进行测试时间安排时应安排可选择的测试时间档以方便不同工作时间表的家庭，并要考虑到居住地距离学校较远的家庭或其所居住区域也在进行相应测试的儿童等。

（五）具有可操作性

虽然仅仅是一部法律规章，但文本达 87 页，其具体与周密的规定使规章具有非常强的可操作性，对于招生部门、家长及其子女和其他社会成员而言也是非常易于理解与执行的。规章涵盖了英国中小学招生过程中可能遇到或面临的各种问题，并对每种情形予以详细与明确的描述与规定，如关于招生选录标准中禁止招生部门制定的招生选录标准就已列举了 15 项之多，基本涵盖了当今英国中小学在招生中可能存在的引起社会争议或不满的因素。此外还就宗教学校、寄宿制学校、小学及中学等在一般规定的基础上制定了一些例外规定。同时非常注意法律用语的准确性与确定性，以避免产生歧义，如关于中学招收特长生的比例，在规章中明确指出不超过 10% 的比例是指各类特长生合计的比例，而不是单独某类特长生的比例限制。

（六）正当程序的遵守

规章始终遵循与倡导自然正义的理念，对于招生工作的每一个环节都规定了非常明确与具体的期限、适用条件及相应的权限范围等，如关于地方教育当局辖区中小学年度招生计划制定的时间及向教育大臣通知的时间、地方教育当局与辖区招生部门就招生情况进行沟通的时间、招生截止期限、在非正常招生期间内的学位分派的原则与方式等，都进行了明确的规定。同时规章遵循有权利就有救济的原则，赋予家长及其子女在未能成功申请某一学校的学位时，有权提出申诉。

（七）保障机制的完善

规章用专章规定了公正招生体制的保障，以使英国中小学招生工作能够公平公正地进行。学校裁判所、地方教育当局、招生部门、招生论坛四个机构或部门，及家长与下院议员等共同构成了英国中小学招生工作的公平公正的保障：地方教育当局与招生部门是直接负责学校的招生录取工作的两个部门，职责在于依照法律的相应规定与招生方案进行公平公正的招生工作，同时地方教育当局对招生录取工作的合法性负有重要的监督职责。家长与下院议员是公正招生体制的个体保障机制，二者有权对招生方案提出异议，其提出异议的非常渠道就是向学校裁判所提出异议。相比上述部门或个人而言，学校裁判所与招生论坛则是学校招生录取工作中处于中立的第三方，地方教育当局与招生部门的招生工作自始至终地受到学校裁判所与招生论坛的监督与制约，故学校裁判所与招生论坛是公正招生体制的非常重要的两个保障主体。在规章中凸显其监督、制约与保障职能的规定是：学校裁判所对招生方案在进行合法性审查后所作出的裁决具有法律约束力与强制执行力，招生部门在收到此裁决后应立即对其招生方案作出相应的修正，同时地方教育当局，每年应当就其辖区所有学校的招生政策之公正性、合法性与可行性向学校裁判所报告；招生论坛的主要职责是对其所在区域的招生方案的公正性进行审查，若认为招生方案不公正时有权向学校裁判所提出异议；学校裁判所对招生论坛委员组成情况如有异议时还有权向教育大臣汇报。

此种保障机制对于一项法律制度的实施是非常必要的，因为让所有的社会成员自觉地去遵守法律仅是一种美好的梦想，必须在法律上构建一个相应的保障机制，尤其是中立的第三方的监督、制约与保障是非常必要的，以使社会成员在这种制约、监督或约束之下去遵守法律。我国的教育法律一贯以来被称为“软法”，为何？其中一个非常重要的原因就是对于教育法律的实行没有建立起相应的保障机制，如教育执法行为的有效监督、对家长与学生的诉求予以有效排解与受纳的渠道等，在我国教育法律制度的设计中是相当薄弱的。规章中有关公正招生体制的保障的相应规定，对于如何完善我国的教育法律及使其从“软法”变为“硬法”给予了非常好的启示。

除了上述对我国教育立法的启示外，还对我国的中小学招生工作公平公正地开展具有一定的启示意义，如对中小学招生工作予以立法化，并在相应的法律法规中对招生工作的宗旨、原则、具体操作及保障等作出具体、明确的规定，促进我国中小学招生工作的规范化及公平与公正等。

The Main Content of School Admission Code 2008 of UK and the Enlightenment for the Educational Legislations in China

Sun Lixin

Abstract: There are main four chapters set in School Admission Code 2008 of UK: the aim of the code, setting fair oversubscription criteria, co-ordination and fair access protocols and ensuring a fair admission system. The enlightenment the code gives for educational legislations in China is that we should ensure a consultation as an important process of legislation which can make draft discussed by the public, always put students first, consider education's democracy, enhance the service of the educational administrative departments and the schools, comply with the due process, make the norm of law explicit and specific to enhance the law's operability, correspondingly establish the guarantee system especially the supervision and restraint of the indifferent third party, and so on.

Key words: school admission, code, enlightenment

作者简介

孙丽昕，华中师范大学教育学院博士研究生，广东教育学院政法系讲师；研究方向：教育法学。

□程雁雷

背景·问题·启示：西北政法大学“申博”案引发的法律思考

【摘　要】本文从西北政法大学“申博”案的背景切入，通过对比博士学位授予单位立项建设规划与学位授权审核行为两者之间在内容、主体、效力、程序等方面的不同，剖析此案反映出来的在我国学位授权审核制度中存在的深层次问题，强调指出在我国高等教育资源的配置和管理中实现政府与高校关系法治化的必要性和迫切性。

【关键词】西北政法大学“申博”案，法治，政校关系

2009年4月20日，西北政法大学认为陕西省学位委员会在第11次博士学位授权立项建设单位评审工作中严重违法，遂向陕西省人民政府提起行政复议，请求撤销陕西省学位委员会2009年4月14日作出的陕西省第11次博士学位授权立项建设单位的决定；请求依法重新评审陕西省第11次博士学位授权立项建设单位。此案被媒体公开后，在高教界引起了强烈的反响，社会也给予极大的关注。曾几何时，中

国的某个公立高校何以能有勇气状告掌控教育资源配置权力的政府（包括政府设立或者委托的学术管理机构以及法律法规授权的组织）？若不是因为没有被列入博士学位授权立项建设单位而关乎学校的发展前途和命运，中国的某个公立高校又是否会一定要诉诸法律与政府对簿公堂？一个新型的行政案件的发生必有其特定的历史和现实原因。本文从西北政法大学“申博”案的背景入手，思考案件背后所存在的法律问题，以期对我国学位法律制度的完善有所裨益。

一、背　景

西北政法大学“申博”案是在国家对博士学位授权审核工作实现宏观调控，紧缩新增博士学位授权单位规模，改变学位授权审核方式的背景下发生的。学位授权审核是我国学位制度的重要组成部分，一所高校如果经国务院学位委员会审核被列入新增博士、硕士学位授予单位，就取得了招收、培养博士生或硕士生以及授予博士、硕士学位的资格。1981—2005 年，国务院学位委员会共进行了 10 次学位授权审核工作。我国现共有博士学位授予单位 347 个，一级学科博士点 1378 个，二级学科博士点 1739 个（吴本厦，2009）。近些年来，在我国的学术评价体系中，有无博士学位授予权，是衡量一所高校的办学层次和学科建设水平的重要指标。而在当下高校竞争日趋激烈的情势下，对于“申博”高校而言，有无博士学位授予权则在一定程度上促进或者制约着申报高校教育教学资源的进一步获取，关乎其竞争力的提升，关乎学校重大利益，直接影响着申报高校的办学定位、社会评价和未来发展。因而，一些有着深厚办学积淀和硕士研究生培养经验的高校，特别是在 2005 年第 10 次新增博士学位授权审核中失利的高校，为争取在“第 11 次新增博士学位授权审核”中获胜而不遗余力地准备着。然而，政府的决策并不以“申博”高校们的愿望为转移。在沿用了“每两年进行一次”①的学位授权审核方式之后，国务院学位委员会决定改革学位授权审核办法，并于 2008 年 1 月 14 日审议通过《博士、硕士学位授权审核办法改革方案》（以下简称《改革方案》）。《改革方案》指出：“经过二十多

① 详情请参见：http：//211. snnu. edu. cn/show. aspx？ id =684&cid =36。

年的建设和努力，我国研究生教育得到了快速发展，博士、硕士学位授予单位及学位授权学科、专业的布局已基本完成。注重提高研究生教育质量和提高学科水平，进一步调整结构和优化布局，实现由研究生教育大国向研究生教育强国的转变，是未来一段时期学位与研究生教育发展的重要战略方针。”通过改革旨在“进一步发挥省级政府在学位授权审核工作上的自主性；扩大学位授予单位在授权审核工作中的自主权；加强并完善学位授权监管和评估体系，促进研究生教育质量的全面提升。”根据《改革方案》，国务院学位委员会于2008年10月21日同时发布了《关于做好新增博士、硕士学位授予单位工作的指导意见》（以下简称《指导意见》）和《关于做好2008—2015年新增博士、硕士学位授予单位立项建设规划工作的通知》（以下简称《工作通知》）。《指导意见》规定：“国务院学位委员会根据国家教育发展总体发展规划和调整结构、优化布局的实际需要，确定相应规划周期内各省（自治区、直辖市）的所属类别和新增单位的数量限额。”“各省（自治区、直辖市）根据国务院学位委员会关于地区分类和新增单位规模控制方案要求制定的《新增博士、硕士学位授予单位立项建设规划》（含立项建设单位《项目建设规划》，下同），由省级学位委员会审议通过，省级人民政府批准，报国务院学位委员会备案。”《工作通知》将规划周期分为2008—2015年和2016—2020年，规定由省级学位委员会“确定立项建设单位”，强调“立项建设规划工作要严格按照国务院学位委员会确定的限额进行”。根据《工作通知》所附的地区分类及立项建设单位限额，陕西省属二类地区，立项建设博士学位授权单位限额是两个。陕西省人民政府学位委员会根据上述文件的精神，于2009年2月13日下发了《关于开展新增博士、硕士学位授予单位立项建设规划工作的通知》启动了被西北政法大学在行政复议请求中所称的“第11次博士学位授权立项建设单位评审工作”。包括西北政法大学在内的八所高校逐鹿被分配给陕西省的两个立项建设博士单位限额。显然，对于参加此次竞争申报新增博士学位授权单位的高校来说，《改革方案》、《指导意见》和《工作通知》这三个规范性文件改变的是许可规则。由于规则的改变，使陕西省八所不同类型的申报高校被同一个由不同学科专家组成的小组进行评审，由省学位委员会确定立项建设单位。可想而知，这种竞争的现实是非常激烈甚至是残酷的，而西北政法大学正是被这竞争浪潮推到了历史与现实的交会点上而承受着始料不及的巨大压力。

二、问 题

与前十次学位授权审核相比，笔者发现这一次改革最大的变化有四个方面。

一是内容。国务院学位委员会不是对申报学位授权单位直接审核，而是对省级学位委员会的“新增博士、硕士学位授予单位立项建设规划”进行确认。二是主体。省级学位委员会对申报高校是否被列入新增学位授权单位有决定权，即由省级学位委员会确定立项建设单位。三是效力。以往的新增学位授权单位审核的结果对申报者有直接的效力，申报高校被国务院学位委员会批准公布之日起就当然获得了招收培养研究生并授予其学位的资格；而此次被确认列入的是新增学位授予立项建设单位，被列入建设规划后并不当然地获取招收培养研究生并授予其学位的资格，而是要通过3—5年的建设周期，分别通过中期检查和验收后才有可能获取招收培养研究生并授予其学位的资格。根据上述规定，如果某所高校在此次申报中不能被列入第一周期2008—2015年建设规划，就意味着只能寄希望于被列入第二周期2016—2020年建设规划，在第二个周期验收获准后才有获取招收培养研究生并授予其学位的资格。四是程序。以往的学位授权审核是由国务院学位委员会办公室组织同行专家通讯评审，国务院学位委员会学科评议组复核，再由国务院学位委员会全体会议讨论和批准并予以公布。而新的办法是国务院学位委员会按四种不同类型的省份分配新增博士授权建设单位限额（1—3各限额不等），由省级政府学位委员会通过组织专家组评议确定博士学位授权立项建设单位名单。

从比较上述学位授权审核办法改革的变化到思考西北政法大学“申博”案背后的共性问题，笔者认为，从法律上厘清博士学位授予单位立项建设规划的法律性质是关键。因此，我们有必要追问：学位授权审核行为与博士学位授予单位立项建设规划分别是什么法律属性？二者是否属同一类行政行为？它们之间是什么关系？应该说，我国学位授权审核制度的建立是有法律基础的，《学位条例》第八条第二款规定：“授予学位的高等学校和科学研究机构（以下简称学位授予单位）及其可以授予学位的学科名单，由国务院学位委员会提出，经国务院批准公布”。但是，对学位授权审核行为的法律定性却一直是缺位的。直到2004年7月1日《行政许可法》正式实施后，学位授权审核这种通过审批配置公共资源的方式就被国务院确认为行政许可行为而被列入行政许可目录，即“学位授予单位及其可以授予学位的学科名单审核”（统一简称“学位授权审核”），国务院学位委员会被确认为行政许可的实施机关①。然而，博士学位授予单位立项建设规划是一种行政规划行为，还是一种新创设的行政许可行为？如果是后者，显然不符合《行政许可法》的规定。国务院学位委员会没有行政许可的设定权，更不能以《改革方案》、《指导意见》和《工作通知》的形式设定行政许可。如果是行政规划行为，那么它是否具有合法性与合理性？可以说，它是处于这样的状态：无行政许可之名，行行政许可之实；后者说是，用行政规划之名，行行政许可之实，却游离于《行政许可法》的拘束之外。因而，对博士学位授予单位立项建设规划行为的法律规范出现了法治的真空。此外，《改革方案》、《指导意见》和《工作通知》这三份规范性文件均不使用“第11次”的字样。这就会产生这样一种理解：原来的学位授权审核是否就进行到第10次为止，这次的改革是否意味着以后不再有学位授权审核这种行政许可行为了。但是，根据《学位条例》学位授权审核既是国务院学位委员会的职权又是其法定职责，如果不对高校实施学位授权审核，那么就意味着国务院学位委员会将放弃其这项法定职责，而放弃法定职责则是一种行政不作为。只要《学位条例》还有实施的效力，非法定理由和非法定程序，不能随意中止甚至停止其实施。总之，由于博士学位授予单位立项建设规划法律定性和规制的缺失，其行为主体地位及其职责权限、行为的内容及其法律效力、行为方式与程序、责任与救济等方面存在问题也就在所难免了。

三、启　示

十年前，刘燕文分别诉北京大学学位委员会和北京大学案（以下简称“刘燕文案”）首次引发了人们对我国学位授予制度的反思和检讨，

---

① 详情请参见：http：//www. moe. edu. cn/edoas/website18/41/info25141. htm。

并因此推动了有关部门启动对《中华人民共和国学位条例》（以下简称《学位条例》）的修改，而使其成为具有标志性意义的教育行政诉讼案例。十年后，西北政法大学“申博”案同样具有里程碑意义。它必将再次推动有关部门加快修改《学位条例》的进程，也必将对我国教育法制建设产生深远的影响。所不同的是，“刘燕文案”引发的法律问题源于高校的内部学位授予制度的法律缺陷，侧重探讨高校内部学术权力的运行规则以及学位申请人的权利救济，其法律后果限于校方与学生个人之间。而西北政法大学“申博”案则凸显了高校外部学位授权审核制度中的问题，其法律后果并不仅局限于行政复议的双方当事人，其争议问题的重要性、复杂性和敏感性已远远超出“刘燕文案”。这集中表现为：西北政法大学“申博”案引发了我们对高等教育改革深层次问题，即政府与高校关系（以下简称“政校关系”）如何法治化的思考。

在改革开放之初以及高等教育发展水平不高的情况下，高校的学位授予权由国务院学位委员会直接具体地审核确定，并以此来保证学位质量的做法是可以理解的。但是，随着我国经济的转轨和社会的转型，特别是随着高等教育体制改革的深化和建设法治国家进程的推进，各个教育主体之间的关系已经发生或者正在发生着深刻的变化，越来越多的高等教育关系被纳入到法治的视野。其中，政府与高校之间法律关系成为教育法治的重要内容。在法治视野下，政校关系应该是法律关系，即政府与高校在高等教育中各自的法律地位明确，政府与高校之间的权力（权利）义务关系法定化。如政府管理高等教育的权力来源、职权与责任、权力行使的方式（表现为各种行政行为）及其程序等；高校的依法办学与自律、办学自主权的实现与被监督、利益诉求的法律表达和权益救济等。西北政法大学“申博”案是我国政校关系存在的问题在学位制度上的反映和表现，它从一个角度、一个层面折射出我国的政校关系法治化的必要性和迫切性。

西北政法大学“申博”案对我国法治的实践和理论有更多的启发意义。对实践而言，此案应当引起政府和教育行政部门的高度重视，特别是有一些潜在的问题值得注意：如，今后会不会有高校就硕士学位授权审核、本科专业设置审批、××评估、××级示范高校、重点基地、重点学科的评审等发生的争议而提起行政复议或者行政诉讼？我国虽有《学位条例》及其实施办法，但对政府如何行使学位授权审核并没有具体的规范，也因其颁布于1980年而面对今天快速发展的高等教育实践显得不相适应，例如，实践中有的成熟的经验应该明确反映在学位法律上；原有的一些规定已经过时应该修改；特别是对学位申请人的合法权益，应该给以重视；学位授予单位和学位管理工作部门的权力和责任应该更加明确①；我国虽有一系列的有关学位授权审核的政策性文件，如《改革方案》、《指导意见》、《工作通知》等，但它们并没有触及我国政府对学位授权审核这一高等教育资源分配行为本身的规范化问题，政府对高校的管理理念和管理方式等还没有真正融入法治精神，没有真正体现法治的理念和原则。立法部门应当加快《学位条例》的修改，从法律制度上建立健全学位授权单位的进入和退出机制。最高人民法院应加快出台"关于审理教育行政诉讼案件若干问题"的司法解释，为化解教育纠纷提供司法保障。就理论而言，此案对法治理论尤其是对行政法学理论有特别的标本意义。面对高等教育领域对法治的迫切要求，法治理论的滞后性和不适应性是明显存在的。此案不仅对教育法学，而且对行政法学理论的发展将有所裨益。

中国公立高校的第一起学位行政复议案发生在西北政法大学与陕西省学位委员会之间也许是偶然，但公立高校为维护其合法权益而选择行政复议乃至行政诉讼的法律途径以理性的方式表达诉求，则是法治进步和文明社会发展的必然趋势。西北政法大学"申博"案所暴露的评审工作中存在的问题或许不具有普遍性，但是需要我们冷静反思和理性分析的是其深层次的原因。我们不妨假设：如果陕西省学位办的评审工作没有违法，其结果仍是西北政法大学出局，那么，西北政法大学是否还能将行政复议或者行政诉讼进行到底？如果陕西省学位办的评审工作存在违法，其结果是西北政法大学被列入，那么，被淘汰出局的其他大学是否会提起行政复议或者行政诉讼？如果此类申报高校"申博"失利的情形不是发生在陕西省，而是发生在其他省份？其结果会不会是另外一番景象？当然，事实不可能被假设。在这里，我们关注的不仅仅是个案的正义，而且更要关注制度的正义，制度正义更为重要，它关乎的不仅仅是西北政法大学一所高校，也不仅仅关乎博士学位授权审核这一件事情。因为，它关乎在中国走向法治的进程中，深化高等教育改革的法

---

① 详细请参见：http：//www. edu. cn/ksjs_ 8231/20090703/t20090703_ 388932. shtml。

治基础、政府与高校关系法治化的程度、学位法律制度的完善乃至整个高等教育事业的科学发展。

参考文献

吴本厦. 2009. 筚路蓝缕，开拓创新［J］. 研究生教育（7）.

Background, Problem and Enlightenment: Legal Consideration of the Case about Granting Ph. D. Degree to Northwest University of Politics and Law

Cheng Yanlei

Abstract: Based on the case of the certification to the right to grant Ph. D. degree of Northwest University of Politics and Law. This article compare the by certification body and certification body in content, main body, effectiveness and process, try to uncover the deep-seated problems in the certification to the right to grant Ph. D. degree in China, indicate that it is necessary and urgent to establish a rule-of-law relationship between government and university.

Key words: the case of the certification to the right to grant Ph. D. degree, Northwest University of Politics and Law. Rule-by-law, relationship between government and university

作者简介

程雁雷，女，安徽大学高等教育研究所所长，安徽大学法学院教授、博士生导师。

□湛中乐　杨建顺　何海波　王大泉　耿宝建

关注西北政法大学“申博”案

——专家笔谈

历史不应忘记：为何持续关注西北政法大学“申博”案

湛中乐

2009年上半年西北政法大学“申博”案被媒体公开后，引起了强烈的社会反响。作为法律学人，我们理所当然应予高度关注。不仅因为该案本身反映出的一系列专业性的法律问题有待进一步澄清和明晰化，更重要的是该案反映出的深层次体制与机制问题需要引起我们的高度重视，需要有关部门和决策层作认真深入的思考。

我们关注此案，是因为作为一所政法大学，当发生了与其利益相关的争议的时候，它选择的是通过正式法律途径，理性地去解决相关法律争议，而不是去选择信访或传统的内部协商方式去解决，那么它当然成为高等学校通过法律手段维护自身权益的经典案例。在新中国法治历史上，也是第一个敢于挑战权威的省级教育行政部门决定的合法性与合理性的公立高等学校，是第一个敢于对上级权威部门说“不”的公立高等学校，昭示了法治精神与法治理念。所以无论案件的审理结果如何，这一事件必将载入中国教育法制史册，它的积极意义也远远超过了案件本身。根据笔者了解，也正是因为有西北政法大学的理性维权，才可能有陕西省人民政府对该复议案件的受理（否则只是按一般信访接待和处理，所谓内部的处理协调也许更加诡秘和不具有可预测性）。也正是因为陕西省人民政府及时受理该案，并跟有关部门（包括国务院法制办公室、教育部、国务院学位委员会办公室等中央政府部门乃至全国人大法工委和最高人民法院等最高立法机构和最高司法机关）进行了有效的沟通（尽管笔者极不赞成这样的做法，但至少从另外一个方面反映了审理部门对该问题的重视程度），最终才有了非常重要的决定——宣布原决定无效（不过，并无书面决定，而只是开会口头宣布）。尽管处理的过程并未对外公开，甚至没有向社会宣布案件的处理结果和后续的有关进展情况，但作为一个具体案件而言，至少有一个目的得以实现。那就是对无效公权力行为的确认。所以我们不能忘记，作为中国五大政法院校之一的西北政法大学（原来是西北政法学院，后改名），曾经为了学校的利益，为了学校自身未来的发展，曾经通过行政复议的手段去实践法治，这是一个多么难得的典型案例。人们不应该忘记。共和国历史应该铭记。

我们关注此案，是因为它引发了一系列的专业性法律问题值得研究与思考，即使是一个小案，但折射出的问题是复杂的、深层次的。首先，从专业的角度而言，该行政复议案涉及如何认识陕西省学位委员会的主体资格问题。它与国务院学位委员会是什么关系？它和陕西省人民政府是一种什么关系？它和陕西省教育厅学位办公室又是什么关系？等等这些问题是我们分析具体个案无法回避的问题。从法律上讲，省学位委员会的职权、职责是什么？在个案中，陕西省学位委员会是否具备行政复议案的被申请人资格？这些看似简单的问题，其实完全可能见仁见智。这从 2009 年复议案件提起前后学界的有关争论和质疑就可以发现其争点（北京大学法学院教育法研究中心和北京大学宪法与行政法研究中心曾于 2009 年 7 月 18 日还专门举行了西北政法大学“申博”案法律分析学术研讨会)①。只有通过案件审理，我们才不得不认真分析其法律地位方面的问题（平时大家对这类问题往往关注不够，实践部门往往因人设职，甚至因人设事，过去屡见不鲜。由于一般不上诉讼的台面，也就无人讨论更难说关注其背后的诸多法律问题了）。其次，如何看待陕西省学位委员会所谓的“宣布”决定的行为性质？它到底是一种行政行为还是一种一般性的学术评价行为？如果说是行政行为，那么它又是何种性质的行政行为？究竟是一种外部行政行为还是所谓的内部行政行为？是行政确认行为还是行政许可行为或者其他性质的行政行为？这种行为是否足够“成熟”，以致达到了可以申请复议或提起行政诉讼的程度？抑或它根本就不是一个“成熟”的行政行为，因为它尚处于一个行为过程之中，最终的决定并未作出。这样就涉及是否满足行政复议或行政诉讼受理条件的问题。另外，西北政法大学是否具有复议申请人的资格或行政诉讼的原告资格（如果直接提起行政诉讼），哪些单位或个人还具有所谓第三人资格？如何看待法律上的利害关系问题？再次，究竟如何看待陕西省学位委员会在对8所大学的评审过程中，在事实认定、法律法规适用和行政程序遵守等方面的合法性与合理性问题。所有这些只有通过案件的公开审理，才可以作出一个公正的结论。当然，此案所涉及的更加细致的问题包括：省学位委员会的决定应当或可以在多大程度上承认或认可专家的评审结论；行政决策与专家评审的关系究竟何如；等等。这些都是有待进一步研究的专业性问题。②

我们关注此案，还因为该案所反映的宏观方面的问题，引发我们对学位制度改革与学位制度建设过程中行政决策的科学性与民主性问题的深入思考。

从本案所涉材料来看，国务院学位委员会和陕西省学位委员会所发布的有关规范性文件都可以视为一种“行政决策”行为，尽管它是以《指导意见》或《通知》的形式出现的。从国务院学位委员会2008年

---

① 有关报道，可以参看：学位制度建设——西北政法大学“申博”案法律分析［EB/OL］. http：//society. people. com. cn/GB/8217/9718992. html；或者：http：//www. publiclaw. cn/article/Details. asp？NewsId =2597。

② 有关对该行政复议案件的法律分析，本人曾在2009年7月18日于北京大学召开的学术研讨会上提出过初步意见。有关该案分析的正式文章，见湛中乐：《西北政法大学“申博”案的思考与解析》，载于2009年《中国教育法制评论》第7辑。

发布的《关于做好新增博士、硕士学位授予单位工作的指导意见》（29号文)、《关于做好2008—2015年新增博士、硕士学位授予单位立项建设规划工作的通知》（30号文）的内容来看，陕西省被划入二类地区，新增博士授权单位指标是两个。而且在2016—2020年规划周期内，陕西省立项建设博士单位的预测限额为零。这就意味着在以后长达12年的时间里，陕西省新增博士授权单位指标只有两个。

那么，我们禁不住要叩问行政决策的科学性与民主性问题。从科学性角度质疑，国务院学位委员会究竟根据什么标准划分四类地区（另外还有中国人民解放军是没有进行分类而是单列的)？未来八年内不进行再次评审，这涉及过去两年一评的政策的连续性的问题，突然改变的依据何在？为什么是八年？如果从行政决策过程中的民主性角度质疑，那么在这一政策的形成过程中，国务院学位委员会或起草部门通过什么途径向社会公开过，或向哪些部门征求过意见？哪些意见被吸收，哪些未被吸收，未被吸收的理由是什么？过去长期以来有关部门习惯于拍脑袋决策，或凭经验决策，忽视公民的参与，这种决策往往缺乏基础。即使决策出来了，在执行中也会遇到各种阻碍，或者影响决策的执行效果。

新中国的学位制度形成有其特定的历史条件与背景，曾经发挥了重要作用，这一点不言而喻。但是随着改革的不断深入，学位制度也面临着许多新的问题与挑战。到底如何改革传统的学位评审制度，如何加强我国的学位制度建设以适应新形势的发展需要，需要我们不断探索和总结。因为只要有所谓“指标”或“配额”存在，就会或迟或早地发生类似今天西北政法大学“申博”案的复议案件或诉讼案件的情形。因为博士学位单位评审，涉及一个学校未来的学科建设，乃至相当长一段时间里教师队伍建设和学校发展的重大利益。这里存在残酷的竞争。所以，有关学位制度的改革举措，一方面要坚持改革，另一方面又涉及如此多学校的重大利益的维护，需要慎重对待。改革创新固然重要，但一定要注意改革措施的出台必须遵循相应的程序规定。各种相关决策的出台，能够建立在听取广大民众意愿的基础之上，否则很容易事与愿违。所以，这就涉及行政决策的民主性与科学性问题。只有经历了比较严谨、慎重的论证，才使得改革更加符合科学精神，只有经历了一个自下而上和自上而下的反复过程，征询广大相关人员和部门的意见，改革的措施才能得到拥护，也才有利于实践中的推行与实施。

如果没有这个行政复议案件，很多人根本就无从知晓国务院学位办、教育部和省政府学位委员会的许多红头文件。根本就不知道所谓博士学位点建设方面的“指标”与“配额”。案发后，这一系列的问题昭然天下，我们便可知晓和了解原来有如此多的“改革”举措，原来有如此的种种做法？人们尤其是一些专业人士可以加入到这个讨论圈中来，对这种所谓的高层决策进行评论。尽管这种评论的声音并不很强大（也许非常微弱），但是也千万不可低估这种舆论的深远影响。因为有的舆论和社会民众的普遍性评价是可以反过来影响高层的决策的，它可以弥补过去高层决策程序中公众评议或专家评论程序之不足。殊不知最近些年来群众的呼声，舆论的介入，法律界人士的支持，最终使得我国的许多制度都在静悄悄地发生变化吗？比如说，从2003年的孙志刚案件到近年的张先著、雷闯等反歧视案件等莫不如此。只要有心，我们是能观察到这个社会的法治进步的足迹的，尽管步履艰难，道路也非常曲折。

我们关注此案，还同样是因为通过此案我们可以发现专家评审的作用与局限。一方面，专家评审委员会无疑是学术评价的专门机构或组织形式（博士生答辩阶段的专家小组、院系一级的学位评定委员会分会和学校一级的学位评定委员会），专家小组就是不可或缺的组织机构，所以进行专业学术评价时就有赖于术业有专攻的专家。不过我们也要谨防专家委员会或者专家评审成为一种摆设，实际上是行政说了算或者个别领导说了算。另一方面，即使是权威专家，他也只是某个具体研究领域的专家或权威。专家的作用虽然不可低估，但也不能什么都迷信专家。

一般说来，专家评审委员会是一个很好的机制，但是专家评审委员会的人员知识背景构成会直接影响评价的结果，所以专家评审委员会的组成、遴选都值得研究。专家委员会的构成、运作机制，不同专家委员会之间的关系，不同环节专家评审之间的关系、效力也值得研究。专家评审制度发挥作用的同时，也要注意到专家评审过程中潜在的或隐性的问题，以及专家评审机制中诸多细微的程序规则和运行机制等问题。防止以专家评审掩盖权力滥用，也要防止以专家评审之名而行学术霸权或行政霸权之实。

最后，我们之所以关注此案，还是因为我们特别在意公权力的运作过程，希望国家尽快确立一系列规范公权力运作的程序制度。从长期以来所发生的行政争议的情况看，往往都涉及公权力运作中的诸多问题。比如说缺乏透明度、缺乏公开性、缺乏理由说明等重要的程序。所以本案中所反映的一系列问题，其实对于我们反思和检讨当下公权力机关行政程序运作很有借鉴意义和启发作用。

完善法规范是解决教育纷争的根本保障

——从西北政法大学“申博”复议案看我国学位制度的完善

杨建顺

西北政法大学“申博”，不服陕西省学位委员会对新增博士学位授予单位立项建设申报的评审结果，向陕西省人民政府提起行政复议并“被依法受理”，被称为中国高等学校对教育行政部门提起行政复议的“第一案”。2009年7月18日，北京大学宪法与行政法研究中心和教育法研究中心（筹）共同举办了学位制度建设——西北政法大学“申博”案法律分析研讨会。我应邀参加了此次研讨会，由此案引发了诸多思考。下面谈的几个问题就是这些思考中的部分内容。

一、关于本案的意义

从1999年的刘燕文诉北京大学及其学位评定委员会案，到2009年的西北政法大学“申博”复议案，跨度10年，两个案件都给人们带来了对我国学位制度的反思契机，两个案件都被评价为里程碑式的案件，而前一案件的结局已经在某种程度上提示了后一案件的发展走向，起码可以说，在中国目前尚未制定解决该类纷争的具体法规范的情况下，仅以程序法治的原则来进行判案，尽管可以说有其必要性，也能体现其未来发展的必然趋势，但是，其可行性则是不能不令人质疑的。

1999年，海淀区人民法院受理了刘燕文的起诉，并依法作出一审判决，曾一度成为令学界和实务界为之欢欣鼓舞的标志性事件之一。然而，该案的第二审予以发回重审，海淀法院只能以过了时效为由驳回刘燕文的诉讼请求。一度受理并作出判决的案件，竟然不能中断其时效！不容否认的一点是，该案的结局恰好证明了，仅以程序法治原则判案而没有具体法规范支撑，要获得实质性救济是很艰难的。

2009年，西北政法大学“申博”复议案，作为中国高等学校对教育行政部门提起行政复议的“第一案”，具有极其重要的意义。本案的重大意义就在于它为人们思考我国的学位制度，思考高校和教育行政主管部门的冲突从内部调解到选择行政复议的必要性和可行性，思考专家和学术的独特品位及其在现代教育评价中的定位等问题，提供了重要的契机和途径。

然而，该复议案的发展走势基本上可以从前述刘燕文案的结局得到一定的参考。且不说关于本案提起行政复议是否依法、受理是否依法、主体是否适格、程序是否合法等问题在实务界和理论界皆有不同观点，单就提起复议后乃至将来诉至法院后，行政复议机关作出复议决定和法院作出行政诉讼判决将面临无相应法规范依据的难题这一层面来考虑，该案的发展走势也许会很令人尴尬。我的观点是，该复议案件的提起本身是否有足够的立法依据尚是值得探讨的问题；对该案件的审理因无相应法规范可依，因而决定了其结果将必然地无法依法作出支持申请人申请的复议决定，如果将来提起行政诉讼，同样也无法依法作出支持诉讼请求的判决。

尽管如此，本案的重大意义并不会因为其结果或者发展走势如何而受到影响。

本案给人们提供了思考的契机，理论界的深入剖析一定要全面展开，切忌浅尝辄止，仅停留在实务描述的层面，甚至仅“提升”为政治评议高度，而不去进行深层次的学术理论探讨和架构；本案给人们提供了思考的契机，实务界的全面梳理和立法跟进、制度建构一定要及时展开，对于涉及高校重大利益甚至国家教育事业发展长远利益的教育发展规划，名额等资源配置和评审、评比等评价机制的完善，教育领域中各类主体之间的利益协调及争议解决机制的建构和完善，自律性解决、协调性解决、行政性解决、司法性解决乃至政治性解决等，各种各样的所谓多元化纠纷解决机制的建立和具体运用，都应当以相应的法规范认可、支持和提供具体规程为基本前提。只是说这样的案件很重要，一定要以此为契机进一步推进学位制度改革，促进学位制度中的程序改革，助推整个教育法制的发展，等等，就像刘燕文案之后我国学位法立法工作一直在进行却至今没有完成一样，相应的立法不能及时跟进，岂不枉费了该案的作用和意义?!

二、对我国学位制度的总体认知

我国1980年制定并于1981年起施行的《学位条例》，所确立的是国家学位制度，在学位制度安排上注重行政管理方面的功能，这样一种制度安排，与当时我国刚刚恢复高等教育和初创学位教育的现实相一致，在其后一个时期中确实发挥了规范、引导和促进我国学位制度乃至教育事业发展的重要作用。但是，伴随着我国高等教育事业的不断推进，尤其是教育体制改革的不断深入，高等学校和教育主管行政部门之间的关系发生了很大变化，而在学位授予的制度建构方面一直没有任何进展。虽然2004年对该条例进行了修正，但只是强调了学位论文答辩委员会的组成要有外单位的有关专家参加，而对学位授予制度本身并没有任何改革。

《学位条例》对学位授予单位的规定非常粗放，只是规定“学士学位，由国务院授权的高等学校授予；硕士学位、博士学位，由国务院授权的高等学校和科学研究机构授予”。学位授予单位及其可以授予学位的学科名单，由国务院学位委员会提出，经国务院批准公布。至于具体如何确定学位授予单位的制度安排，则根本没有规定。实践中形成了硕士点、博士点授权的制度。于是，是否拥有学位点便成为了高校评比、排名的诸多因素中的重要因素之一，硕士生导师、博士生导师之类的奇怪头衔也就成为了许多高等院校教师的荣耀，单位和个人皆为争取学位点而不遗余力。

我国改革开放以来学位制度的建立和发展，其成就斐然，这是有目共睹的。但是，“博士生满地跑”、“博士点评审暗箱炒作”之类尖刻的评论也在一定程度上揭示了我国学位制度在长期运作中面临诸多问题。学位制度改革势在必行。但是，教育部在推进学位制度改革过程中并没有遵循立法先行的基本路径，而是通过国务院学位委员会《博士、硕士学位授权审核办法改革方案》和《关于做好新增博士、硕士学位授予单位工作的指导意见》，形成了《关于做好2008—2015年新增博士、硕士学位授予单位立项建设规划工作的通知》，便将长期以来的学位点制度改为“新增单位立项建设规划”制度。这种改革路径的选择和总体思路是值得深刻反思的。需要特别确认的是，这种立项建设规划不以专业而是以学校为对象的基本价值判断并不是基于学位本质的制度架构，是与学位授予本身的规律性相违背的，当然，这也是本案争议的本源所在。

三、“新增单位立项建设规划”的合理性问题

（一）新增单位应当着眼于特定学科而不是整个学校

招收硕士生、博士生的资格，应当只是基于某一个学科的实力而授予，而不是以某大学的综合实力为标准。具体说来，即使某大学诸多方面的指标皆不上档次，但如果该校的某个专业学术水平很高，则该专业应当具有招生资格；即使某大学某专业的诸方面指标都不上档次，但某专业的某位教师学术造诣很深，则该教师就应当有资格带硕士生、博士生。这是学位制度本来应当最为关注和作为其正当性支撑的要素。

然而，在我国，无论是以前的学位点申报，还是目前的新增学位授予单位立项建设规划的申报，都具有极大的不合理性。相比之下，以前的学位点申报还在一定程度上强调了专业特性，具有一定的合理性，而此次规划将申报对象锁定为学校，其不合理性更为突出。博士、硕士乃至学士学位的授予，应当着眼于各种专业的特点，制定符合该专业特点的资格、资质和标准要求，定期甚至不定期地按照实际状况进行全面的考核打分。凡是符合标准要求的院系专业都应当获得学位授予权，应当有资格招收博士生、硕士生或者本科生；不符合标准要求的，不管你大学在什么地方，有什么特殊理由，都不应当获得学位授予权。以学科专业为单位，而不是以学校为单位；以学科专业的教师水准为着眼点，而不是以其他诸多不相关因素为评价依据，这是学位制度健康发展的基本保障。在目前我国学位制度框架下，所授学位是国家学位，而不是学校学位，各专业的各类学位授予应当有国家统一的标准要求。当然，更彻底的学位制度改革，就是将国家学位改为各高等院校的学位，这样便可

以避免为“申博”之类的事宜而展开无谓的争吵了。不过，这种设想不过是“幻想”，是根本不具有可行性的。

学位授予资格的评审可以更加标准化、制度化和程序化，作为国家学位制度要设计一个基本准入标准，既不是最低，也不是高不可攀，而是一个明确的、业内人士通过全力拼搏皆有可能达到的标准。让符合此标准的人皆有资格带硕士生、博士生，并不是意味着该资格是终身的，而是依然需要根据不同的情况进行调整，诸如建立和完善硕导、博导评价机制，以避免、起码做到尽量减少硕士、博士培养过程中的混乱，确保所培养的硕士、博士皆能达到一定水准以上，在一定程度确保人力资源和智力资源的最大化效用。没有相应的评价机制作保障，没有浮动的升降机制作支撑，完全放开硕导、博导准入，奢望凭学校、院系以及导师的名声来评价一个博士，真的不具有现实可能性，即使在不久的将来也是无法期冀的。只有遥远的将来才有可能实现的事情，我们现在并不是不应当去设想，但是，至少从剖析本案和讨论目前中国学位制度的角度来看，也许是不宜提倡的。

其实，“硕士导师”、“博士生导师”之类的头衔也应当取消，难不成过些时日还要再搞出个“学士生导师”的头衔不成？凡是被聘为具有硕士、博士学位授予权的院系副教授以上职称的，都应当有资格带硕士、博士；凡带硕士、博士的，就应当是导师，没有什么可以特别拿来炫耀的。另外，人文社会科学领域不宜将是否有课题项目经费作为是否可以带博士生的标准。近年来，许多高校在这方面的所谓“改革”，完全是背离博士生培养规律的“改恶”，而绝不是改善！

（二）新增单位立项建设规划在期间设置上的不合理性

在没有法规范支撑的情况下，搞一个规划，将迄今为止每隔2年进行一次的学位点评审制度改为以8年为期的新增单位立项建设规划申报制度，且不说其合法性问题，仅就这种期间设置上的不合理性来说，就是值得我们深刻反思的。我国高等教育需要不断发展，每一所高等院校都在不断发展之中，从媒体报道可以看出，许多学校为“申博”而不遗余力，这种趋势有助于推进学校增加相关领域的投入，最终促进教育事业的发展。至于申报、评审过程中出现诸多腐败现象，那是强化相关约束机制的问题，应当从完善监督制约和责任机制的角度考虑改革，而不应简单地用8年期的立项建设规划申报制度来取代2年期的学位点评审制度。更进一步从完善学位授予单位确定制度的角度来看，应当将定期评审和不定期评审结合起来，建立完全开放式、滚动发展式的评审制度。并且，相关评审不应局限于申报期间提交资料，而是应当全面建立和充实各高等院校数据库，在教育行政主管部门设立相关数据汇总、归类和评析的平台，对经查验核实符合标准者，一律授予其学位授予单位的资格。

（三）新增单位立项建设规划在指标分配上的不合理性

关于指标分配的问题，这绝不是仅将其归于“计划经济的色彩”便能够作出正确判断的问题。问题没有那样简单。市场经济同样需要分配指标，而且指标配置也是市场经济条件下解决稀缺资源帕累托最优配置的一个重要辅助手段。问题的关键在于，相关指标配置应当在充分全面调查研究的基础上制定明确的标准，建构确认和决定等一系列完整的程序，并且，整个过程应当是透明的，作出决策的理由应当是公开的，相关理由起码在业内人士看来应当是明白的、充分的，因而是可以理解、具有可支持性的。本案涉及的地区分类限制问题，相关标准很不明确，也是缺乏国家学位统一标准要求这种观念的体现。通过一个通知，建构一种规划，添加一个附件“地区分类及立项建设单位限额”，把全国划为四类地区，分别确定是否有指标或者几个指标，为该领域带来诸多政治考量的色彩，却大大减低了其对学位本质所要求的统一标准的重视。只有建构以学位本质所要求的统一标准为重要判断依据的新增单位评审制度，才能够彻底解决至少最大限度地减少该领域的矛盾。

教育资源的调配，应当体现公平、公正与合理的理念。本案所涉及的这种指标配置，很难让人得出体现了这种理念的结论。陕西省分到2个名额，而参加“申博”的有8所院校，陕西省学位委员会认为这8所院校都已具备申报资格，这也说明各院校的情况大致相当，没有悬殊的差异，其不同只是每所院校皆有各自专长的专业学科而已。既然如此，陕西省就应当有8个名额，却只得到2个名额。这种名额配置之不合理性可见一斑。并且，本来是不同类型的院校，其专业领域不一样，研究内容不一样，学科性质不一样，根本就没有可比性，正所谓“异类不比”。将不同院校的一些数据放到一起，一味强调某院校比另外的院校更有资格或者没有资格，这种做法本身是值得商榷的。

四、评审标准、程序与诚实信义的问题

“限额”促使8所并无实质可比性的院校进入了利益角逐之中。作为“申博”的各院校，本应当如实地填报自己的数据，靠自己的实力努力打拼，通过正当程序，进行公平竞争。这应当是其参加“申博”角逐的基本前提。在坚持了这一前提的情况下，“申博”失败，除了首先从自身找原因之外，通过各种途径寻求救济，包括申诉、行政复议乃至提起行政诉讼，都是值得肯定的。长期以来，诸如评××奖、评××课题项目，评××家乃至评学位点之类活动中被暗箱操作或者潜规则击败者，往往只能选择私下发发牢骚之类的方式来发泄不平不满，对相关结果也只能忍气吞声，随其自然。在这种意义上，本案具有重要的价值导向作用，它至少提示人们应当积极寻求法律救济途径。

本案所反映的有关评审标准不明确和程序不健全等问题，都是值得我们深刻反思的。同时，在“申博”过程中有些院校数据造假问题，也应当引起我们足够的关注和重视。

程序维护公正？不见得。我们必须强调的是，只有正当程序或曰公正程序得以正确运用的情况下才能够维护公正。那些不公正、不正当的程序，或者那些本来公正、正当的程序一旦被用歪了，不仅不能维护公正，而且还会冠冕堂皇地排挤公正，维护不公正！在这里，对程序公正问题不想深入展开，只谈在数据造假情况下如何体现诚实信义原则。

我所讲的“诚实信义”原则，是日本的用法，它大致相当于我国通用的“诚实信用”原则。之所以不采用“诚实信用”这个术语，是想特别突出“义”字。

发现有些学校报评材料造假，陕西省教育部门决定重报重审，但对造假的学校没有严肃处理。这种做法违反了陕西省学位委员会《关于开展新增博士、硕士学位授予单位规划立项建设工作的通知》的规定，没有“进行核查、作出相应处理，并公布核查情况及处理结果”。这也在一定程度上表明，该《通知》所强调的“坚决制止不正之风和违规违纪行为，严禁在规划立项建设过程中采用不正当手段干扰规划立项建设工作”，只不过是一种口号甚至是摆设，根本没有实效性。这当然不利

于公平竞争、程序正义的实现，也有悖于诚实信义原则。

在目前学术腐败不断蔓延的背景下，从大学本身的使命出发，应当对造假者予以应有的制裁，起码应当取消其此次“申博”的资格。这里不存在重报重审的问题，重报重审本身就是违反程序，就是对不诚实做法的纵容和支持。据悉，本案中所有院校重新填报的数据和其前面填报的数据都存在悬殊的差异。我没有看到相关数据，只能说如果这是事实，如果大家都在造假，是否只有“严重”造假者才应当受到惩处呢?以五十步笑百步，还奢谈什么公正程序？所以，如果这是事实，就不应该有后续的相关争议了，此次“申博”便应当就此终止了。省学位委员会都不能按照上述《通知》履行职责，还奢谈什么“坚决制止不正之风和违规违纪行为”？还奢谈什么大学精神？这种状况怎能不令人忧心忡忡呢?!

建构诚信社会，建设诚信政府，首先应当从教育领域尤其是高等院校特别是“申博”的院校做起。所以，我主张，如果所有院校都有造假行为，那么，本案中被认为都已具备申报资格的这8所院校都应当失去此次“申博”资格。

五、关于评审运作规程的两个问题

本案中专家组设计是有问题的。这是此次研讨会与会代表的一种共识。关于专家组应如何构成、专家组的构成应如何兼顾专家的专业素养及学科均衡，以及专家评审应如何定位等问题，人们已进行了诸多探讨，在这里就不再赘述了，只想就有争议的评审运作过程中的两个问题补充阐述我的观点。

（一）出席人数和委托出席问题

出席人数不过半数，不仅违反一般的法原则，而且也违反了《陕西省学位委员会工作试行办法》关于“学位委员会会议必须有全体委员半数以上出席，才能举行”的具体规定。所以，如果本案中出席人数不过半数这一事实得以确认，则其违法性是毋庸置疑的。

本案中涉及委托人出席的问题，引起了诸方面的争议。需要强调指出的是，相关法规范都没有对此作出明确规定，因此，委托出席不存在是否合法的问题，只是个是否合理的问题。主张委托出席构成了明显的程序违法因而本案中委托投票是无效的，这种价值取向是值得肯定的，但这样的法规范解释方法具有“事后确定”之嫌，是值得商榷的。要认定该行为或者做法违法，其前提是关于委托出席的法规范已经存在，当据以判断的法规范本身不存在时，不宜笼统地以“违法”论之。

从理论上说，委托出席不是理想的状况，但是否允许委托出席等问题应当是制度设计中予以明确规定的事项。所以，关于什么会议可以委托出席，什么会议不可以委托出席；哪些人员可以委托出席，哪些人员不可以委托出席；以及委托出席应履行哪些程序等，都应当在制度设计层面予以明确规定。的确，本案涉及对 8 所院校的评价问题，能否胜出关系到该校未来发展的大事，要求评审者有相当的资质、资格和学术素养，所议事项本质上是不宜允许委托出席的。但是，如果委员会的组成人员皆是该领域的专家，平时对参评的 8 所院校情况有充分而准确的了解，委托他人出席表明自己的评审意见又有什么不妥呢？需要确认的是，我并不是主张应当提倡委托出席这种做法，相反，我主张应当强调 2/3 以上绝对多数出席的会议规则。但是，在目前这种要求简单多数的会议规则之下，将近半数的人不出席都可以形成决议，对因特殊情况确实不能出席而委托他人出席的情况不能容忍，从法理上是说不过去的。这总比那些根本不出席的人要表现出更强的责任心吧。总之，从制度建构的层面来看，应该是分几个层次，有些是不应当允许委托出席的，有些则是应当允许委托出席的，至于委托的条件、程序、委托的审查和批准等，都应当制定明确的法规范，这是讨论委托出席是否构成违法的前提条件。

（二）在极短的时间内能否审阅浩瀚的申报材料问题

与会人员对本案中涉及的数小时内作出决定是否构成程序违法的问题给予了特别关注和强调，我本人也特别重视这个环节。在极短的时间内要审阅浩如烟海的申报材料，很显然是违反常理的，是不可能的事情，因而可以用“滥用职权”的法理来论之。但是，有另一方面的因素需要引起我们的关注，那就是评审组是由“专家”组成的，这种“专家”身份决定了其在该领域有高深造诣，平时的专业累积决定了其能够在短时间内作出通常人们认为不能做到的事情。当然，这又牵涉专家组的专家是否是其所议事项领域的真正专家的问题，牵涉专家组的产生和构成问题，这里不予涉及。我谈这些，只是希望法学家们在探讨有关程序问题或者“滥用职权”问题时要综合考虑诸方面的因素，不宜简单套用一般法理。当然，就本案而言，如果对“申博”院校第一次填报材料造假行为忽略不计，对重报的材料是否属实没有充分核实和研究，便在数小时内作出决定，当然是有问题的，这一点是毋庸置疑的。不过，还需要考虑的一个因素就是，诸多评奖、评课题项目或者评××家之类的活动，甚至诸多学位论文的评审工作，通常皆是在极其有限的时间内完成的，这种惯常的做法如果被忽略，得出的结论或许难免有观念论之嫌。

六、关于救济途径和方式

关于本案所涉及的主体资格、行为属性（阶段性、过程性、成熟性乃至其对相关权利、利益和地位影响的重大性）等问题，以及程序正义和专家评审结果的效力、定位等诸多问题，都值得我们进行深层次的思考和探索。这里无法全面展开，只想强调一点，即就目前的制度架构而言，从本案的实效性解决的角度来看，首先进行申诉，在教育行政主管部门不采取积极补救措施或者所采取的措施难以令人满意的情况下，再启动复议程序，乃至最后提起行政诉讼，这可能是比较稳妥的途径选择。

“申博”失败后，西北政法大学于2009年4月20日向陕西省政府递交了《行政复议申请书》。我对其选择这种救济途径的勇气表示敬佩，对本案的重要意义也有充分的认知。但是，进入2009年8月，不仅已过了2个月的复议期限，而且也超过了可以延长的1个月期限，迄今尚未看到关于本案后续进展情况的报道。这至少表明径行通过复议途径解决本案所涉问题的艰难性。

既然选择了行政复议这种救济途径，就应当为这一途径的实效性探寻制度支撑。没有相关的制度支撑，无论学者如何强调“本案被诉行为属于已经成熟的行政行为”，无论如何强调本案诸要素皆符合行政复议的构成要件，对于西北政法大学“申博”的胜出这一实质性诉求的实现来说，皆是无济于事的。目前不存在相关法律依据，只能适用一般的法原则来该进行复议案件的审理。目前通过法律途径来解决这个案件，无论是复议还是诉讼，都必须首先解决诸多悖论，比如要推翻专家组评审结果等，由于没有相关的具体规范作为依据，其可能带来的一系列连锁反应简直是不堪设想的。10 年前刘燕文案的最终结果就是前车之鉴。

在目前缺乏具体法规范支撑的背景下探讨西北政法大学“申博”复议案的法律解决途径，这本身就是个难题。以本案为契机，我们认识到完善我国学位制度乃至整个教育制度尤其是教育评价和纠纷解决制度的重要性和紧迫性。教育纷争的解决，需要科学，需要理性，需要高度的政治智慧，更需要一系列法律制度的支撑，需要科学公正的教育评价制度作为保障。所以，为了不再出现这种虽然可以提起行政复议甚或行政诉讼但却得不到实质性救济的尴尬局面，建立和完善包括专门的教育评价和仲裁制度等在内的法规范和制度，当是摆在我们面前紧迫而重大的课题。亡羊补牢，未为晚矣！

要反思的是整个学位管理体制

——评西北政法大学不服“申博”决定行政复议案

何海波

从 1978 年恢复研究生教育、1980 年出台《学位条例》起，现行的学位制度已经持续了约 30 年。在这个社会急速变迁、法律频繁修改的时代，《学位条例》算得上中国最“古老”的现行法律之一了。西北政法大学提起的博士学位授权立项建设行政复议案件，不管最后结果如何，都将成为学位制度改革中的一个标志性事件。与此前的刘燕文诉北京大学学位评定委员会案件一样，它给了我们反思现行学位管理体制的一个良好机会。

根据媒体报道的情况，陕西省学位委员会的评审过程存在诸多的问题。首先，学位委员会的组成就非常尴尬。据说，学位委员会成员已经过了聘期，省政府没有按规定续聘。如果事实成立，那么，由这些人员组成的“学位委员会”作为行政主体是否合格相当可疑。其次，即使成员资格有效，学位委员会 2009 年 4 月 14 日的会议，全体 29 名委员中只有13名到会，不足开会的法定人数，也达不到作出决议的法定票数；只有加上两名受委托参会的，才能凑够法定人数和票数。虽然现有条文对于学位委员会投票能否委托没有明确规定，从道理上讲，是不可以的，主要原因有四点。第一，任命某人担任委员、请他作专业判断，是基于对他学术能力和品格的信赖，人格上不可替代。第二，委员作决定，除了阅读材料，理论上还应当听取汇报并“经过充分讨论和民主协商”，也都需要本人临场。第三，“博点”评审的权力属于学位委员会，学位委员会可以听取和参考专家组意见，但必须根据自己的了解和判断作出决定。学位委员会看来没有对申报材料进行审查，更没有听取申报学校的汇报和答辩，而仅仅对专家组的意见进行简单地表决，实际上放弃行使审查职责。第四，学位委员会认识到专家组意见建立在某些“不规范”、“不真实”材料的基础上，要求各学校重新填报，但委员会既没有让专家组重新考虑并提出意见，也没有亲自审查重新填报材料的真实性。学位委员会的审查决定欠缺相应的事实根据，是对其职权的恣意行使。以上几点，是行政复议中可能会涉及的。最后结论还不知道，但它们足以让人质疑学位委员会决定的合法性。

尽管西北政法大学“申博”案的争议出在陕西省学位委员会的评审过程，但它无疑镶嵌在一个更大的制度框架中，那就是国家层面对学位授予单位的控制。国家教育主管当局制定学位授予单位评审标准，又不停修改标准。在此过程中，西北政法大学五战五败。这最后一次，源于国务院学位委员会2008年发布的文件《关于做好2008—2015年新增博士、硕士授予单位立项建设规划工作的通知》（学位［2008］30号）（以下简称《通知》）。该《通知》按地区确定立项建设单位的“限额”，其中陕西得到两个名额。这意味着，如果西北政法大学挤不进这两个名额，在未来8年内都没有机会成为“博点”。在大学资源重新洗牌的背景下，8年是一个难以忍受的漫长周期。难怪西北政法大学的一些老师焦虑万分，如果这次失利，西北政法大学将“沦为三流学校”!

我能理解国务院学位主管机构面对的难题：一方面，目前博士学位有过多过滥的倾向；另一方面，更多的学校想挤进“博点”门槛。学位主管机构采取的对策就是限制，不单限制新增数量，还要限制周期、暂停增加。这种规划是否必要和适当，是需要讨论的。

政府规定各省新增“博点”的限额，在名额分配和具体评审中都可能产生公平问题。首先，人们可能质疑，凭什么云南、江西、广西有三个名额，而陕西只有两个？由于在相关文件上读不到解释，我们暂时无从评论其理据。其次，国务院学位委员会把名额分配给各省后，由各省学位委员会自行评审，就能保证公平吗？从西北政法大学“申博”案中，我们隐约感到，国务院学位委员会文件规定的评审条件并不重要，重要的是评审程序。我想法律界的同行大概都能接受，西北政法大学成为博士授予单位是完全有条件的，也是应该的。但是，当来自不同地区、不同专业、不同背景的专家匆匆而来，匆匆而去，有几个人对各个学校、各个专业的情况全面了解？有谁真正在意“拟立项建设的单位及其学科专业，必须是本地区和国家经济建设社会发展需要、当前或者未来一定时期依靠现有学位授予单位不能替代或者满足的”云云的评审条件？最后的结果，很大程度上取决于组织和参与评审的人，取决于哪个专业的委员多、哪个学校跟领导的关系好。难怪，落选的几个学校都有强烈的不公平感。在现行体制下，因不满“申博”结果而申请复议应是西北政法大学的特例，而在“申博”过程中遭遇不公，相信是许多学校的常例。

在上述操作中的不公平背后，是整个学位管理的观念。在我看来，国务院学位委员会限制“博点”的思路带有计划体制的痕迹，与这个时代的要求不相适应。在计划经济下，大学是为国家培育人才，国家叫你培养你就培养，国家没叫你培养你就不用争。现在情况不同了，大学事实上已经成为一个独立的利益主体，一个由教师和学生集合成的有机体。学校的兴衰存亡与他们休戚相关，他们自然要去争利益，要谋发展。虽然多数学校还仰赖政府财政的支持，但它们已经生存在市场中了。西北政法大学“申博”案本身就是重新确立学校与政府关系的标本，大学不再是政府的附属。法律不但要承认它们的独立人格，更要面对大学竞争的局面。竞争当然要有规则，但也需要宽松的环境和公平的待遇。大学需要分工，不是所有大学都去“申博”、都要办成研究型大学，但“博点”不应当是人为划定的封闭俱乐部。政府可以为“博点”设置某些最低要求，并且要求各个“博点”主动向社会公开相关信息，但不应该强行分配“博点”名额，不应当规定在多少时间内停止“申博”。

政府不搞限额，博士学位是否就要滥得一塌糊涂呢？如果我们承认大学存在于市场中，我们可以相信市场的力量。一方面，市场需求将会在一定程度上抑制博士的泛滥。当博士多得一片树叶掉下来都可以砸到3个的时候，博士帽后面的光环就消失了。当雇主们发现博士学位不等于能力、也不需用它装点门面，他们将会倾向于根据能力而不是学位来衡量一个人。当博士们纷纷为饭碗而发愁焦急，考生自然会掂量掂量是否值得为这张文凭付出代价。同时，大学之间的竞争也会给博士制度提供一个遴选机制。同样是教育学的博士，北京师范大学劳凯声教授指导的博士跟——譬如说——一个纺织工学院思想教育专业的教授指导的博士，差别就会很大，至少人们对两者会有截然不同的先见。这不仅仅是因为劳老师指导得好，也不仅仅是因为他和北京师范大学有更多的资源，还因为北京师范大学和劳凯声的名声会吸引更多优秀学子来投考。从长远看，这种遴选机制也许比限制名额、委员评审之类的行政控制要有效。至于有人主张砍掉一半“博点”并且不再新增“博点”，那更是与市场的走向背道而驰。

西北政法大学不服“申博”决定行政复议案件，提出了很多值得研究的法律问题。在就事论事地讨论这些法律问题的同时，我们更应反思的是生发这个案件的整个学位管理体制。

学位制度改革的法治保障与制约条件

——由西北政法大学复议陕西省学位委员会一案引发的思考①

王大泉

西北政法大学因为在陕西省博士学位授权单位立项建设的评审中未能入选，而以陕西省学位委员会为被申请人向陕西省人民政府法制办公

① 王大泉，男，教育部法制办公室副调研员，中国政法大学政府法治研究院、教育法研究中心客座研究员。先后获得大连交通大学工学学士学位、中国政法大学法学第二学士学位、中国人民大学管理学硕士学位，现中国人民大学公共管理学院博士在读。

室提起行政复议，并被受理。此案经媒体广泛报道后，引起了法学界、教育界的广泛关注。本案可以说是公办高校与教育部门之间因利益冲突，试图通过正式法律救济渠道，需求解决的第一案①。本案涉及的有关问题，对于探讨学位制度改革的原则、方向，进一步探讨高校与政府的关系等都有重要的实践意义。本文拟根据个案反映出问题，对学位体制改革的制度保障因素作初步的探讨。

一、由省级学位委员会的主体资格与行政复议管辖，看学位法律制度建设之不足

本案进入行政复议程序，首先面临的问题是陕西省学位委员会的组织性质，其是否属于行政复议的适格主体。在现行的《中华人民共和国学位条例》仅规定了国务院学位委员会的组成及职责②，其中并未出现省级学位委员会。设置省级学位委员会的依据是1995年《国务院学位委员会关于加强省级学位委员会建设的几点意见》③。其中规定省级学位委员会由省级政府商国务院学位委员会同意后批准建立，业务上接受国务院学位委员会的领导。其从组成上，一般以主管省级领导为主任委员，以各相关方面的行政领导及专家为委员；从职能上，主要是根据国务院学位委员会的授权或者委托，主管本省的相关学位工作，并无独立的法定职能；从工作方式和组织性质上，以定期或者不定期的会议投票决定有关事项，属于非常规的行政组织，而非典型的行政法人。因此，省级学位委员会即非法律、法规授权组织，也不是省政府法定的工作部门，如果严格按照行政复议法的规定审查，其被申请人的主体资格存在

① 本案能成为第一案，有其特殊的原因。鉴于目前高校与教育部门的关系，一般情况下双方产生利益冲突，往往通过行政内部非正式的协调机制加以解决。而本案则具有与其他争议不同的原因：一是争议的事项对高校整体利益具有重大影响，对高校来讲有争议的必要性；二是高校与产生争议的教育部门之间没有直接的隶属关系、管理关系、利益关系，高校是相对独立的管理行为相对人，有争议的可能性；三是由于有上级机关要求明确（立项的指标），且争议的结果对相关方面亦存在重大利益关系（已经立项的学校），使得模糊处理、非正式协调不具有可行性。

② 《中华人民共和国学位条例》第七条：“国务院设立学位委员会，负责领导全国学位授予工作。”

③ 参见：学位［1995］38号文件。

一定瑕疵。如果从扩大行政复议保护范围的角度，毕竟学位委员会的决定产生了实际的行政后果，而忽略这点瑕疵，还是可以接受的。

行政复议的管辖，则是本案的另外一个问题。西北政法大学选择向陕西省政府法制办提出行政复议申请，由于省级学位委员会是省政府的工作机构，从形式上是符合《行政复议法》关于管辖权的规定，从复议案件办理的效率和效果看，这种管辖的选择可能带来一定的问题。其一，省学位委员会按照国务院学位委员会的文件获得了相应的职权，并按其要求实施有关行为并接受其领导，其不是依法而是依章行政，相关政策的解释权在国务院学位委员会。法制工作机构的审查只能适用一般性的法律原则，可适用的法律依据有限，对被申请人行为的具体依据则缺乏有效审查的手段。其二，行政复议是建立在层级和地域管辖之上的行政救济制度。本案中省级学位委员会虽然确定了立项建设的学校，但其没有最终决定权，结果还须报国务院学位委员会确认①。行政复议并不能自动终止上述行政行为的继续进行。由于省政府法制办对国务院学位委员会在行政层级上没有管辖权，由此带来问题，如果其撤销省级学位委员会的评审结果，而国务院学位委员会确已对该结果予以确认，则行政复议决定与国务院学位委员会的决定之间将产生矛盾。如何落实行政复议决定，可能会成为新的，至少通过现有正式法律渠道难于解决的问题。

因此，从案件处理的实际效果看，选择向省级学位委员会的上一级管理部门提出行政复议，可能更为适当。但由此又带来有关部门的主体问题。首先，国务院学位委员会虽然是省级学位委员会的业务领导部门，但却难于承担行政复议的职责。在国务院的组成序列中，国务院学位委员会属于咨询议事机构，本身不是一级行政机关或国务院组成部门。同时，《学位条例》和相关法规中也没有授予其受理行政复议的权力，从其人员构成看，也不具有审理行政复议案件的能力。因此，其从法律上不能作为一级复议机关。如果选择向教育部提出行政复议，则因为省级学位委员会受国务院学位委员会的领导，与教育部在法律上没有直接隶属关系，因此，也存在一定的法律障碍。

以上问题，实际反映出目前在学位管理体制中相关机构的设置、属性与职能等尚缺乏明确的法律依据，由此，有关学位问题的纠纷，在现

---

① 本案的一些细节，来源于有关的新闻报道及相关介绍，限于篇幅不再重复。

行法律框架下，难以得到有效调处。学位法律制度已滞后于学位改革的实践和法治环境的变化，推进进一步的学位制度改革，健全法律保障机制已经成为当务之急。

二、由立项评审行为的性质、过程与影响，看学位授予权许可行为规则与程序之健全

根据国务院学位委员会的相关文件①，此次博士学位授予单位的审批分为 4 个阶段，即立项：确定拟增学位授予单位；建设：对拟增单位加大投入和支持，按照博士学位授予单位的标准进行建设；中期检查：由省级学位委员会对项目建设情况进行检查；验收：完成建设任务后，由国务院学位委员会组织或委托省级组织，进行验收。通过验收的，由国务院学位委员会审议批准授权。

在上述 4 个环节中，本案涉及的仅是第 1 个立项环节，即使通过立项的高校，要获得许可，还要经过较长的建设过程（8 年）。由此带来了省级学位委员会的立项审批行为是否是一个“成熟”的具体行政行为的问题。笔者认为可以从其行为的性质、效力和形式要件等几个方面来进行分析。

首先，如果将博士学位授予权的许可视为一个完整的行政行为，则这个行为远没有完成，省级学位委员会的立项审查并不能带来显性的行政后果，而只是行政内部的利益性后果②。在教育等领域，由于行政机关占有并分配大量的资源，实际上后一种活动占了主导性地位。在国务院行政审批制度改革当中，此类行为被定义为审批而非许可活动。对如本案这样可以使当事人获得行政内部利益性后果行为的规范和监督，目前还没有完全被纳入法治的视野，法律救济的方式与原则尚不成熟，因此，能否将有关的行为定义为具体行政行为并纳入行政复议的范畴，尚需斟酌。

---

① 参见：《关于做好新增博士、硕士学位授予单位工作的指导意见》学位［2008］29 号。

② 为阐释清楚，笔者使用了两个创设的概念。显性行政后果是指正式的法律后果的行政行为，如许可、处罚行为，以及对社会具有影响力、实质性改变公民、法人权利、资格、声誉的事实，如认定国家级示范校、学位点设置、本科高校设置评估等；而行政内部的利益性后果，则是指对未实质改变当事者的法律事实，但能使当事人得到获得行政机关承认并保障的实际利益的活动，如本科评估、重点学科评审、国家级教学名师精品课程评选，等等。

其次，在整个管理环节中，国务院学位委员会与省级学位委员会是事实上的委托关系（从法律角度看，近于授权）。省级学位委员会只是受委托人，它要按照委托人的要求履行职责，而其结果也要经过委托人认可方可以生效。事实上，在立项审批环节之后，还有将立项结果公示，并经国务院学位委员会认可的程序。在公示的环节中，相关当事人可以向国务院学位委员会提出异议。无异议，才能成为确定的结果。本案中省学位委员会的立项结论尚未公示，因此，尚难以推断立项结果已经得到委托人国务院学位委员会的认可，成为确定发生效力的行为。

再次，行政行为需要有明确的构成要件。本案中，立项结果仅有学位委员会主任委员的口头通告，并未形成相关的文件。由于后续争议解决机制不明确，申请人选择提起复议，以尽快表明争议状态，避免木已成舟的局面，也是一种无奈之举。但是，就行政行为本身而言，口头的结论显然不能代表机关意志，因此，该行为可以说在形式要件上尚不“成熟”。

基于上述考虑，笔者认为本案所涉及的省级学位委员会的立项审批行为并非典型的具体行政行为，或者说是尚未“成熟”的行政行为，申请人在行政系统内部需求救济的途径和可能性仍然存在，如果选择向国务院学位委员会提起申诉，可能效率更高。但是，我们也应看到，正是因为行政内部申诉途径和程序不尽明确，而且省级学位委员会的立项审批行为又具有对当事学校有着重大影响的实质意义，而使得复议机关将其视为一个独立的行政行为，纳入行政复议的审查范围，具有了合理性。

本案引人关注的另一个问题则是省学位委员会的立项评审行为本身的合法性与合理性。从确定评审条件、组织候选高校填补材料到专家评审、学位委员会会议投票决定，从形式上，省级学位委员会完成了学术评审的一般程序，但在实质内容上，却有很多违背了学位制度及学术评审的一般规则。

其一，学位委员会的合法性来源于其组成成员与运行程序的合法。学位委员会不同于行政机关，本身不是一个行政实体，而是由委员构成的组织。其权力是按照委员会制，由委员共同行使的。因此，在《中华人民共和国学位条例》中对国务院学位委员会的组成及议事规则有专门的规定，省级学位委员会同理也应当遵守相应的规则。需委员共议才能形成决议的体制，则如果存在未按照其组织规则及时换届、举行会议故意剥夺委员资格等情况，则其组织的合法性显然存在问题。

其二，学术评审应当遵循学术权力运行的一般规则。在学术评审活动中，专家的权力来源基于自身知识背景和学识的判断能力，因此，如果其本人不能出席而委托他人代为参加履行表决权力，显然难以达到评审的目的。同时，对于评审组织者而言，保证所提供客观材料的真实、准确，建立公平公正的专家遴选系统，遵循程序的公平、公正和透明，规范专家的学术判断外的其他行为并保障其权利，则是保证评审本身公平、公正的基础，也是其必要义务。如本案这样关系重大利益的评选活动，遵行必要的规则，则尤为重要。

其三，学术权力组织对自身运行规则的遵守和维护，决定了其决定的公信力。由于我国目前仍是国家学位，按照《学位条例》的规定，赋予学位授予权还是一种国家授权行为，《行政许可法》颁布后，国务院明确为一项行政许可。因此，对博士学位授予单位的许可，仍是一种以学术评审为基础的行政行为，体现行政意志（如全国学位点的布局，并非完全由学术水平决定）。虽然缺乏明确的法律依据，省级学位委员会实质行使公权力的事实是存在的，因此，即使没有法定的程序要求，其也应当按照行使公权力和学术权力的一般规范，谨慎履行义务，重视自身规则合法性并自觉遵守，以维护自身的公信力。本案的细节反映，省级学位委员会在人员的组成、议事的规则、表决的程序等环节上，没有严格按照自身已有的规则行事，实际上削弱了自身的公信力，也是造成当事学校难于接受其结果的重要原因。

三、由本案所反映的问题，看学位授予单位审批制度改革之边界与路径

将学位授予单位新增的规划、建设交给省级政府统筹，通过省级政府确定立项建设规划的方式，对申请单位的布局和数量进行控制，是学位制度又一项改革措施①。从积极的角度，这一改革有利于调动地方的

① 参见：《关于做好新增博士、硕士学位授予单位工作的指导意见》（学位［2008］29号）等文件。

积极性，可以有效缓解博士授予单位数量增长过快、审批压力过大等问题。但是，法治环境的健全与完善，使得任何改革都不能在不考虑法律边界和规则的前提下，单兵突进。本案存在的一些问题，恰恰反映出，学位制度改革也需要按照依法行政的原则，在具体的制度设计和改革路径上进一步完善。

第一，博士授予单位的确定作为一项行政许可，应当遵循《行政许可法》的有关规定，进一步明确和细化许可的条件与程序，明确学术评审的标准，也保证申请人的公平竞争。同时，应当明确教育主管部门和学位主管部门在学位授予点建设与许可方面的不同职权。目前的做法，使省级学位委员会的立项审批成为了一种事实的许可，实际上将利益的矛盾和纠纷前伸到了对建设资源的争夺，所带来的利害关系更为重大，这也是引发矛盾的根源之一。如果将学位点的立项建设与学位的许可分开，即立项建设是教育行政部门从高等教育的人才培养、质量、布局的角度，对区域内公办高等教育硕士、博士培养规模进行的规划与投入；由国务院学位委员会或者其委托的省级学位委员会单独行使学位授予单位许可权，对高等学校的办学水平进行阶段性的评估和指导，可能更有利于权力的平衡与监督。同时，这样的制度设计，也有利于民办高校的发展。民办高校可能不能进入教育部门建设的范畴，但可以吸收其他资源，在达到授予条件的情况，自行提出申请，从而形成与公办高校平等竞争的格局。

第二，博士授予单位的许可应当遵循统一的标准，并在此基础上，由申请者平等竞争。现行方案，实际上是数量限制下的各省按名额的择优竞争，改变了竞争的规则。这样的做法，虽然有利于高等教育相对不发达地区，但对发达地区的高校，或者在同一学科国内优势明显的高校则形成了不公平。更为重要的是从长远看，国家统一的标准将被地方标准所代替，可能难以保证博士授予单位质量的整体均衡。同时，在一个省内进行评选时，由于高校和学科的限制，只能是不同学科间的竞争与评价，评审的标准和结果也难以完全公平。因此，如果可能，建设规划应当由教育部统一制定，按学科竞争，对西部地区的倾斜，则可以体现在国家对其学科竞争实力的资助之上。

第三，国务院学位委员会与省级学位委员会之间形成了事实委托关系，应当形成统一、明确的规则，以保证和监督受委托人按照委托人的意志完成委托事项。本案反映，由于没有统一的程序性规则，各省的评审程序各不相同、标准不一，也是争议产生的原因之一①。国务院学位委员会作为学位授予工作的最高管理者，制定统一、明确的规则，以保证各省评审行为横向对比的公平公正，显然也是必要的。

第四，学位授予单位的许可涉及管理相对人（高校）的重大利益，应当按照程序正当的原则，制定程序规则和救济途径。在现有文件中，仅笼统提出了程序规范的原则，并没有作出具体的制度性规范，一旦出现争议，制度供给严重不足，也是本案发生的原因之一。改革往往要涉及利益关系的重大调整。高等学校作为独立法人，其与政府及教育部门之间的关系正在发生根本性的变化②。在许多行政管理当中，高校已不仅仅是被管理者，而是有重大利益关系，具有独立地位的申请人，因此，制度设计不能仅以管理的便利、有效为出发点，而要重视和保护作为申请人的学校的权利保障与权利救济。目前此类活动的规范，大部分都是教育主管部门的文件，笔者认为它们实际应归入教育"软法"研究的范畴，纳入法治的统一框架之下。从依法行政的角度，如果使更多的行政内部协商，转化为有公共参与的法治化公开裁判，将不仅有利于高校，也有利于行政机关合法、有效地行使权力，实施管理。

学位制度建设的几点个人看法

耿宝建

现就我国博士学位制度建设谈三点个人想法，只针对具体的制度建设，而不针对个案。

---

① 笔者所知安徽、江苏等省的规则就与陕西不尽相同。

② 很多研究者、管理者在积极呼吁尽快发生改变。

一、法律手段解决教育行政纠纷的现状

这一次的西北政法大学和陕西省学位办之间的教育行政纠纷，西北政法大学作为专业的法律院校选择通过申请行政复议的方式来解决，是一个巨大的进步。以前，发生在高等院校与教育主管部门之间的纠纷，都是通过申诉、找领导反映、找各种关系去疏通等私下的方式去解决的。相信西北政法大学的决策层在选择通过行政复议解决纠纷前，也曾经考虑甚至尝试了其他的方式，材料中就反映了有关抗议签名并由十多名师生向省政府递交声明材料的情节。但所有这些手段显然都无法维护西北政法大学所主张的权益，因此，它只能选择法律渠道来解决。这也再一次印证了司法权（或者说准司法权）解决纠纷的终局性，在一个法治社会，司法是公民保护权利、维护社会正义的最后一道屏障。这个复议案件再次证明了这一点，在利益日益多元化的今天，法律手段可能才是真正解决纠纷的有效办法。

由于法治化水平较低，我国以前在司法介入教育领域的问题上一直持比较谨慎的态度。学生与学校、教育行政主管部门之间，学校与教育行政主管部门之间发生的矛盾和纠纷通常是通过内部方式的申诉、信访等方式来解决。特别是受特别权力关系理论的影响，教育领域几乎成了司法不入之地。但近年来随着一系列指标性诉讼案件的推动，如田永案、刘燕文案，司法已经逐渐开始介入教育行政管理领域。目前，大家讨论的问题不再是司法能否解决教育领域的行政争议，而是在什么时机介入和介入到何种程度的问题。这本身就是一个法治的进步。

从全国范围来看，近年来，教育行政案件日渐增多，而且社会关注度高，社会影响大。从小升初的学区划分、排位，到中考、高考的招生录取，再到大学里的学位授予、学生的学籍管理和纪律处分，都发生了一些行政诉讼案件。教育案件形成热点问题的原因是多重的，它与教育成为一个民生问题密切相关。一个学生背后是数个家庭的关注。在社会竞争日趋激烈，知识性社会已经来到的情况下，教育和学习问题已经不再是精英式的，而完全成为一种平民式的，这在历来重视教育的东方国家尤其如此。教育和学习已经关系到以后的工作就业、收入分配等一系列问题。在将来的社会一个没有受过良好系统教育的人，能否生存就是

一个问题。基本的教育已经成为保证生存的一个基本要求时，受教育权利是一项基本人权甚至是生存权时，教育所引发的民生问题必然会越来越受到关注，这样类型的案件也必然会越来越多。为了应对这样的情况，最高人民法院也正在着手制定审理教育行政案件的司法解释。

而西北政法大学申请复议的这个案件，又给我们显示了冰山的一角。教师与学校、教育主管部门，以及学校与教育主管部门之间的纠纷，在各自独立利益的驱动下，必然会出现更多的纠纷，也必然会有更多的纠纷通过行政复议和行政诉讼的方式来解决。这在法治化的社会是不言而喻的问题。不论对于管理者还是被管理者，通过中立的复议机构或者法院来解决，也都是一种理性的选择。因此，从这个层面上说，今天讨论的这个案子，对于推动我国学科建设、学位制度建设都具有重要的意义。不论案件结果如何，案件本身对我国现行学位制度的缺陷以及下一步的规范化建设都有着重要意义。

二、一个健康的学位评审制度应当遵循的原则

我国现行的学科点建设仍然是延续计划体制下的模式，这一次的复议案件一下子将这种制度的缺陷公之于众，让我们这些圈外人也知道了学位评审究竟是怎么回事了。从目前的情况看，本次评审引起反响最大的就在于学科点评审是指标化的，即各省市具体分配名额，这或许是没有办法的办法，是教育部和国务院学位办所能采取的最好办法，但无论如何以这种简单地划指标的方式来进行博士学位单位的选择，是有违客观规律的。而至于评审专家组成员不专业、逾期评审、专家组成员委托投票、申报材料存在诸多问题等方面更是广为诟病。从发展的眼光看，一个科学合理的博士、硕士学位授予单位的规划和选择，就应当对现有的制度进行完善，这样才能避免本案出现的比较复杂的情况。在今后的制度完善时，应当坚持公平、公开、公正原则。

（1）对于评审制度来说，公平原则主要针对的是评审条件，即评审规则要公平，而不是简单地强调起点公平和结果公平。对于国务院学位委员会已经确定了一个不公平的各省分配特定指标的方案后，各省级学位委员会在制定具体的评审规则就要尽可能考虑公平，即衡量各院校是否符合标准必须是“同一个尺度”，避免选择中的双重（或多重）标

准问题。这对规则制定者和裁判者本身就是一个挑战。特别是在学科区别较大的情况下，文、理、工、农、医、经、法、商各有特长的高校参加同一个比赛，规则制定的不好，就必然会出现鸡与鸭，苹果和橘子比较的问题。评审规则制定的本身如何体现兼容并包就是一个大问题，也是一个根本问题。如专家组如何组成、选择什么样的专家，专家组的议事规则如何有效防止圈内人选举，等等。一个可能的较好的办法就是在制定评审规则前广泛听取当地相关部门和单位的意见。

（2）公开原则主要针对整个评审的程序。如何说评审规则很难做到绝对公平的话，保证评审程序的公开则具有极其重要的意义。从评审前的资格预审和条件、评审规则的公开，到专家组组成、专家成员的选择方式的公开，再到专家评审的过程和程序都应当遵循公开原则。陕西省学位委员会的评审被批评最多的，大概就在于他们评审过程中存在的缺陷。在今后的制度建设中，可以考虑通过一种相对公平的方式遴选专家，并随机选择部分专家参加评审，为了保证专家组成员的专业性，也可由竞争各方限定名额在专家库中选择本领域的专家，当然也可由学位管理部门在随机产生专家组后，由各竞争单位采取反向否定一部分专家的方式来设立专家组，总之保证专家组是在各申报院校参与的情况下组成。而整个评审的过程，在保留目前主要是审查数量众多的文字材料的同时，也可增加一定的听审程序，由竞争方就本校的情况作一限时的说明并回答专家组成员的提问。为了更有效地保证各校材料的真实性，还可设置专门环节，由每一竞争方对其他申报单位的材料的真实性发表意见，并给其他申报单位限时的辩驳和回应机会。这样通过事前、事中、事后的一系列的程序公开的制度设计，就有可能最大限度地提高竞争失利者对结果的接受程度，也有利于真正让学位授予单位的选择变成一种学术评判，而不变味和异化。

（3）公正原则主要是针对结果而言的。对于学位评审等差额选择中如何实现公正原则，要求更为复杂。公正作为一种价值判断，它必然体现并反映着判断者的基本价值取向。因此，竞争成功者与失败者以及裁判者的对公正的评判可能是不同的，正所谓“一千个读者就有一千个哈姆雷特”。公正本身即体现了一定的义利观，即给人以应得，或者说是“善有善报、恶有恶报”都是公正的。因此，判断学位单位评审是否公正即在于评审通过的是否是符合条件的，未通过的是否是不符合条件的。而在这样的评审结果是否公正，或许最终还要经受群众和其他专业人员的民意评判。如果说普通人和专业人员一样觉得符合条件的没被评上，不符合条件的被评上了。这样的感觉就说明我们的评审结果可能是不公正的。而作为组织者，陕西省学位委员会原本可以通过在规则设置方面更加公平、在评审过程和程序更加公开的方式，来引导失利者的自我判断和普通群众的反映的。但由于在公平和公开上的欠缺，最终引发了这样的一场纠纷，也把自己推向旋涡的中心。

三、关于成熟性和委托投票问题

（一）关于成熟性问题

行政行为的成熟性原则源于美国行政法。主要强调政府的行为只有对相对人发生了实际不利影响才有可能接受司法审查。成熟性标准的确立，可以避免法院过早卷入行政程序，防止司法权干预行政权正常行使，保护行政过程免受法院的不正当干涉。但美国近年来的一些案例已经说明所谓成熟的判断标准已经有所不同，成熟的标准逐步放宽。审查成熟的关键标准是看行政行为是否对当事人造成了不利的影响。美国法院认为，行政机关的决定只要对当事人产生不利的影响，便视为时机成熟，就可接受司法审查。在一起案件中，美国医疗主管部门的行政处罚决定虽尚未最终作出，但因为已经影响到生产厂家的权益（要么花巨资改造生产线，要么继续生产原来标准的药品上市后被处罚），法院认可了这样的诉讼。同样，在知识产权保护方面，人们已接受了对即发侵权行为予以制止的概念。即发侵权（imminent infringement）是指侵权损害的后果即将会发生，但是尚未发生的侵权行为。国际贸易组织（WTO）协议中的《与贸易（包括假冒商品贸易在内）有关的知识产权协议》（Trips 协议）第五十条规定的“临时措施”第 3 款规定成员国司法当局应当制止即发侵权行为：司法当局应有权要求临时措施之请求的申请人提供任何可以合法获得的证据，以使该当局自己即足以确认该申请人系权利持有人，确认其权利正在被侵犯或侵权活动发生在即，该当局还应有权责令申请人提供足以保护被告和防止申请人滥用权利的诉讼保证金，或提供与之相当的保证金。而我国的立法实际上已经承认了民事侵权领域的即发侵权要予以制止。《专利法》、《著作权法》和《商标法》都有类似这样的规定。

（二）关于委托投票问题

在学位制度授予中有许多涉及专家和专家委员会，而行政机关借重专家的无疑是他们在特定领域的专业性和权威性，希望他们利用自己的知识对申报单位的材料进行审查和专业判断，最终作出决定。对于这些具有高度专业性和人身依附性的工作，专家也应当亲力亲为，而不能再行委托他人代劳。而且相关制度所规定的不仅仅是投票，而是组织专家评议。在司法审判领域，人们很难接受一个法官不参与庭审，不审阅全部卷宗材料后，就作出如何裁判的决定。否则就是严重违法。法院的审判委员会研究案件制度被经常批评，主要即在于审委会委员没有参加案件的审理，一般不看卷宗就作出决定。因此，专家们在于高度专业化、跨学科的参评资料的审核、评议和投票时，一般是不宜由他人参加的。即使是在国外的通信评委，实际上也不可能在不阅读完所有材料后，就进行投票的。如果说，评审专家认为材料太多看不过来，实际上也不用看，那么，我们的整个评审制度就可能出了问题。而这个问题在刘燕文一案中，就已经涉及。人们对校学位委员会委员根本不可能阅读每一本博士学位论文就作出否定性评价已经提出了质疑。

□胡俊生

教育行政听证制度述略

【摘　要】听证制度作为现代民主政治和现代行政程序的重要支柱性制度，对促进依法决策、依法行政作用重大，广受关注。教育听证制度目前仅在教育收费领域试行，范围有限，影响力不大，许多重大教育政策问题尚未进入听证视野。基于既往教训、依法治教需求等实际，建议在教育立法、教育行政决策过程中，普遍推行听证制度，并通过建立独立的听证人制度，慎重选择听证代表，完善听证程序，明确听证结果的法律地位等途径，使教育听证制度走向规范化、科学化、权威化。

【关键词】教育行政，决策听证，制度建设

2009年，教育部曾就《国家中长期教育改革和发展规划纲要（2010—2020年）》所涉及的20个社会关注度高、影响教育改革发展全局的重大问题公开征求意见（周逸梅，2009）。2010年2月，国家就该纲要启动第二轮公开征求意见。这一举措受到业界及社会的广泛称赞。但笔者以为，这不过是一次性的应急行为，还缺乏一种常态化、刚性化的制度性保障。鉴于教育部及地方各级教育行政部门手中的权力过大，掌握的资源过多，政策牵涉面过宽，决策地位过于特殊等实际，确有必要尽快规范教育行政听证制度，把依法治教、科学决策落在实处。

一、教育实践呼唤听证制度的全面实施

中国作为一个人口大国、教育大国，教育问题涉及千家万户，任何一项政策法规的出台都会牵一发而动全身。为什么教育问题年年成为“两会”热议的话题？为什么教育有如此多的诟病？实在需要从制度层面进行反思。

（一）改革受挫乃至失败，往往归因于政策出台太草率，决策过程不民主

改革开放30年来，教育界经历的大事可谓多矣。总体上看，改革使教育拨乱反正步入正道，改革给教育带来了生机与活力，30年所取得的成绩有目共睹无可置疑。但正如任何一项改革都有可能受挫甚至失败一样，教育领域的改革也确有不很成功的、饱受争议的、甚或比较失败的例子。问题的严重性在于，教育是关乎人的事业。原则上讲，教育的改革是不该有大的失误的，失误耽搁的可能是一代人而不是一批人或少数人，这个代价实在太高了。17世纪英国著名哲学家、教育家洛克就曾告诫家长和国家，要慎而又慎地对待儿童的教育，千万不能犯错误，“因为教育上的错误比别的错误更不可轻犯。教育上的错误正和配错了药一样，第一次弄错了，决不能借第二次、第三次去补救，它们的影响是终身洗刷不掉的”（单中惠，等，2004）。近两年，舆论普遍认为，有两项重大改革是不成功的或是失败的，一个是医疗制度改革，一个就是高等教育改革。前者复归理性，回到政策制定的原点，重新调研论证、广纳群言，终于打开了民众参与的一扇窗户。但教育界的反应比较迟钝。对《教育规划纲要》的民意征询，与对一项具体教育政策的意见听证，终究不可相提并论。因为，前者是蓝图设计，比较“虚”的；后者是实际操作方案，比较“实”的；前者内容繁杂，仅“重大问题”就20项；后者却如修订后的医改方案，往往只针对一项具体政策方案就事论事。也就是说，面对教育领域的一箩筐问题，目前还缺乏一个科学的、规范的、制度化的和长效的民意民智表达管道。教育政

策、法律法规的话语权，大致上是被教育行政权力部门所垄断。当然，教育立法也还经由一定的法律程序而获准通过；教育政策也遵循着政策产生的基本程序，理论上说，它们也许都完成了必需的“规定动作”，无可挑剔。但另外，无论如何，我们还远不能说，这就足以防范行政专制而保障了民意的充分表达。依笔者之见，高教领域的几项重大改革，轻而言之，是不很成功的；实而言之，是比较失败的。“教育产业化”带来类似医疗改革的严重后果；高校盲目扩招，导致教学质量的普遍下降；高校强行合并，貌合神离，同校异梦；大则大矣，好则不好；高校随意升格胡乱改名，模糊了大学的社会定位，失去了自身办学特色；后勤服务社会化，公家赔钱，个人捞钱，收费增多了，服务质量下降了；教学工作水平评估，结果与动机背离，掀起一片造假之风，加剧了大学的雷同化趋势（胡俊生，2006）。这些重大改革事项，有多少是经过听证会论证和民众广泛参与讨论的？不得而知。高校盲目合并，无疑是长官意志拍脑袋决策的结果，笔者以为，“合久必分”，再分也许是迟早的事。地方中师学校取消没几年，不是又有人建议恢复吗？教育上的事，何时才可以“不折腾”或“少折腾”呢？人们在追问：“居民用水要不要提价”可以通过“价格听证会”决策，后者为什么就不能？既然决策层缺乏足够的降低决策风险的智慧，制度上又没有决策失误责任追究的规定，为什么不能运用听证制度广开言路集中民智来化解决策风险，降低改革成本呢！非不能也，是不为也。单从高校改革的经验教训看，教育听证制度的建立已是民心所向，势在必行。

（二）法制社会要求政策制定要信息公开、程序透明

现代社会，民主国家，公众对于公共事务及个人所属集团利益的关切，常常会直接体现为对相关法律和政策制定的关切。法律本身也赋予了民众知情权。近年来，社会民众越来越关注教育公共政策的形成机制及其实际效应，希望决策程序更加科学化透明化；同理，也十分关注立法过程中法律攸关方利益表达的状况。促成这种情势出现的一个重要原因，正在于以往政策制定过程程序不够规范、不够民主、公众的意愿没能得到充分体现。而少数官员“拍脑袋”决策造成的重大损失严重后果又没处追究，没人埋单。例如，过去10年，江苏换了5次高考方案，家长抱怨“瞎折腾”，学生无所适从，苦不堪言。据有关知情人士介

绍，江苏的“3+小综合”、“3+大综合”两个方案，“是在没有组织高校或是众多基层教学单位进行研讨就直接出台的。而‘3+1+1’则是借鉴广东省使用过的高考方案，似乎也没有在大范围听取各方的建议”。而2008年的高考新方案的调研论证始于2005年，5个调研组拿出6套备用方案，方案上交后，再没有组织调研组一起讨论，教育主管部门便拿出一套修改的高考方案，经公示、修改后开始使用（黄艳，等，2008）。江苏作为教育文化大省，观念开放，思想新锐，往往开风气之先。高考改革正如课程改革一样，始终走在全国的前面。还不能说，他们的革新方案就是武断的、闭门造车的，毕竟有过分组调研过程；但也绝不能就此得出结论，说他们的政策决策过程是充分民主的、完全规范的。2008年方案的制定，至少缺少两个重要环节：一是专家组调研后的面对面的陈述、辩论，以辨利弊，比较优劣；二是调研论证只有专家，没有群众，更没有学生和家长，代表性不够。没有举办有各方代表广泛参加的方案审认听证会。方案的最终选择拍板还是教育行政部门。应该说，这正是引起群众情绪不满、反应强烈的根本原因。

（三）建立听证制度是完善教育法制建设依法治教的重要环节

听证一词始于普通法系，原为西方国家司法程序中的一项重要内容，意指权力机关特别是行政机关作出涉及公民、法人或者其他组织利益的重大事项或者重大决定之前，充分听取公民、法人或者其他组织的意见的活动。其基本精神是：以程序公正保证结果的公正。2002年11月，中共十六大政治报告首次明确提出要广泛建立听证制度。2004年温家宝在政府工作报告中指出：“健全社会公示、社会听证等制度，让人民群众更广泛地参与公共事务管理。”2004年国务院发布的《全面推进依法行政实施纲要》中明确规定：“涉及经济社会发展、政府投资和规划、重大建设项目等与国家和人民群众利益相关的决策事项，行政机关做出决定前应当经过听取公众意见、专家论证、公开听证和合法性论证等程序。”我国提出建立听证制度，可以说是借鉴他国成功经验，与国际惯例接轨的一项举措。西方听证制度最先是在司法领域应用，后来才逐渐运用到行政程序和立法程序中。早在1946年，美国即制定《联邦行政程序法》，首次以成文法的形式，明确规定听证程序为行政程序的核心，第一次把听证作为一项重要的制度写入法律。这部法典对许多国家都产生了重大影响。西班牙、意大利、德国、日本等国家紧随其后，也相继制定了统一的行政程序法，都无一例外地规定了听证程序的内容。当时，听证仅作为行政机关作出具体行政行为（主要是行政处罚）的必经程序而存在。随着听证程序的不断发展，听证制度逐步进入公共政策决策领域，成为实现决策民主化、科学化的重要途径，同时被立法机关在立法、监督等领域相继采纳。自此，听证作为国家机关运作的新理念和一项基本制度在西方主要国家完整地建立起来了。“制度高于一切”。天下纷扰，必合于律吕。制度前进一小步，文明前进一大步。欲治教育乱象，唯从制度革新入手，方可收纲举目张，理一万殊之效。中国社会的人治传统，中国教育的结构失衡、城乡悬殊，以及中国高校的历史短暂、经验不足、公办为主等国情，都使得教育问题纷繁复杂，教育行政难度很大，教育政策的出台必须慎之又慎。无论从法理的、经验的，还是公共政策角度看，只有进一步完善法律，用制度规范行政程序，才是教育政策有效地防范风险、堵塞漏洞、减少失误、降低成本、最大限度地提高政策的公信力及民众的满意度的可靠保证。

（四）价格听证等听证实践为教育听证制度的全面实施提供了借鉴

从立法层面看，据了解，目前我国共有 4 部法律涉及听证制度的规定。(1)《行政处罚法》，1996 年通过。该法是我国最早提出听证制度的一部法律，其中对行政处罚听证的范围、程序、要求等都作了具体规定。(2)《立法法》，2000 年通过。该法规定，法律、法规、规章在起草过程中及法制机关在审核行政法规、规章送审稿时，可以采取座谈会、论证会及听证会等多种形式，广泛听取有关机关、组织和公民意见。(3)《行政许可法》，2003 年通过。有专门章节规定了“听证”及听证范围、程序、要求等。(4)《价格法》，1998 年通过，该法规定，制定关系群众切身利益的公用事业价格、公益性服务价格、自然垄断经营的商品价格等政府指导价、政府定价，应当建立听证制度，由政府价格主管部门主持，征求消费者、经营者和有关方面的意见，论证其必要性和可行性。除此之外，还有几部行政法规及国务院规范性文件也涉及听证规定，即 2002 年通过的《行政法规制定程序条例》和《规章制定条例》；2005 年通过的《信访条例》、2004 年发布的国务院《全面推进依法行政纲要》、2006年发布的《国务院工作规则》等。从实践层面看，20世纪80年代末，深圳市即率先尝试在公共价格决策领域中引入类似听证的咨询委员会制度。从1989年开始，广东省就在广州、深圳等地对居民水、电、煤气、教育、医疗和城市交通等价格调整组织了241次价格听证会，其中由广东省物价部门组织的污水处理费和有线电视收视费听证会，在社会上产生了较大影响（夏业良，2005）。1999年6月，广东省人大常委会就《广东省建设工程招标投标管理条例》举行听证会，开创了我国立法听证的先河。同年，深圳市制定了全国首个地方人大部门立法的听证规则《深圳市人大计划预算委员会听证制度》（张海光，2005）。《立法法》颁布实施之后，全国各地相继以条例、办法或规定等形式制定了本地的立法听证规则，进行了许多立法听证尝试。公共政策领域，最引人注目的是不少地方组织的价格听证会。2009年，哈尔滨、济南、福州等地的水价听证会广受争议，国家发改委一个月内连发6文，回应民众对听证会制度的质疑（秦欣，2010）。尽管说，立法和行政领域的听证制度，从理论到实践的确还比较粗糙、幼稚，有些听证会还存在暗箱操作忽悠百姓之嫌疑，听证代表的声音“因为种种原因”大多未能向社会“原汁原味”地公布，也的确存在“逢听必涨”的情况；但是，作为一项法制建设，毕竟已进入立法与公共政策的视野，毕竟已积累了一些初步的经验，它对教育听证制度的制定与实施具有很好的启发借鉴意义。

二、目前教育听证制度存在的主要问题

从理论上说，教育决策听证制度早已出台。2004年2月24日，国家发改委、教育部即发出《关于建立和完善教育收费决策听证制度的通知》（发改价格［2004］360号），要求在全国进一步建立和完善教育收费决策听证制度，并对听证的范围、形式、代表的构成、代表的产生等具体操作办法都一一作出规定。随后，江苏、安徽、陕西、辽宁等省相继出台本省教育收费听证制度实施办法，社会对此反响热烈，期望甚高。希望有更多的教育政策制定采用听证制度与民沟通。现在5年过去了，实际情况似乎并不尽如人意。

（一）听证范围狭窄

目前有籍可查的，由权威机关作出明文规定的覆盖教育全系统的听证制度，大概只有上述关于教育收费决策听证一项。这种情形，与我国行政听证制度主要局限在行政处罚和政府价格制定行为两个领域十分相似；许多涉及公民特别是广大受教育者切身利益的教育行政行为或重大教育事项，既未普遍实行行政听证制度，更未列入教育立法听证范围。即使在行政处罚领域，因范围限制，对许多行政处罚行为，公民无权要求举行听证会。一些地方或部门自行制定了教育行政处罚听证制度，如浙江大学从 2007 年 5 月起对学生开除等处分试行听证制度（岳德亮，2007）；天津工业大学出台《学生管理决策听证暂行规定》（佚名，2005）；北京市教委于 2005 年向北京市各高校下发《关于普通高等学校学生违纪处分程序的若干规定（试行）》，学生被开除可要求公开听证（邓跃，等，2005）。有的地方教育行政部门如乐山市（2005 年）、北海市（2006 年）自行制定重大行政决策事项公示和听证制度，济南市则出台课业负担听证制度（2008 年），等等。但就总体而言，教育听证与整个听证制度一样，尚处于局部试行，量少面窄、影响微弱、不成气候的状态，离决策民主的预期目标相去较远。

（二）听证主持人身份不独立，回避制度不彻底

对于听证会主持人的身份，《立法法》规定为行政立法机关，《价格法》规定为政府价格主管部门，《行政许可法》规定为审查该行政许可申请的工作人员以外的人员，《行政处罚法》规定主持人应是非本案的调查者和直接利害关系者。从理论上讲，都已经注意到了回避制度。但从以往听证实践看，听证会主持人往往是由作出行政决定的行政机关约请或委派本系统或本机关人员担任，不是同事就是顶头上司，二者之间有着千丝万缕的联系。正是由于身份不独立，其公正性、客观性和可信度就大可令人怀疑。

（三）听证结果对行政决策和立法缺乏约束力，听证结果的效力层次偏低

除了《行政许可法》外，另外 3 部有关听证的法律（《行政处罚

法》、《价格法》、《立法法》）均未就听证结果对行政决定与立法的约束力作出明确规定，这就给立法或行政机关应用听证记录留下了较大的自由裁量权。听证笔录的法律地位得不到确立，效果难以有效发挥，听证会便流于形式"走过场"，失去公众的信任。另外，听证结果的效力层次不高，绝大多数行政听证事项及听证结果的效力局限在地方局部区域范围内，地方色彩浓重，全局意义不足。一些涉及国计民生全局性重大问题，一些跨地区、跨部门、跨行业的宏观性经济社会问题的行政决策，尚未纳入听证视野。

（四）听证会的相关材料信息公开不充分、不完整

行政机关出于"单位保护主义"考虑，往往给听证会提供对己有利的信息而不是听证会上必须公开展示的全面信息，这就给公众判别是非利弊，准确、充分表达意见造成一定困难，直接影响听证会的质量与结果。国家发展与改革委员会也认为，听证材料的公开度、透明度不高，这是目前影响听证会信度的"最关键的问题"。

（五）听证制度的社会认知度不高，影响力不大

权力机关理念老旧，不愿放权；立法宣传形式单一，缺乏深入；民众法制意识淡薄，参与政策决策立法监督积极性不高，能力有限，乃是造成上述局面的基本原因。另外，尽管教育问题很多，但决策听证机会很少。民众对听证制度这种参与形式不熟悉、不适应、不知如何表达，也是问题之一。至于因听证会程序不规范、听证代表素质差、民众意见"被代表"、被忽悠而引起的排斥和不信任情绪，也在一定程度上影响了听证制度的社会认可度。

三、完善教育听证制度的若干建议

听证制度包括立法听证、行政决策听证、具体行政行为听证三种类型。类型不同，作用也不相同。但它们都要遵守公平、公开、公正三项基本原则。完善的教育听证制度，应当是三种类型的听证都有涉及，都有运用，而不仅仅局限于某一种类型中的某一个领域。听证主体、听证客体、听证程序的健全完善，又是完善听证制度的核心内容。针对以上

问题，笔者提出如下改进建议。

（一）扩大教育听证制度的适用范围

一是涉及重要的教育立法，必须经由立法听证。目前的全国人大常委会立法听证，存在听证议题较狭窄、辩论时间不充分、利害关系人代表量不足等缺陷。教育立法听证似乎还未真正提上议事日程。应当依照《立法法》规定，严格履行立法听证制度，为全国带个好头。比如，讨论制订“教育投资法”、“大学办学法”、重新修订《民办教育促进法》、《教师权益保障法》，等等。二是面对众多教育热点问题、焦点问题及其他重大教育政策问题，应当建立从中央到地方的行政决策听证制度。比如，高考改革方案、是否取消高中文理分科、高校教学质量评估、学术评价制度、教师业绩考核、薪酬、奖惩、晋职、聘任制度以及教育行政决策失误、行政失职、渎职问责制等。鉴于既往教训，高教领域的许多重大问题，完全有条件且有必要广开言路、问计于民。网络民调与行政听证可以并行不悖，相得益彰。长春市于去年下发了《关于加强依法行政推进法治政府建设的实施意见》，明确要求今后凡制定与群众切身利益密切相关的公共政策，都要向社会公开征求意见并进行听证（尹卫国，2009）。这一举措的最大亮点，正是大大拓展了听证范围，在全国率先推行由“物化听证”（即关于水、电、气、公交车票价调整的价格听证）向“政策听证”的转变，这种听证界限的突破，必将对政府公共政策决策的科学化、民主化进程的推进产生积极影响。长春市的做法值得在全国更大范围推广。

（二）建立独立的听证主持人制度

现代法治中有一条最著名的原则，即“每个人不能作为自己案件的法官”（李楠，等，2007）。我国的行政听证制度起步较晚，对听政主持人的规定简单，限制不严，没能排除本行政机关工作人员在行政听证中担任主持人的可能性。假使听证主持人完全由所涉及的行政机关任命和控制，听证活动的公平、公正和公开三原则就很难保证，听证结果也难以令人信服。有学者建议，听证主持人由政府法制机构的人员担任为宜。但多数人认为，要保持听证主持人的身份独立、态度中立、裁决公正，可取的办法是借鉴美国的做法，设立具有极大独立性，不受行政机关首长直接控制、可以独立行使职权的“行政法官”制度。通过类似于律师、法官、检察官的资格考试，选拔任用，把听证主持人从其他行政人员的序列中分离出来，组成一支专业的，独立的听证主持官队伍（夏业良，2005），从制度上保证听证主持人的“居中裁判”。

（三）听证代表的选择应面向基层、面向百姓，特别关注政策关联的最大利益群；对参与听证的代表应进行必要的业务培训，以提高他们的议政能力

笔者注意到，去年教育部就“高中是否取消文理分科”进行了网络民意调查。十分引人注目的现象是：“取消文理分科，专家叫好，学生叫累”（朱玲，2009）！人们不禁要问：这项政策的最大、最直接关联群体到底是谁？专家、官员、家长抑或学生？既然毫无疑问地是学生，改革的结果无论是橄榄、是大棒，终归要降临到中学生头上去，为什么不把学生群体单独作为一个“模块”，专门倾听一下他们的意见呢？假使要就这类问题举行行政决策听证会，则理当选择更多的学生代表——包括高中在读的、已升大学的、大学毕业刚走上工作岗位的“前学生”代表发表意见。笔者对朱永新等大家的观点持保留意见，坚持认为，取消文理分科，必然进一步加重学生课业负担。现行高考制度不改革，文理分科取消最好免谈。精英垄断教改话语权，极有可能犯“无须论证”、“不证自明”的“精英权威崇拜式”的主观错误。专家也有走偏的时候。这个问题值得警惕。概而言之，基于公众对既往听证代表的种种批评，可以考虑对听证代表的范围比例、推选办法、公示程序等进一步改进，可吸收媒体及第三方监察部门代表参加，代表可随机摇号选取，以最大限度地防止民众意见“被代表”。

（四）听证程序需要进一步规范

针对目前存在的问题，需要规范以下程序。一是统一化，即听证程序的规定应具有普适性，其要件规定在全国范围内、在各行业各领域均可统一适用；二是细致化，对听证程序各环节各步骤，均需拟定更详尽、更具体、更细致的执行细则，尽最大努力，克服因规定笼统弹性过大带来的操作困难、规则变形，或作秀、走过场。如听证会的信息发布与宣传、材料准备与公开提供、有无及如何辩论等，务必使听证会在公

开、透明的前提下接受公众监督。三是听证过程进一步透明化。福建政协委员建议，“听证会媒体全程直播”，让民众了解听证会，“增强听证制度对决策过程的制约、监督”（薛辉，等，2010）。说到底，规范听证程序的主要目的有二：一是增加民众的参与度，二是增加民众的知情权。以形式的规范保证结果的公正。

（五）确立听证结果的法律地位，赋予听证记录对行政决策的法律效力

这是听证制度的核心问题。应当借鉴美国“案卷排他性原则”，在立法上明确规定：立法听证会笔录作为立法决策、行政决策的唯一依据，未在听证会上出现，并经双方辩论的材料不能影响、左右未来立法或行政的内容（亦即决定必须基于记录的原则）。只有这样，才能保障当事人有效行使陈述意见的权利和反驳不利于自己的证据的权利，才能使立法或行政决策者的自由裁量权受到必要的限制，才能树立听证会的权威，扩大它的影响力，让听证会真正发挥决策民主化、科学化的作用。当然，制度规定再严密，关键还要看人们怎样去执行。政府的诚恳、民众的信任、加上舆论的有效监督，这才是听证制度行之有效不走过场的有力保证。

参考文献

单中惠，朱镜人. 2004. 外国教育经典解读［M］. 上海：上海教育出版社：90.

邓跃，张显. 2005. 学生被开除要求公开听证，处罚违规要经三环节［N］. 华商报，2005-06-16.

胡俊生. 2006. 高教改革若干重大问题的社会学反思［J］. 甘肃社会科学（5）：85-88.

黄艳，谢静娴. 2008. 江苏高考10年换5方案，学生难适应家长喊折腾［N］. 现代快报，2008-10-07.

李楠，李兆煦. 2007. 行政听证制度存在的问题及对策研究［EB/OL］.（2007-04-11）［2010-07-29］. http：//www.chinalaw.gov.cn/article/dfxx/dffzxx/ln/sys/200704/20070400053499.shtml.

秦欣. 2010. 发改委一个月内连发六文回应听证会制度质疑［EB/OL］.（2010-01-21）［2010-07-29］. http：//china.huanqiu.com/roll/2010-1/695015_2.html.

夏业良. 2005. 公共决策体系引入听证制度与利益权衡［N］. 全球财经观察，2005-03-04.

薛辉，等. 2010. 福建委员陈“听证”六弊，建议全程直播听证会［N］. 海峡都市报，2010-01-24.

佚名. 2005. 大学生维护自身权益，出台学生决策听证制度［N］. 中国青年报，2005－06－20.

尹卫国. 2009. 从“物化听证”到“政策听证”［N］. 光明日报，2009－12－08.

岳德亮. 浙江大学5月起将对学生开除等处分试行听证制度［EB/OL］.（2007－03－26）［2010－07－29］. http：//news. qq. com/a/20070326/002219. htm.

张海光. 试论我国立法听证制度之完善［EB/OL］.（2005－04－01）［2010－07－28］. http：//www. chinacourt. org/public/detail. php？ id＝156732.

周逸梅. 教育部就文理分科是否取消等教改问题征民意［N］. 京华时报，2009－02－07.

朱玲. 高中可能将取消文理分科，专家叫好学生叫累［N］. 楚天都市报，2009－02－08.

Educational Administrative Hearing System Must Be Enforced

Hu Junsheng

Abstract: As an important pillar of the system of administration, the hearing system reflects and fulfils modern democracy and modern administrative procedures, what's more, it has been widely concerned and has become the driving force of making decisions. Education hearing system is currently only a trial basis in the field of education fees, limited in scope and only has small influence, a great many major education policy issues have not yet entered the hearing field. Based on the past lessons, practical considerations such as administering education, it is proposed establishing hearing system through the educational legislation, educational and administrative decision-making process, and also selecting hearing representatives and perfecting hearing procedure, clarifying its legal position as well, and finally make education hearing system towards standardization, signification, and authority-orientation.

Key words: educational administration, decision-making hearings, system construction

作者简介

胡俊生，男，延安大学公共管理所教授、陕西师范大学教科院博士生；研究方向：教育公共政策。

□毕宪顺

高等学校教授委员会制度：变革与构建[①]

【摘　要】 进一步明确教授委员会的价值取向、功能定位、组织性质以及活动方式，构建以学术权力主导的教授委员会制内部管理体制，是高等学校本质属性的必然要求，更是建立现代大学制度的重要内容。教授委员会的价值取向：从参与走向主导；教授委员会的功能定位：从咨询走向决策；教授委员会的组织性质：从治学走向治校；教授委员会的活动方式：从无序走向规制。

【关键词】 高等学校，教授委员会，变革，建构

教授委员会作为高等学校一种有效的内部治理模式，源于西方中世纪大学，已经有几百年的历史。在我国，最早可以追溯到 20 世纪初蔡元培主政时代的北京大学。在这近百年的发展历程中，可以说，教授委员会在我国高校学校中的命运“坎坷”，一度消失。作为一种学术组织制度和高等学校内部治理模

① 本文系国家自然科学基金面上项目资助课题“决策、执行、监督——高校内部权力制约与协调机制研究”（项目编号：70873076）、全国教育科学规划重点课题“体制、制度、机制——高等学校教授委员会制度研究”（项目编号：DFA060118）研究成果之一。

式，教授委员会——尤其是现代意义上的教授委员会在我国高等学校的历史并不长，但其必要性与重要性得到了充分肯定，理论研究向深度拓展，实践运作也取得了重要进展。然而，我们更应看到“实然”状态下与“应然”状态中的教授委员会仍然存在明显的差距和不足。在理论上，对于教授委员会制度的内涵与特征的界定仍然众说纷纭。但都强调了教授委员会的决策功能，并只是将教授委员会看做一种学术体制。本文立意进一步论述，教授委员会不仅限于一种学术体制，更应该成为高等学校内部管理体制一种模式。教授委员会是由全体教授或有代表性的教授和具有教授职务的党政领导组成教授委员会，对学校改革和发展中的重要事项进行决策，党委对学校的统一领导体现在教授委员会中，决策形成后由校长为首的行政系统贯彻执行（毕宪顺，2006）。这是现代大学制度创新的方向。因此，在我国高校实行党委领导下的校长负责制的领导体制下，进一步明确与变革教授委员会的价值取向、功能定位、组织性质以及活动方式，构建以学术权力主导的教授委员会制内部管理体制，是建立现代大学制度的重要内容，也是高等学校本质属性的必然要求。

一、教授委员会的价值取向：从参与走向主导

2000年东北师范大学在院系一级实行教授委员会决策基础上的院长（系主任）负责制，标志着教授委员会作为一种教授参与高校管理的制度创新模式在新中国的高等学校中再次出现。距今虽然时间不长，但教授委员会作为高校内部管理体制改革与创新的一个新生事物和教授群体参与高等学校管理的一种新的制度安排的理念已经产生广泛而深刻的影响，在实践中更有许多高校结合本校实际制度创新，呈现出由点及面的发展态势。

教授委员会是一个依托基层的学术组织，其作用对象是与教学和科研直接相关的事务。这是当前多数学者认可的关于教授委员会的层次定位与作用范围的主流观点，即教授委员会定位于基层——院系，作用范围是学术事务。这种定位于院系的教授委员会，由于层次低，不管其权力作用范围有多广，都只能部分地、而不可能真正影响高等学校内部的整体决策，更何况仅仅将教授委员会的作用范围界定在学术事务上。换

句话说，一切有关教育方针、人事、经费等学校决策权仍然掌握在行政管理人员手中。可见，现在高等学校仍然是以管理人员及其所代表的行政权力处于绝对主导地位，而教授委员会及其所代表的学术权力处于从属地位。

同时，现有教授委员会在人员构成上也存在严重的不足之处，体现在：教授委员会中教授往往担任了一定的行政职务，尤其是主任委员多由院系主任等行政领导担任，学术权力表现出明显的“行政化”倾向。在高等学校，“只有学校和学院组织的各种专业委员会属于纯粹的学术组织，但不难发现，在这些专业委员会中不少学者均担任着一定的行政职务”（赵文华，2000）[44]。这种情况同样存在于教授委员会中。有学者指出，院长本人就是教授委员会的主席，党委书记成为教授委员会的当然成员（张君辉，2006a）。以东北师范大学某学院教授委员会为例，教授委员会教授一共 6 人，其中 4 人是院行政领导，1 人为院长助理，无任何行政职务的教授仅 1 人，而且院长任教授委员会主任委员。作为两个不同的教授群体，任行政职务的教授更多代表的是高校和行政管理者，行使的主要是行政权力；无行政职务的教授代表的才是普通教师，行使的才是学术权力。因为组织社会学的研究表明，不同的角色有着不同的行为规范，从而必然影响到决策的结果。“一旦人们扮演了不同的角色，他们的行为也受到不同的制约，促使他们得出不同的结论。”（周雪光，2003）[296]这意味着任行政职位的教授与不任行政职务的教授在进行决策时会得出不同的结论。担任一定行政职务的教授在教授委员会中占多数席位，无行政职务的教授只占少数席位，在一人一票的教授委员会议事规则下，代表普通教授的声音就显得很软弱，教授委员会所行使的权力、所作的结论是否能代表学术权力就很让人怀疑。虽然这只是个案，但至少能说明这种情况的存在。更何况，院系行政领导对教授委员会有较大的制约作用。院长通常都是教授委员会的主任委员会和会议提案主体，即使院长不是教授委员会主任委员，一般也要求教授委员会主任委员在确定议题前和院长沟通。东北师范大学规定，教授委员会主任委员确定教授委员会会议议题，确定会议议题应与院（系）党政主要负责人进行沟通；确定的议题，由院（系）行政班子或党政联席会议研究，提出初步意见或方案，提交教授委员会会议讨论。武汉大学也规定，教授委员会主任委员根据教授委员会的职责，征求学院（系）

党政负责人意见提出教授委员会会议议题，经教授委员会主任委员、副主任委员与学院（系）党政负责人酝酿后提交教授委员会讨论。更有高等学校规定教授委员会的议题是由院政党领导提出后交由教授委员会讨论。上海财经大学规定，教授委员会职权范围内所讨论和决定的事项，一般先由学院党政班子提出方案，再提交教授委员会讨论决定。中国矿业大学也规定，教授委员会会议的议题，一般由院长或学院党政联席会议根据教授委员会的职权范围提出，并由学院负责提供书面议案和相关文字材料。更有高校规定了院长对教授委员会的决议拥有“一次否决权”。

上述这些都直接或间接反映出这样一个事实：身处我国高校行政权力主导而学术权力式微之中的高等学校教授委员会并没有表现出应有的本质属性，与其他的学术组织相比，教授委员会参与的本质特征仍然没有发生根本改变。也就是说，具体到高等学校内部管理活动中，教授委员会仍然只是一个参与者。

这种“参与”式的高等学校教授委员会不管在文本上有多少优点和长处，其实际效用并没有体现在对高等学校权力的作用方式的改变与促进方面，也远未落实到具体的行动中；对于高等学校内部管理体制改革和现代大学制度的建构的意义也远远低于其设立之初衷和主旨；更与高等学校（大学）的本质属性和职能所要求的教授委员会相距甚远。

纽曼（2001）认为，“大学是传授普遍知识的地方”，克拉克·克尔（2001）强调，大学只是“一个自由和独立的知识分子的社团”。这些观点从不同侧面反映了大学主要是保存、传播、应用、创新知识的场所，是探究高深学问和从事专业人才培养的地方。从本质上看，大学必然也只能是学术组织。大学的生命系于学术，学术性是大学的本质属性。虽然现代大学已经从社会的边缘进入社会的中心，大学形态和功能与赖以生存的复杂的外部环境都已经发生了很大的改变，但无论大学如何变迁，功能如何变化，改变的只是其形式与外延，它的本质属性——学术性，不会也不能改变。否则，大学也就不能成为大学。大学作为学术组织，学术性是其质的规定性，更决定了掌握高深学问知识、作为教学与科研活动主要的组织者和承担者的教授与教授群体应该成为大学教学和学术研究的主体，代表教授群体行使权力的制度平台——教授委员会应该主导高等学校整体和长期发展的大政方针与政策。也就是说，

“教授作为大学组织的核心成员决定了他们拥有组织管理的权力”（陈运超，2007）。因为对于学术组织来说，“如果组织设法通过等级制来建立合法性控制，那么专业人员就会对此反感并产生抵触情绪。如果通过一个专业人员对其他专业人员实行控制，那么对这个组织来说，不仅会失去控制，而且也不能确定专业人员是否会像组织所希望的那样工作。对于这种两难困境，通常的解决办法是让专业人员自己管理自己，并让一个专业人员（如科研管理者）负责召集工作。一方面，这样做能使专业人员在没有直接监督的环境下工作；另一方面，能为组织提供一系列的责任保障，使事事有人负责”（理查德·H. 霍尔，2003）。因此，抛开当前教授委员会在高等学校内部管理活动中的缺陷不说，高等学校（大学）的本质属性——学术性也决定了学术权力应该且必须处于高等学校内部权力的中心，教授委员会必然是高校内部事务的真正主导力量。

教授委员会在本质上实现从参与到主导的转变，一是要确保无行政职务的教授在教授委员会中占有多数席位，这是前提；二是需要教授委员会层次的提升，建立校级教授委员会。教授委员会实现从参与到主导的转变，其意义、尤其是学术意义重大。首先，真正实现民主管理、科学决策与专家治校。赋予高等学校教授委员会以主导的地位，使教授成为高等学校内部管理活动的主体，能够充分调动教授群体的积极性、主动性和创造性，发挥他们的智力优势，群策群力，民主管理；决策模式从过去的个人决策转变为集体决策，既符合了现代管理科学决策理论的发展趋势，又使决策更加科学化与民主化，更体现了专家治校的思想。其次，协调行政权力与学术权力，彰显学术权力。行政权力的强化而学术权力的弱化，两者之间的失衡是我国高等学校权力配置中的一个突出问题。当代表学术权力的教授委员会能够主导高等学校内部的管理活动时，意味着学术权力式微的不利局面将会改变，进而达到学术权力与行政权力两者在高等学校内部的相互制约与相互协调的理想状态。再次，进一步促进学科、学术和学校的健康发展。大学是以不同的学科和专业为基础的学术研究机构，“教师就应该广泛控制学术活动。由于他们最清楚高深学问内容，因此他们最有资格决定应该开设哪些科目以及如何讲授。此外，教师还应该决定谁最有资格学习高深学问、谁已经掌握了知识并该获得学位。更显而易见的是，教师比其他人更清楚地知道谁最有资格成为教授。最重要的是，他们必须是他们的学术自由是否受到侵犯的公证人”（约翰·布鲁贝克，2001）。可见，只有由掌握了高深知识及学科的学者组成的教授委员会主导了高等学校的管理活动，学科才会更有希望，学术才会繁荣，依赖学科与学术的高等学校才可能遵循高等教育的内在规律更好地发展。

二、教授委员会的功能定位：从咨询走向决策

教授委员会是教授群体参与高等学校决策的制度安排，是一个依托基层学术组织的决策机构和为学校发展建设出谋划策的咨询机构，其决策的对象是和学术发展直接相关的事务（朴雪涛，2005）[25-27]。教授委员会主要设置在基层学术组织（即院系一级），作为学院一级管理机构的核心之一，发挥着学院学术事务的决策与非学术事务的咨询的功能（张君辉，2006b）。这是理论界关于教授委员会功能定位较有代表性的观点。它们一致认为，教授委员会功能主要有两种：一是对院学术事务的决策；二是对非学术事务的审议与咨询。为了充分实现教授委员会的功能，各高校教授委员会章程中关于职责的界定也兼顾了“决策与咨询”两种功能。东北师范大学教授委员会的职责包括：讨论、确定院（系）发展规划；讨论、确定院（系）本科生、研究生教学计划或培养方案；讨论、确定院（系）学科建设和教师队伍建设规划；讨论、确定院（系）教学与科研组织形式；讨论、确定院（系）开展国际学术交流与合作（包括联合培养学生）的内容和形式；讨论、确定院（系）资源配置原则；讨论、确定院（系）教师和其他系列人员工作考核、成果评价的原则和标准，负责职务（岗位）聘任；听取、审议院长（系主任）的学年工作计划和年度工作汇报；讨论、决定院长（系主任）或教授委员会委员提请议决的其他重大原则问题或重要事项。中国矿业大学教授委员会的职责包括：审议学院学科建设规划和师资队伍建设规划有关事项；审定本学院本科生、研究生培养计划和专业设置方案；评定本学院教师职称；评审本科生、研究生学位授予；评定重要的教学科研成果及奖励，推荐高层次优秀学术人才；讨论决定院长或教授委员会委员提请议决的其他重大问题和重要事项。通过章程对教授委员会的职责进行界定，进一步明确了教授委员会的功能所在，更利于维护

和实现教授委员会的功能。

“功能与作用从不同的角度来表述同一个过程，就事物本身而言，是指它具有什么能力；就事物与他事物的关系而言，是指它具有什么作用。作用正是功能在事物相互影响中的表现，一事物的功能总是在与环境的作用过程中表现出来的。”（李秀林，等，1995）这揭示了通过事物对环境的作用才能认识和把握功能，反映了环境的变化可导致对功能认识与把握的差异性和多样化。因此，虽然当前这种“决策与咨询”的教授委员会功能观具有一定的合理性，但由于它是从学院层面对教授委员会功能定位的思考，因而不可避免地存在一定的局限性。因为，“由于国立和公立大学占绝大多数，形成一个典型的行政导向的高等教育系统。……尽管大学里也有不同的利益集团，但起决定作用的仍然是行政力量。特别是规模较小或建校历史短的高校，行政力量控制着高校的权力系统”（赵文华，2000）[43]。至今，行政权力的主导地位仍然没有根本改变，在这种自上而下的权力作用方式面前，教授委员会的这种低层次的决策功能难以对学校层面的事务产生足够的影响，或者说这种决策功能将会异化为咨询功能。正如田畔（2003）所言：“这冠冕堂皇的‘为发挥各单位教授……作用’的‘教授会’，终究不过是学校行政领导暨‘学术委员会’的一个咨询机构。‘教授会’的职能就是在评议教师（主要是聘用）时提点小建议而已，学校的决策管理大权仍然牢牢地掌握在少数行政人员手中”！因此，当前教授委员会在整体上只是发挥审议与咨询的功能，起到的也只是“智囊团”和“参谋部”的作用。

基本功能是本质的外部表现，具有客观规定性。这意味着教授委员会的基本功能是由教授委员会的本质所规定的。如前所述，教授委员会的本质属性——不是参与而是主导高等学校内部管理活动也决定了教授委员会的目标与功能定位应该从参与决策向主导决策转变。即意味着教授委员会的目标从教授群体参与高等学校决策的制度安排转向教授群体主导高等学校决策的制度安排时，教授委员会的功能也应突破“智囊团”和“参谋部”的局限，实现从咨询到决策的转变，让教授委员会享有对事关高等学校发展与教师切身利益的问题有充分的发言权和决定权，其实质是使教授从决策的咨询者或被动执行者转变为决策的制定者，成为高等学校真正的主导者。同时，教授委员会的功能也同样要受到其所处的环境——高等学校本质属性的制约。更为重要的是，教授委员会的功能应该与高等学校的基本职能保持高度一致。高等学校是一个探究高深学问和培养高级人才的学术机构，培养人才、学术研究和社会服务是其公认的三大基本职能。无论哪种职能活动，其本质都是学术性的，学术性是高等学校的突出特性和本质属性。这种特殊本质属性决定高等学校活动规律和活动方式的特殊性，“广义地说，在大学内部，流行的观点可以概括为‘知识即权力’”（伯顿·R. 克拉克，1994）。意思是，在大学内的任何领域，知识越多，权力越大；知识最多的人拥有最大的权力，没有知识的人没有权力；大学的决定权应该为有知识的人共享。因此，大学比其他人更多地掌握高深知识和懂得高等学校的内在逻辑的教授们也就顺理成章地成为学术权力“天然”的支配力量，换句话说，教授必须要在教学、科研和社会服务中拥有决策权，教授委员会应该成为充分体现教授治理的决策机构。更为重要的是，实现教授委员会目标与功能定位从咨询到决策的转变，需要做到：一是调整教授委员会层次定位，即从定位于院系层面提升到学校层面。从功能与结构原则来看，事物的基本功能是由事物的基本结构决定的。因此，只有校级教授委员会才有可能成为高等学校的最高决策机构和教授群体行使权力的制度平台，也才能承担起真正实现教授权力的重任。同时，国外教授委员会的成功运作及我国部分高校在学校层面设置教授委员会并运行良好表明，在学校层面设置教授委员会完全可能。二是教授委员会成为大学治理结构中的一个独立的权力主体。这是教授委员会突破咨询功能，实现决策功能的必然要求。只有教授委员会作为高等学校内部治理中的一个权力主体，才有可能具备对学校事务的决定权。否则，教授委员会仍然只能停留在咨询、参谋与审议的层面。只有教授成为了高等学校重大事务的主导力量，教授委员会具备了对高等学校重大问题的决策权和成为高等学校最高学术和行政组织，对于民主管理、科学决策与专家治校以及高等学校内部权力的协调与制约，这样的教授委员会制度才具有革新性意义。

三、教授委员会的组织性质：从治学走向治校

教授委员会是指大学中由教授（或副教授）组成的权力机构，主要负责教学与科研方面的决策与管理工作（李中锋，等，2006）[41-43]。

教授委员会不同于目前的学术委员会，不是一个咨询、评议机构；也不同于行政组织，不专门从事于行政管理。它是一个决策机构，从事学术事务的决策和管理（张意忠，2006）[86-89]。中国大学教授委员会的基本定位是基层学术组织学术事务的决策机构（张君辉，2007）。虽然表述不同，但它们有一个明显的共同点，即认同教授委员会的作用范围是学术事务，行使对教学与科研等相关学术事务的决策。实际上，他们认为，教授委员会是一个学术组织和一种学术体制，即认为教授委员会只能是高等学校内部管理体制下的一种学术体制。学术体制观认为教授委员会作为一种综合性的学术权力机构，职权主要是对学术事务的决策和非学术事务的咨询，强调教授委员会核心职能是治学。

将教授委员会仅作为“治学”的组织与体制模式的观点能否充分表明其内涵与外延呢？回答当然是否定的。理由主要有以下三点。一是作为“治学”组织的教授委员会难以完全体现高等学校的本质属性。高等学校是对高深知识进行选择、传承、批判和创新的学术机构，具有很强的学术性和专业性。高等学校的内部事务的管理与决策活动有其自身的内在逻辑与运行规律，这是高等学校管理与企业管理最大的不同。只有教授能够充分认识和把握其中的奥秘，这决定了教授在高等学校内部管理与决策中的主体地位与核心作用。通过委员会实现教授的治校之权是现代大学管理模式的一种通行模式和组织架构（陈运超，2007）。教授委员会能够主导和决策高等学校中的重大问题与事务。即教授委员会应突破治学的局限，走向治校。二是作为“治学”组织的教授委员会不能形成对高等学校中行政权力的有效制约，难以保障学术自由等大学的基本理念。学术自由是高等学校千年传统，对于高等学校的存在与发展意义重大。但这种基本理念的实现有赖于学术权力力量的大小。正如有学者所言，学术自由与学术权力二者和谐共生，缺少任何一方都将导致研究型大学组织完全沦落为行政官僚机构（宋伟，2006）[60-65]。但行政权力过于膨胀，学术权力式微，两者之间的失衡至今仍是高等学校的一大“心病”。教授委员会应此而生。然而，仅仅将教授委员会作为治学组织与体制模式，难以彻底“治愈”高等学校这一顽症，只能治标，不能治本。这是因为，教授治校是学术权力的具体体现（宋伟，2006）[60-65]和制度根基。因此，学术权力难以彰显，学术自由难以保障，学术权力与行政权力的相互制约与协调的理想局面难以形成。三是作为

“治学”组织的教授委员会不足以解释古今中外教授委员会在高校实践运作中表现出的治校事实。中世纪的欧洲，高等学校“遇有重要问题需要决策时，教授会是最高权力机构”（缪榕楠，等，2007）。如今的美国耶鲁大学和加州大学伯克利分校教授会的权力仍然很大。“举凡学校的学术方针规划、全校教师的评鉴、任用、升职、加薪等，决定权全属教授会。教授会拥有最大主权，学校最高行政首长（校长、副校长），只执行教授会决定的学术方针及校董会决定的非学术方面的行政事务。一般而言，校长的否决率占1%—3%，多半用在与政策有关的事务、或在决定性边缘的事务或与州议会有关的政治性事务。校长是相当尊重教授会决定的”（魏瑞星，等，1986）。这是加州大学伯克利分校对教授会权力的规定。非常明显，这种教授委员会发挥的不仅是治学，也有治校的职能。而耶鲁业已形成“教授会立法，校长同意，校董事会批准”（陈宏薇，1990）的管理模式。在中国，最早的教授会出现于蔡元培时代的北京大学。当时的教授会和评议会实质上都实行的是教授治校。而据笔者所知，目前我国也有个别高校在校级设立教授会，推行教授治校，而且运行良好，效果显著。实际上，治乃治理，因而治学就是治理教学、学科、学术与学风之意，而治校就是治理学校，即对学校的重大事务具有决策权。相对而言，肩负治校使命的教授委员会的作用范围更广，突破了单一的学术事务的范畴；层次更高，教授委员会不仅在院系存在，更应设在校级；功能更多，不仅能对高等学校的事务有咨询、审议的权力，而且有决策的权力。在这一制度设计中，“治学”与“治校”是统一的，统一于高校的本质和功能。第一，“治学”是“治校”的基础与前提，“治校”是“治学”的保障。没有“治学”，就谈不上“治校”；没有“治校”，“治学”也就成为一句空话。第二，“治学”包含在“治校”之中，教授委员会仅仅“治学”是不够的，只有“治校”才能真正体现教授的作用。第三，“治校”是相对的，不是“全面治理”，更不是“完全自治”。“治校”也要在高校党委的统一领导之下施行。只有掌握高深学问的教授掌握了治校的权力，才可能真正保障学术自由与学术自治，治学才可能完全实现。因此，教授委员会不仅要治学，更应治校，应从治学走向治校。

走向治校职能的教授委员会不是传统意义上的行使学术权力的学术组织，而是高等学校最高学术和行政组织；不是高等学校内部管理下的一种学术体制，而是一种以学术权力为主导、学术权力与行政权力有机耦合的高等学校内部管理体制。其人员由全体教授或教授代表组成，具有教授职称的党政领导进入教授委员会，教授委员会主席由党委书记、校长或资深教授担任，由教授委员会选举产生。功能定位是就学校的重大问题进行决策，包括：学校的发展战略与规划，学科专业设置与调整，经费投入与融资方案，师资队伍建设与规划，校长遴选与评议。

在这种组织与体制模式内，党委对教授委员会实施领导，有关重大问题党委研究后递交教授委员会通过。校长负责实施教授委员会的决定对党委和教授委员会负责，将党委领导下的校长负责制领导体制贯通于教授委员会内部管理体制中，寓党委领导于教授治校之中。以校长为首的内部行政体制作为执行体制，是教授委员会内部管理体制的中枢和关键，同样发挥着重要作用。这种体制解决了管理中的决策、执行、监督机制问题，教授委员会集体决策，校长为首的行政系统负责执行，教职工代表大会民主监督（毕宪顺，2008）[91-94]。这样，既坚持了党委领导，又保证了校长负责，也体现了学术权力的主导和核心地位，更形成了政治权力、学术权力和行政权力三者有机耦合又相互制约与协调的高等学校内部权力运行机制。

四、教授委员会的活动方式：从无序走向规制

教授委员会是以委员会会议惯例来行使其职权，在此过程中，活动与议事规则显得尤为必要与重要。为了保证教授委员会有条理地、迅速地和公平地组织并处理事务，当前我国已成立教授委员会的大多数高校制定并颁布了《教授委员会章程》，内含议事规则条款。这是教授委员会与其他学术组织相比的一大明显进步，但仔细分析现有各高校《教授委员会章程》中的议事规则，不难发现这样一个事实：议事规则主要包括法定出席人数、表决原则等内容，但诸多内容规定得很笼统和原则化，极为简单，很多内容没有涉及。诸如议题提出后如何议、怎么讨论、怎么达成共识、由谁来监督执行以及教授委员会成员不参加会议应该怎么处理等议事规则教授委员会并没有明确的规定，尤其是关于会议的频次、临时会议的举行、会前准备、会议通知、会议记录、编写会议纪要、会后督办、归档等活动规则基本上没有相应的规定或规定的较

少，甚至出现有的长期不开会，有的想开会就随时开会的情况。换言之，教授委员会的活动与议事规则还很不完善，存在许多漏洞，这必然增加教授委员会运作和决策的随意性和自由度。从这种角度看，内容不完备，条款不齐全的活动与议事规则使教授委员会权力的分设与相互之间的制约变得不可能，教授委员会的运作势必难以产生有效的约束，很可能直接为教授委员会健康发展埋下了隐患。因此，必须改变教授委员会活动与议事规则中不应有的失范状态，完善教授委员会的活动与议事规则，使之规范化和制度化，势在必行。

教授委员会活动与议事规则走向规制既与当前这种规则的不完善有关，又与人身的不足之处密不可分。从经济学的角度看，教授也是理性人，就完全有可能为了个人的利益而损害公共的利益，因此，教授委员会的活动与议事规则不仅要自律，更要他律，需要规章制度，主要是正式的规章制度的维护与保障。“制度是一个社会中的一些游戏规则，或者更正式地说，制度是人类设计出来调节人类相互关系的一些约束条件。”（道格拉斯·诺斯，1994）正式组织的鲜明特点之一是它的规章制度，特别是维持组织内部日常运行的程序规则（standard operating procedures）。而且规章制度在组织决策中作用有三点：第一，组织规章制度决定了注意力的分配，从而影响了决策的频率；第二，规章制度决定了什么人参与决策的过程，从而影响了决策中利益分配的结构和基础；第三，规章制度决定了信息收集、加工和解释的组织结构，从而影响了决策过程的走向（周雪光，2003）[293]。可见，规章制度在教授委员会的活动与议事规则中作用不可替代。在软、硬制度的共同约束下，教授委员会的运作及决策体现公平、公正、公平、高效的目标，才能真正做到权力的分立与权力之间的相互制约。

有效的活动与议事规则应遵循三条基本原则。一是程序正当、决策科学的原则。教授委员会决策既遵守学校的规章制度和《教授委员会章程》，使工作规范有序；又优化活动和议事决策程序，提高决策的科学性和工作效率。二是民主性原则。教授委员会的议事决策实行民主集中制，少数服从多数。三是权责对等原则。每位教授委员会成员拥有《教授委员会章程》内的一切权力，议事时有充分的时间发表自己的真实想法，同时，也要对自己的议事发言与表决负责。

完善教授委员会的活动与议事规则应从以下几个方面着手。首先，议题的提出及会前准备。议题应在教授委员会章程规定的权限范围内，同时，议题要抓主抓重。议题确定后，应由教授委员会秘书将议题及其相关内容告知教授委员会成员。其次，应规定会议的频次和加强对教授委员会会务工作的管理。应对教授委员会的最低限度的活动时间作出明确规定；教授委员会秘书应负责会前准备、会议通知、会议记录、编写会议纪要和归档等会务工作。而且会议记录上应有出席会议的教授和秘书的签名，并归档保存。再次，议题的审议与决策程序应公正。会议的发言讨论应确保每个教授充分的自由，足够的时间自由发表自己的意见，应保留不同意议题内容的个人意见，并记录在案。最后，应急机制。遇特别紧急的议题时，怎样召开临时会议。不但要有当教授委员会成员不能出席会议时的规定，而且更应规定有教授多次不出席时以及会议中议题不能形成统一意见时的处理办法等，以便在这些特殊情况出现时，能够及时有效处理，有章可依。上述四个方面，有的在现有的《教授委员会章程》中已有相应规定，有的虽有规定，但不具体，更多是章程中没有涉及的，又必须明确规定的。这些通过这些活动与议事规则的补充与完善，旨在使教授委员会的工作规范有序、决策科学民主、建议合理可行以及监督要求有力。但需要指出的是：教授委员会的章程、活动与议事规则更是一个发展的动态过程。因此，应与时俱进。

通过对教授委员会的学术意义、功能定位、组织模式以及活动方式的认识深化与变革，旨在构建以学术权力为主导的教授委员会内部管理体制。这种内部管理体制本身并不与我国现行的高校实行的党委领导下的校长负责制相矛盾。因为领导与管理有区别，领导体制与管理体制也不同，党委领导下的校长负责制是高等学校内部领导体制，不是高等学校内部管理体制。《中华人民共和国高等教育法》规定，高等学校由党的基层组织领导，即党委统一领导学校工作。高等学校内部管理体制改革，是在坚持党委领导下的校长负责制的前提下，建立和完善多元化高等学校内部管理体制，以合理配置政治权力、行政权力与学术权力，建立科学的决策机制和运行机制（毕宪顺，2008）[91-94]。

建立和完善教授委员会内部管理体制是一个新的尝试，尤其是我国高等学校在纵向上既有三级设置又有二级设置，存在学术权力与行政权力的非对称性，因此，变革与构建的难度不小，必须加大力度。要建立和完善教授委员会内部管理体制，必须下放教学权、科研权、人事权、财权，必须重视和发挥学术带头人和团队的作用，给学术带头人和团队更大的自主权。学术带头人由于其在学术上的成就和贡献，不仅在学科建设上有较大的影响力，而且在行政工作中也有较大的发言权。

参考文献

毕宪顺．2006．权力整合与体制创新——中国高等学校内部管理体制改革研究［M］．北京：教育科学出版社：105－106．

毕宪顺．2008．高等学校教授委员会制研究［J］．中国行政管理（2）．

伯顿·R．克拉克．1994．高等教育系统——学术组织的跨国研究［M］．杭州：杭州大学出版社：174．

陈运超．2007．论教授治校权力与实现［J］．高教探索（5）．

道格拉斯·诺斯．1994．制度、制度变迁与经济绩效［M］．上海：三联书店：15－16．

克拉克·克尔．2001．高等教育不能回避历史［M］．杭州：浙江教育出版社：72．

李秀林，等．1995．辩证唯物主义和历史唯物主义原理［M］．北京：中国人民大学出版社：230－231．

李中锋，濮德林．2006．论高校学科建设中的学术组织创新［J］．中国高教研究（10）．

理查德·H．霍尔．2003．组织：结构过程及其结果［M］．上海：上海财经大学出版社：130．

缪榕楠，谢安邦．2007．教授权威的历史演变［J］．高等教育研究（1）．

纽曼．2001．大学的理想（节本）［M］．徐辉，等，译．杭州：浙江教育出版社：1．

朴雪涛．2005．教授委员会制度与高校决策模式的改革［J］．大学教育科学（2）．

宋伟．2006．存在与本质：研究型大学中的学术权力［J］．教育研究（3）．

田畔．换汤不换药——评北大“人事制度改革”［EB/OL］．（2003－06－10）［2010－07－26］．http：//www.acriticism.com．

魏瑞星，等．出奇才能制胜：访伯克利加大副校长田长霖［G］//陈宏薇．1990．耶鲁大学．长沙：湖南教育出版社：24．

姚剑英．2007．我国大学教授委员会现状分析及实践构想［J］．现代教育科学（2）．

约翰·布鲁贝克．2001．高等教育哲学［M］．王承绪，译．杭州：浙江教育出版社：31－32．

张君辉．2006a．中国教授委员会研究［D］．长春：东北师范大学博士论文．

张君辉．2006b．中外大学教授委员会的类型与功能比较［J］．外国教育研究（4）．

张君辉．2007．中国大学教授委员会制度的本质论析［J］．教育研究（1）．

张意忠．2006．教授治学的调查与研究［J］．江苏高教（4）．

赵文华．2000．高等教育系统分析［M］．上海：复旦大学出版社．

周雪光．2003．组织社会学十讲［M］．北京：社会科学文献出版社．

Professor Committee of Higher Education: Transformation and Construction

Bi Xianshun

Abstract: It is a necessary and essential requirement for public institutions of higher education to further clarifying value orientation, functional orientation, organization nature, activity style of professor committee and to construct internal management system driven by academic power in a form of professor committee. The transformation trend — value orientation is from participation to domination; the functional orientation is from consultation to decision-making; organization nature is from learning research to university management; the activity style is from disorder to regulation.

Key words: public institutions of higher education, professor committee, transformation, construction

作者简介

毕宪顺，鲁东大学党委书记，教授，教育学博士，博士生导师；研究方向：高等教育管理，教育法律与政策。

□甘金球

高等学校教授委员会制度：研究与评论①

【摘　要】教授委员会是教授群体参与高等学校管理与决策的一种制度安排，近年来，颇受我国高等教育理论研究者与实践者的关注，研究成果也极为丰硕。本文主要从教授委员会的内涵与本质、意义与作用、现状与问题及研究趋势等角度对现有研究作较全面的分析、研究与评论。

【关键词】高等学校，教授委员会，研究，评论

近几年来，全国几十所高校纷纷实行教授委员会制度。这股教授委员会的实践走势，引起了高等教育研究者的极大兴趣，更对教授委员会的理论研究起到了明显的推动作用。为了后续研究的深入，有必要对现有研究成果进行全面客观地分析。

一、教授委员会的内涵与本质

当前对教授委员会内涵的理解主要有以下三种

① 本文系国家自然科学基金资助项目“决策·执行·监督——高校内部权力制约与协调机制研究”（项目批准号：70873076）、全国教育科学规划资助项目“体制·制度·机制——高等学校教授委员会制度研究”（项目批准号：DFA060118）的研究成果。

观点。

第一种观点，认为教授委员会是学术事务的决策机构。李中锋和濮德林认为，教授委员会是指大学中由教授（或副教授）组成的权力机构，主要负责教学与科研方面的决策与管理工作（李中锋，等，2006）[41-43]。张意忠也认为，教授委员会不同于目前的学术委员会，不是一个咨询、评议机构，也不同于行政组织，不专门从事于行政管理。它是一个决策机构，从事学术事务的决策和管理（张意忠，2006）[86-89]。他们认为教授委员会作用对象单一，仅局限于学术事务，实质是单一决策观。

第二种观点，认为教授委员会是学术事务的决策机构和重要行政事务的咨询机构。朴雪涛指出，教授委员会是教授群体参与高等学校决策的制度安排（朴雪涛，2005）[25-27]，是一个依托基层学术组织的决策机构和为学校发展建设出谋划策的咨询机构，其决策的对象是和学术发展直接相关的事务（朴雪涛，2005）[25-27]。这种观点强调对学术事务的决策与重要行政事务的咨询，可以称为决策与咨询观。

第三种观点，认为教授委员会是学术事务和重要行政事务的决策机构。姚剑英指出，大学教授委员会是由高水平教授组成，对学校在发展规划、学科建设、专业建设、师资队伍建设、实验室建设、职称评定、教师聘任、经费使用等方面进行或参与管理决策的学术组织，是教授群体参与学校管理的一种组织形式（姚剑英，2007）[119-122]。袁剑波等认为，教授委员会制度是指由高水平教授组成，对院校在发展规划、学科建设、专业建设、师资队伍建设、实验室建设、职称评定、教师聘任、经费使用等方面进行（或参与）管理决策的高校管理模式。教授委员会和院校党政并列，在地位与权力上均有别于高校的学术委员会，除了对与学术有关的各项工作进行管理外，教授委员会还参与人事管理甚至高校各级领导班子的选拔工作（袁剑波，等，2005）[51-52]。毕宪顺则将教授委员会作为高等学校内部管理体制一种模式来研究，认为教授委员会是高等学校内部管理体制的模式之一。教授委员会由全体教授或有代表性的教授、校长及具有教授职务的党政领导组成，对学校改革和发展中的重要事项进行决策，党委对学校的统一领导体现在教授委员会中，有条件的党委书记或校长担任教授委员会主任（或主席），决策形成后由校长为首的行政系统贯彻执行（毕宪顺，2006）。这种观点在肯定教授委员会决策功能的同时，将其提升到了高等学校内部管理体制的高度，更能体现教授治校。这些观点的核心是认为教授委员会作用的客体不仅有学术事务，也包括重要的行政事务，如学校发展规则等，属于复合决策观。

关于教授委员会的本质，存在“教授治校”和“教授治学”两种争论。杨科正（2007）[15-16]认为，设立教授委员会是教授治校的最显著标志。而史宁中（2005）[27-28]、张君辉（2006a）[150-155]和姚剑英（2007）[119-122]则认为，教授委员会制的本质是“教授治学”。这是当前的主流或主要观点。张君辉明确指出，中国教授委员会制的本质是教授治学，体现了现代大学制度建设的核心，即追求学术本位的价值取向，尊重知识，尊重人才，使教授拥有学术权力，实现学术自由，学术自主（张君辉，2006a）[150-155]。可见，现有认识经历了从教授治校到教授治学的转变过程。

二、教授委员会的意义与作用

教授委员会在中国现代大学设立之日起，众多学者对其意义与作用进行了广泛的探讨。概括起来，主要体现在以下几个方面。

1. 进一步理顺了院系学术权力与行政权力的关系，彰显了学术权力

张君辉（2006b）[53-57]认为，教授委员会的建立很好地理顺了学院的管理机制与权力分配，特别是学术权力、行政权力和政治权力的归属与划分及学院一级学术权力的实现机制。李中锋和濮德林（2006）[41-43]指出，教授委员会与学术委员会、职称评定委员会、学位评定委员会都是高校学术权力的重要体现者。姚剑英（2007）[119-122]也认为，成立教授委员会是充分行使学术权力的客观要求。朱明炬（2004）更进一步指出，教授会完全可以而且应当成为高校学术权力的组织载体。张意忠（2006）[86-89]在对我国高校教授治学调查之后，认为，建立健全教授会是赋予学术权力的途径之一。上述学者关注的是教授委员会在高校内部权力结构、配置及协调方面的影响。

2. 使决策机制更加科学合理

谢和平（2003）[22-23]认为，建立教授委员会有利于集中广大教授的智慧、分散决策风险。张君辉（2006b）[53-57]也认为，通过决策模式的改变，教授委员会增强了决策的科学性、民主性。教授委员会改变了过去院系活动由几个人决策、缺乏权威性的状况。建立在平等交流、民主协商基础上的决策往往更科学、更合理。教授委员会作出的决策更加科学化和民主化，也有助于提高学院决策实施的有效性（张君辉，2006a）[53-57]。李中锋和濮德林（2006）[41-43]指出，教授委员会的建立、健全并充分发挥作用，改变了学院事务由几个行政领导决策、缺乏权威性的局面。从结果来看，充分认识并尊重教授委员会的作用，有利于提高决策效率与实用性。上述学者都认为，教授委员会强调个人决策向集体决策的转变，适应了现代管理决策的发展趋势，增加了决策过程的科学合理，使决策结果更加有效。

3. 坚持以人为本，促进学科以及学术发展

袁剑波等人（2005）[51-52]指出，教授委员会制度是落实以人为本的具体体现。它符合经济学理论及现代激励理论的要求，有利于确立高校的学术本位制度，破除高校的“官本位”气息，对促进一般本科院校的改革与发展有极其重要的促进作用。李中锋和濮德林（2006）[41-43]认为，教授委员会的建立、健全并充分发挥作用，有利于按照学术、科研与学科建设规律来进行学科建设，促进学科建设的进程。姚剑英（2007）[119-122]与朴雪涛（2005）[25-27]都认为，教授委员会是坚持以人为本，促进大学学术发展的客观要求。这种观点突出了教授委员会作为高校主要的学术组织制度在彰显学术权力、促进学术与学科发展上的意义，关注人的权利和权力。

4. 建立现代大学制度的客观需要

姚剑英（2007）[119-122]和朴雪涛（2005）[25-27]是这种观点的主要支持者，他们都认为，我国高校实行教授委员会是深化高等学校体制改革，建立现代大学制度的客观需要。即强调教授委员会是高校内部管理体制改革的必然产物与制度创新的结果。

5. 体现专家治学的思想

史宁中（2005）[27-28]指出，实行教授委员会制，凸显“教授治学”。“教授委员会”体现了专家治学的办学思想（李方，2009）。杨科正（2007）[15-16]也认为，在院（系）级成立“教授委员会”是教授治教和治学的重要标志（杨科正，2007）[15-16]。而帅建祥（2007）指出，探索基于学术权力的教授参与式的高校管理体制，即中国式的“教授治教”、“教授治学”模式，关键是建立教授会。他们实际上强调了教授委员会的本质是教授治学。

三、教授委员会的现状与问题

1. 组织层次主要定位在院系

张君辉（2006a）[53-57]认为，教授委员会主要设置在基层学术组织之中。马洪波与彭强（2005）[135-136]也认为，教授委员会应定位为院系的学术领导机构。谢和平（2003）[20-23]明确指出，教授委员会应放在学院。通过实际考察，李中锋和濮德林（2006）[41-43]指出，从我国高校的实践来看，教授委员会大多设立于学院。姚剑英（2007）[119-122]也发现，所调查的8所高校均在学院层级设置了教授委员会，向上有1所设置校级教授委员会，向下有4所高校设置学科分委员会或系分委员会。这反映出当前理论研究与实践运作主要将教授委员会定位于基层——院系的学术组织。也有少数高校在学校一级设立了教授委员会。

2. 组织机构与规章制度不健全

健全的组织机构与规章制度是教授委员会高效运行的保障。李中锋和濮德林（2006）[41-43]认为，目前我国高校教授委员会的组织机构没有建立、健全。姚剑英（2007）[119-122]指出，教授委员会的机构设置还不够完善，几乎没有常设机构或日常管理机构，下设分委员会也不健全。仔细分析各高校的《教授委员会章程》也可看出，它们没有对教授委员会的常设机构、学科与专业分委员会等作出明确规定，也没有对怎样保障青年教师的利益和监督教授委员会的运作等问题作出说明。而除了高校层面的《教授委员会章程》外，国家层面更没有相应的法律制度赋予其合法地位。这种不健全的组织机构与规章制度对于进一步完善教授委员会的影响是直接的和负面的。因此，教授委员会的组织机构和规章制度须规范化。

3. 权限比较明确，职责较少涉及

在院系层面，主要有以下几种观点。第一种观点称为审议观，认为教授委员会仅具有对学术事务的审议权。以院（系）为单位组成教授委员会，就院（系）发展规划、招生计划、教学计划、培养方案、学位授予办法、学科建设规划、教师队伍建设规划、资源配置原则等重大问题或重要事项进行讨论与审议（杨科正，2007）[15-16]。第二种观点称为领导观，认为教授委员会具有对学术事务的领导权。教授委员会不能只是一个咨询机构，它必须具有实实在在的学术领导权。具体包括11种职权：民主推荐权、民主测评权、学术领导权、专业设置权、教学计划制定权、学术考察权、学术成果评定权、学术经费使用权、人员选拔权、批评建议权、学生学业水平评价权（马洪波，等，2005）[135-136]。第三种观点称为决策与咨询观，认为教授委员会具有对学术事务的决策和非学术事务的审议与咨询权。教授委员会是“基层学术组织学术事务的决策机构”（张君辉，2006b）[53-57]。各种类型的大学教授委员会分别发挥着决策、咨询、学术事务的决策功能和非学术事务的审议功能（张君辉，2007）。第四种观点称为双重决策观，认为教授委员会具有对学术事务和重要行政事务的决策权。谢和平（2003）[20-23]认为，凡是涉及学科建设、学位授予、职称评定、教学科研评价、收入分配政策制定等重大事项，均由教授委员会集体讨论决定。第五种观点称为管理观，认为教授委员会的权限是管理学术事务。郭卉（2007）[16-19]认为，教授会的职责是管理院系学术事务，具体内容包括学科建设和发展，教师的聘用、考核和晋升，本科生和研究生的教学、课程设置、学位事项及对外学术交流活动等。教授会对学术事务具有决策权或审议权，但教师的聘用、晋升以及毕业生的学位事项还须报请学校批准。对处理其他重要事项有审议和咨询权，如审议院长（系主任）的工作计划和年度工作总结，审议学院学科建设的资源配置与经费预算及调整项目等。学者们充分肯定了教授委员会的决策与咨询功能，但不同之处在于，有的将其局限于学术事务，而有的突破了学术事务，包含了对发展规划等重要行政事务的决策与咨询。

在学校层面，张意忠（2006）[86-89]认为，教授委员会不同于目前的学术委员会，不是一个咨询、评议机构，也不同于行政组织，不专门从事于行政管理。它是一个决策机构，从事学术事务的决策和管理。它不是纯粹意义上的咨询会，更不是摆设、花瓶。教授委员会具有决策权，它讨论研究定下来的事情，无须再经过校党委和行政予以确认，直接由行政部门贯彻落实。学校层面的教授委员会的权限是就学校发展、建设的大问题，如发展方向、发展规划、专业设置、教学科研、重要改革措施等重大事项的决策。这是当前研究的薄弱环节，但学者们都认可校级教授委员会的权限应该突破学术事务的局限，决策范围拓展到学校改革和发展中的重要事务。

在不同层面，关于教授委员会的权限认识不尽相同。即使在同一层面，也有差别。但总的说来，权限比较明确。权力与职责是一对孪生物，权责应该是对等的。但现有研究更多探讨了教授委员会的权限，关于其职责的研究仍不多见。尽管各高校在《教授委员会章程》中对此有规定，但“各校在制定教授委员会职责时既参照了国外大学教授委员会的职责设置，又结合了我国的国情和本校的实际，在职责设置时都较为谨慎，但对于教授委员会职责的规定比较笼统和模糊，大多是原则性的规定，这并不利于教授委员会工作的开展”（姚剑英，2007）[119-122]。

4. 人员构成规定明确，但代表性不足，对院领导是否担任委员存在争议

教授委员会的人员构成，各高校都有相关规定，而院系领导是否属于教授委员会成员意见不一致。苏州大学材料工程学院教授会由16名正教授组成，院长通常以正教授名义加入，党总支书记不是必然成员（郭卉，2007）[16-19]。张君辉（2006b）[53-57]认为，院长本人就是教授委员会的主席，党委书记成为教授委员会的当然成员。姚剑英（2007）[119-122]的调查也印证了这一点。他指出，所选高校均对教授委员会构成作出了明确规定，一般设主任1名，副主任1名，秘书1名。委员组成在大学院以学科带头人为主，多数根据学科规模设置委员比例；在规模较小、学科水平较低、高级职称人数较少的学院，委员会多数由全体教授或全体教授、副教授组成。对于学院院长、党委书记是否能担任委员，各校规定各不相同，有任当然委员的，有可列席会议的，有明确不担任委员的，也有对此不予明确的，这主要取决于该学院教授委员会与学院党委、行政的关系界定。另外，还有1所高校在委员构成中明确规定了不担任党政职务的委员比例。这些反映了教授委员会在人员构成上的局限性，即教授委员会囿于“教授”二字，忽视了非教授这一绝大多数群体的存在，可能出现少数人权力替代多数人权力的局面，更没有考虑到学科与专业的差异等具体情况，对于院系领导是否担任委员的认识也不同。

5. 与其他组织的关系研究不够

教授委员会要发挥功效必然要求正确处理与同级党组织、行政组织、学术组织、教代会的关系。就教授委员会与党委的关系而言，李中锋和濮德林（2006）[41-43]认为，学院党委负责监督并保证教授委员会和院长工作的开展。姚剑英（2007）[119-122]也认为，同级党组织主要担负政治领导、政治保障职能。张君辉（2006a）[53-57]则认为，院党委是学院的政治核心，负有保证监督的责任。谢和平（2003）[20-23]指出，学院党委发挥政治核心、保证监督、参与决策等作用。他们都充分认识到了党委的政治核心作用和监督的职能。而就教授委员会与行政组织、学术组织、教代会等的关系，仅有姚剑英（2007）[119-122]在调查的基础上，作了描述性的总结。可见，现有这方面的研究主要集中在教授会与党委的关系上，有待深化，与其他组织关系的研究更有待深度剖析。

四、研究展望

1. 研究的问题与方向

现有研究主要停留在对教授委员会制度的存在与特征等表层问题的描述上，缺乏对问题的深层次分析。随着高校内部管理体制改革的不断深化及比较借鉴国外教授委员会运作的基本经验，教授委员会的生存与发展空间必将进一步拓宽，定位、权限、性质、意义也会发生相应的变化与深化，在协调中国大学行政权力与学术权力关系、彰显学术权力、还大学学术组织的本来面目过程中发挥着越来越大的作用。教授委员会研究的问题与方向就是依据教授委员会发展的需要，继续加强教授委员会制度的相关理论研究，分析与探索教授委员会运作过程中迫切需要解决的实际问题。主要包括：进一步厘清教授委员会的内涵与本质；继续强化教授委员会的机构设置、职权范围、人员构成、产生方式、议事规则、权利保障及运行机制的研究；深入分析教授委员会在实践运作过程中遇到的新情况与新问题；特别关注怎样处理教授委员会与其他组织的关系，尤其是与党委、行政、与相关学术组织之间的关系的研究，使之和谐发展；深度剖析教授委员会的实施对于协调学术权力与行政权力、彰显学术权力及提升高校管理效能的作用，即实施效果的研究；突破现有理论研究与实践应用的局限，探索在校级构建教授委员会的必要性与可行性；等等。

2. 研究的重点与难点

教授委员会研究重点在以下两个方面。一是加强应用研究。教授委员会不仅是一个复杂的理论问题，也是一个重大的实践问题。在教授委员会创立初期，从学理上阐明教授委员会存在的必要与可行等基本理论问题——侧重理论研究是必要的。当教授委员会进入蓬勃发展期时，理论研究需要不断深化，但更应侧重于研究教授委员会在发展过程中所遇到的实际问题及将有关理论应用于其实践的探索。二是突出前瞻性研究。教授委员会是一个动态的发展过程，因而研究不仅要对教授委员会运作中的问题进行描述与反思，更应关注教授委员会在发展与完善过程中可能遇到的新情况与新问题的研究，真正使理论先于实践并指导实践。

一般说来，深化重点研究意味着研究难度的增加。在更抽象的层面研究教授委员会深层次的问题很多，但研究的关键与难点集中体现在以下三个方面。一是教授委员会的本质：教授治学抑或教授治校？从逻辑的角度看，事物的本质由事物自身概念所规定。在教授委员会内涵理解存在分歧的情况下，“治学”与“治校”之争也就不足为奇。虽然现有研究更多认可“教授治学”的观点，但它不足以解释教授委员会在高校实践运作中表现出的治校事实。因此，揭示教授委员会的本质，实现治学向治校的转变。这是一项探索性创新任务，更是研究面临的难点之一。二是教授委员会的属性：学术体制抑或管理体制？这是当前关于教授委员会属性的两种基本观点。随着高校内部管理体制改革的进一步深化，依据高校的本质特性，教授委员会作为高校的权力机构将是一种必然。然而这缺乏相应的理论准备。因此，实现从学术体制向管理体制的转变上研究教授委员会将是面临的一大难点。三是教授委员会的层次：院系层面抑或学校层面？国外教授委员会的成功运作及我国部分高校在学校层面设置教授委员会并运行良好表明，在学校层面设置教授委员会完全可能。而现有研究缺乏相应的理论准备。从这个角度上讲，更应关注学校一级教授委员会的相关研究。实现研究从院系层面向学校层面的转变是教授委员会研究面临的又一难点。

3. 研究的策略与方法

内容决定形式，随着教授委员会制度研究的方向与重点的转变，研究方法也必然会改变。当前有关教授委员会制度的研究方法，在理论研究上，主要采用的是一种“思辨”的定性方式，而在实践研究上，主要采用的是一种“问卷调查”且简单描述统计汇总的定量方式。可见，现有研究过于追求研究的理论性而忽视应用性，强调定性分析而对定量研究重视不够，注重研究普遍性而不太关注特殊性。教授委员会的深层研究迫切需要更多、更切合实际的研究方法。因此，研究者在具备相应的理论基础后，面向实际，运用观察、调查与实验等基本手段，集中力量收集、分析数据，逐步建立起以实证研究为主，兼顾演绎性规范研究的理论研究方法体系。在具体方法上，应加大实证研究，尤其是个案分析的力度。此外，研究内容的复杂多样也必然要求研究方法的多元与研究策略的多样，努力做到：（1）多元整合研究课题与理论，改变较单一的研究局面，尤其是制度、体制、机制三个层面高度整合，改变单一的制度研究框架，使研究结果更具价值；（2）教育学、管理学、法学等多学科相互渗透，改变研究视角单一的教育学倾向，使研究结果更具广泛性；（3）将多种研究方法与理论相结合，改变研究方法与理论相脱节的局面，使研究结果更加科学。

完善且适应中国高校特色的教授委员会制度的形成，并真正发挥作用意味着以学术权力为主导的管理体制的实现，学术自由与学术自治成为现实，学者真正成为研究高深学问场所的主人，也意味着中国大学治理结构的重大改变。这需要高等教育理论工作者和实践者的共同努力。因此，从这个角度上讲，我国高校教授委员会制度研究任重道远。

参考文献

毕宪顺. 2006. 权力整合与体制创新——中国高等学校内部管理体制改革研究［M］. 北京：教育科学出版社：105－106.

郭卉. 2007. 我国大学学术权力制度演进的历史考察［J］. 现代教育科学（4）.

李方. 2005. 我国高等学校教授治校的现状及发展趋势［J］. 扬州大学学报：高教研究版（1）.

李中锋，濮德林. 2006，论高校学科建设中的学术组织创新［J］. 中国高教研究（10）.

马洪波，彭强. 2005. 学术权力体系构建与教授委员会运行机制［J］. 求索（9）.

朴雪涛. 2005. 教授委员会制度与高校决策模式的改革［J］. 大学教育科学（2）.

史宁中. 2005. 实行教授委员会制，凸显“教授治学”［J］. 中国高等教育（3－4）.

帅建祥. 2007. 高校教授治教与加强和完善党委领导下的校长负责制［J］. 中南民族大学学

报：人文社会科学版（3）.
谢和平. 2003. 以健全管理运行机制为根本，完善党委领导下的校长负责制［J］. 中国高等教育（3）.
杨科正. 2007. 一般地方高校实现教授治校的基本途径［J］. 教书育人（7）.
姚剑英. 2007. 我国大学教授委员会现状分析及实践构想［J］. 现代教育科学（2）.
袁剑波，等. 2005. 略论教授委员会制度及其在一般本科院校的设立［J］. 高等工程教育研究（6）.
张君辉. 2006a. 论教授委员会制度的本质：教授治学［J］. 东北师范大学学报：哲学社会科学版（5）.
张君辉. 2006b. 中外大学教授委员会的类型与功能比较［J］. 外国教育研究（4）.
张君辉. 2007. 中国大学教授委员会制度的本质论析［J］ 教育研究（1）.
张意忠. 2006. 教授治学的调查与研究［J］. 江苏高教（4）.

Researches and Comments on Professor Committee System in Public Institutions of Higher Education

Gan Jinqiu

Abstract: professor committee is a arrangement for professors to participate in universities' administration and management decisions. In recent years, concerns and relevant researches about professor committee system are more and more popular in researchers and practitioners. This essay mainly discusses and analyzes the conception, essence, functions, current situation and the research trends of the professor committee. On the bases mentioned above, the essay also makes comments on it.

Key words: public institutions of higher education, professor committee, research, comment

作者简介

甘金球，山东工商学院公共管理学院讲师；主要研究领域：高等教育管理。

后　记

随着我国教育法制的进一步完善，教育法学研究也不断深入，《中国教育法制评论》（第 8 辑）正是在这样的背景下付梓印刷的。本辑从学校权利与规制、学生权益保障、教师聘任合同研究、教育立法研究、热点案件聚焦以及教育制度专题研究六个方面，讨论了当前教育法学研究和教育制度改革的前沿问题，范围更加广泛，问题更加深入和具体。

创办《中国教育法制评论》的初衷是为教育政策与法律研究开辟一个学术探讨和交流的平台。作为中国第一份教育法制的专门性集刊，它已经得到广大读者的关注和各界的好评，在教育法学理论界以及中国教育法制建设中产生了深远影响，本书还于 2008 年入选 CSSCI 集刊。这些，都离不开各位同仁的支持和参与，在此深表谢意！

参加本书编辑工作的有北京师范大学教育法研究中心的余雅风博士、中国人民大学教育科学研究所的申素平博士、首都师范大学教育科学研究院的蔡海龙博士。北京师范大学教育基本理论研究院的硕士研究生邵海昆、贾音参与了文字整理工作。教育科学出版社为本书的出版作了大量的工作，在此一并致谢。囿于主题和篇幅的原因，许多来稿未能刊用，在此对积极投稿者特致歉意。

在新的形势下，教育政策与法律研究应及时总结经验，开拓新思路，探讨新问题，积极回应时代的挑战。为了实现我们的办刊宗旨，也为了使《中国教育法制评论》成为中国教育法制建设历程的一个见证，希望各界同仁积极参与和支持，也希望能征集到更多更好的研究论文，同时也请大家对不足之处提出批评和建议。让我们共同努力，把这本书做得更好！

劳凯声
2010 年 7 月 10 日

《中国教育法制评论》

中国教育法制研究专刊
教育科学出版社，北京

编辑宗旨

《中国教育法制评论》是以当代中国教育法制建设的理论与实践为主要研究内容的专门性集刊。本刊将始终致力于关注中国教育法制建设的理论与实践问题，汇聚中国教育法学研究领域的共同智慧和最新成果，展示教育法学领域研究者对我国教育法制建设的思考和探索。本刊也致力于为中国教育法学研究领域提供一个开放性的学术研究和学术推广平台，通过学术交流和学术争鸣，推进中国教育法学研究事业健康发展。本刊将积极为中国教育法制建设的实践服务，努力促进教育决策文化与学术文化的交流，致力于通过教育法学理论研究为中国教育立法和教育政策制定的实践活动提供建设性的学术支持。

本刊的读者对象主要包括：（1）中国教育研究特别是教育法学与教育政策研究领域的专家学者、研究人员和教学人员；（2）各级各类教育行政部门的教育决策人员、政策研究人员、行政管理人员和中小学校及其他教育机构的管理人员；（3）各级各类学校及其他教育机构的教师；（4）国家机关和社会各界关注与从事教育领域法律问题和政策问题研究的专业人员；（5）从事教育法学学习和研究的各级各类学校及其他教育机构的学习者，等等。

投稿须知

《中国教育法制评论》由北京师范大学劳凯声教授主编，计划每年出版一辑，每辑将围绕一两个主要的议题开展学术研究和交流，面向全国征集稿件，欢迎全国同人踊跃投稿。

来稿请提供英文标题、中文摘要（150字以内），参考文献格式请按《文后参考文献著录规则》（GB7714—2005）著者—出版年制著录。著录项目应齐全，各项应核实无误。参考文献统一放在文章的最后面，说明性的注释以脚注的形式出现。

外国人名、地名、书刊名、文章名、机构名等在第一次出现时，用括号加注原文，并请核准无误。书名、期刊名用斜体。地名、人名的翻译，须参照相关辞典和译名手册（如《外国地名译名手册》《世界人名翻译大辞典》），按规范或惯例译出。

法律法规的名称、文件政策名、机构名称等规范性名称，须用全称，或者在第一次出现时用全称并加注简称，后文则可用简称。

文末作者简介的基本格式为：姓名，职务，职称/学位；研究方向……

来稿请提供规范的Word电子文本和书面文本。书面文本请用宋体小四号字格式，1.5倍行距，A4纸打印。来稿请注明作者姓名、通信地址、邮政编码、联系电话或电子邮件地址，并注明“《中国教育法制评论》稿件”字样。

来稿请寄：北京新街口外大街19号北京师范大学教育学院教育政策与法律研究所 余雅风（收）

邮　　编：100875

电子文本请发至E-mail：yuyafeng@bnu.edu.cn

责任编辑　吴莉莉
版式设计　孙欢欢
责任校对　曲凤玲
责任印制　曲凤玲

图书在版编目（CIP）数据

中国教育法制评论. 第8辑 / 劳凯声主编. —北京：教育科学出版社，2010.12
ISBN 978-7-5041-5487-3

Ⅰ. ①中… Ⅱ. ①劳… Ⅲ. ①教育法令规程-研究-中国 Ⅳ. ①D922.164

中国版本图书馆CIP数据核字（2010）第256675号

出版发行	教育科学出版社		
社　址	北京·朝阳区安慧北里安园甲9号	市场部电话	010-64989009
邮　编	100101	编辑部电话	010-64981252
传　真	010-64891796	网　址	http://www.esph.com.cn
经　销	各地新华书店		
制　作	北京大有图文信息有限公司		
印　刷	保定市中画美凯印刷有限公司	版　次	2010年12月第1版
开　本	169毫米×239毫米 16开	印　次	2010年12月第1次印刷
印　张	19.5	印　数	1-2 000册
字　数	300千	定　价	39.00元